清晰論法

公司法
爭議問題研析

董事篇

黃清溪 | 主編

黃清溪、黃國川、游聖佳、簡祥紋、蔣志宗、黃偉銘、黃雅鈴、莊如茵、張鴻曉
鄭瑞崙、黃鋒榮、羅玲郁、楊有德、李美金、邵勇維、顏汝羽、謝孟良 | 等著

主編序

　　這本共同執筆書籍誕生過程，比較特別，容老朽於付梓之際，作短序為誌。

　　轉眼間回台灣於國立高雄大學法學院兼課，已過十載。因台日兩地兼課，無法按週正常上課，採行集中上課方式，一次上課占用較長時段，故此只好安排在週末老師們不願排課的時間。研究所開設的「比較公司法論」就設置在週六下午的1點到5點，如此不方便的課，令人出乎意料之外，修課生年年滿額。課堂氣氛火熱，從未經歷過冷場之事；反而，幾乎每次都不得不延很長的時間才下課。備受學生們的熱情所感動，我也就特別用心傾力以赴。

　　由於修過課的畢業生要求再繼續旁聽課程，我本儘量通融處理，一概歡迎來聽，幾年下來，畢業生逐漸累積眾多。在校生與旁聽生齊集一堂，雖然討論內容可更加多廣泛，但教室人滿為患，良好教育環境難保，在校生之受教權應予維護。經多方思量商議，決定畢業生另行開辦，集結十幾位熱心研究成員，成立研究會。考慮成員均是現職人員，故設定大家容易參加的週日為研究會日，每月定期召開，從上午10點開始到午後5點止；但每次遠超過這個設定時間，甚至還有吃便當當晚餐，隨即再論戰到深夜才散會，也有幾次利用週末外宿一泊，兩天密集研討，成員每次多踴躍參與，樂此不疲。

　　初期研討會發表題目，採自由選定方式，頗能收取廣泛學習效果。嗣後為顧及成員深度化研究的要求，乃採單一共同題目，分擔發表方式進行。首選的題目是公司法最熱門，也最深難的「董事制度」，我嘗試創設一百個問題，每位成員則任選數題，蒐羅學說、實務等各方意見，加以研究發表，經研究會反覆討論、深度解說，全體

達成共識之下，寫成報告定稿，是研究會的共同創作結果。研究會的目的在於學術程度的提昇，學習目標的達成。因此每個題目的討論必求成員全面達到共同程度的理解，始能作罷。成員的全體共識，順理成章於焉形成。

本書稱謂是研究會的副產品，也不爲過。如今將定稿成果印成單行本，以公諸於世，期拋磚引玉，盼社會賢達不吝給予批評指正，這正是本書誕生的動機。正如前述，本書內容是屬於共同創作，因此本書不特別設定部分分擔執筆，全書共同執筆，全體執筆人共同負起全書文責。

本書印製過程之同時，研究會在新題目之下，依舊定期召開運作，下個題目選定「股東會制度」，期望明年也能成書問世。如此研究會將會永續堅持下去，成果也會陸續刊行。但願對我國公司法領域諸問題的解決，法理學說的深化，能有些微的貢獻，效果或許微不足道，確是全體執筆人之千幸萬幸矣。

黃清溪

初版序

　　民國101年酷暑，由恩師黃清溪老師號召同門師兄姊、弟妹共組「清流公司法研究會」，精研公司法之學問及實務運作。清溪老師雖頻於每月台、日兩地間往返，但仍不減對公司法研究之熱忱，利用假日時間定時召集研究會。本研究會成員乃由學術及實務界法律人共同組成，透過理論與實際運作所激盪出的論法新意，議程經常由白天討論至黑夜，成員們仍樂此不疲，有幸成為研究會之一員並參與此書出版，與有榮焉。

　　恩師傳授公司法近幾十年以來仍持續與實務界保持溝通，教授最新最完整的公司法論，吾等銘感於心，並誓立追隨其腳步成為公司法之專門，乃於民國104年在恩師清溪老師的建議下，以「清流」之名義成立本事務所。本所由邵勇維律師主持，公司或法人所面臨之實務問題，依清溪老師所教授之公司法作為法學基礎，將問題撥絲抽繭，並結合判決、業界經理人之經驗，祈為有需求之企業、法人及個人解決所面臨之難題。

　　公司法與現今商業活動休戚與共，所研究之抽象法人、法人內部機關運作、董事會與股東會權限劃分、母子公司及關係企業等錯綜複雜之問題，須將公司法理論結合實務運作，才能解決諸多商業議題。本書有別於一般教科書，先以提問方式向讀者介紹公司法、整理學說及過往實務見解，最後再以本研究會成員之討論作為結論，希望藉此拋磚引玉，引起學術、業界相關人士之共鳴。本書之成，雖集結學界之教授、研究生及法官、檢察官、執業律師、會計師與企業高階幕僚等實務界法律人士，然公司法實是浩瀚，且學說見解分歧，錯誤在所難免，尚祈先進不吝指正。

　　清溪老師雖遠居於日本，對於國內公司法之教學不遺餘力，謹表謝忱。在本書付梓之際，承黃鋒榮會計師審閱校稿，且蒙黃國川法官、蔣志宗法官、黃偉銘法官、李美金檢察官、黃雅鈴檢察官、顏汝羽同學、簡祥紋律師、鄭瑞崙律師、游聖佳律師、莊如茵律師、羅玲郁律師、張鴻曉理事長、楊有德律師惠加校對，經眾人之努力，使本書得以順利出版，在此謹表謝意。另五南圖書出版公司傾力協助、規劃本書出版相關事宜，特此致謝。

清流法律事務所

邵勇維 律師

謝孟良 律師

2015年8月10日

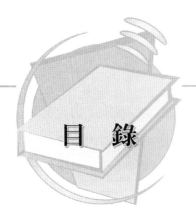

目 錄

董事會與股東會之權限如何劃分？

要點！

- 公司股東組成股東會，為公司之出資人亦為所有人，所有人對其所有物具有支配處分權是私法基本原理，依此理初期之股東會構建為最高意思機關，同時是萬能機關，就公司所有權限之總有。
- 但是，隨公司企業規模大型化，「所有與經營分離」原則因應而生，此理念導入公司法後，產生了現代公司之型態，經營權從所有權中抽離，交由經營機關董事會。

參考條文

公司法第193條、第202條。

說　明

一、股東會是股東所組成，股東是公司之出資人也是所有人，依所有
　　人對其所有物具有支配處分權之私法基本原理，初期之股東會構
　　建為公司最高意思機關，同時也是萬能機關，公司所有權限之總
　　有。但是，隨著公司企業規模大型化，諸多情況和變化，此原理
　　顯然難以維持。公司企業大型化而產生了「所有與經營分離」之
　　原則，此理念導入公司法而產生了現代公司之型態，在此原則
　　下，經營權從所有權中分離出來，交給經營機關董事，所有人所
　　組織成之股東會，原則上只剩下組織公司之有關權限。排除了股
　　東會萬能機關，但支配機能之最高機關地位仍維持不變。公司法
　　民國（以下省略）90年11月12日修正後新修第202條規定：「公
　　司業務之執行，除本法或章程規定應由股東會決議之事項外，均
　　應由董事會決議行之。」乃將董事各自獨立之業務執行機關，改
　　由董事會以會議體方式來行使。

二、為實現「所有與經營之分離」之近代經濟學原理，使得各國立法
　　例均進行公司內部之權限分配立法。基於股份有限公司機關相互
　　間是「所有人」與「經營人」之本質，依「所有之所在即是分配
　　之所在」之基本理念，股東既是公司實質所有人，對公司擁有絕
　　對支配權，若能自負經營權責，自是最當然之事；然而，現實
　　上，出資者股東，有意出資並不一定有意經營，而且實際上，股
　　東也未必具有經營能力。自然地，替代全體股東以從事公司經營
　　之機關，不可或缺，即負責業務執行之機關、就因此而誕生。

三、在立法例中，對於公司業務執行（即經營層面）採取「董事會中
　　心主義」，使得董事會之業務執行機關之設立，有確立且確定

之必要。又因「所有與經營分離原則」的採行，必然造成「所有人」與「經營人」間對於公司內部權限之分配，產生爭議與拉鋸。立法者針對股東會權限範圍之觀點，如採日本會社法之限縮規定說，即為避免股東會職權擴大或複雜，基於公司自治之精神，股東會以日本會社法或公司章程所規定之事項為限，始得決議，以實現「公司所有與經營之分離」原則[1]。是以，除法定或章程規定之股東會決議事項者外，公司業務之執行，為董事會機關之獨立權限，由董事會決議單獨為之即可。若有非法定或章程規定應由股東會決議之事項，而仍由股東會意思決議者，董事會對於其事項之執行，則不受股東會決議意思左右。

四、在我國亦採「所有與經營分離」之原則，惟公司法第193條第1項規定：「董事會執行業務，應依照法令章程及股東會之決議。」則此條文之規定，是否會導致董事會所為業務執行之決議，均應受股東會決議內容之拘束，如此恐造成仍無法明確劃分股東會與董事會職權之情形？此有疑義。有見解認為，要確立董事會為公司業務執行機關之地位，未來修法時，應一併修正第193條規定，以求完全劃分股東會與董事會之職權。蓋公司法第202條係對董事會職權規範已有概括之規定，其規範目的即在於強化董事會經營權限，因此股東會權限應僅限於公司法或章程有明文列舉者為限，未明文列舉者應歸屬於董事會之權限，而不得由股東會取代其決議，從而主張就立法論而言，公司法第193條第1項條文，未來應配合第202條一併修正之，刪除有關「股東會決議」之文字，以完全劃分股東會與董事會之職權。

---

[1]　王泰銓，公司法新論，三民書局，98年7月，修訂5版，頁288。

五、然本書以爲，公司法第193條規定董事會爲業務執行應依從股東
會決議，與同法第202條就公司股東會與董事會權限之劃分，探
究其條文之內涵，一爲「決定」，一爲「實行」，二者之間，實
分屬二事。現行公司法第193條並未使第202條職權劃分之界線
變得模糊。就內部權限劃分而言，經股東會決議之事項，董事會
應受其拘束，並確實執行，乃個別獨立權限，二者內涵不同，並
無衝突。詳言之，股東會就法定或章定專屬決議事項所爲之股東
會決議，董事會當然有其義務遵循股東會決議內容爲業務相關
執行，不得爲違反股東會決議內容之行爲，自屬當然，如有違
背者，自生有公司法第193條第2項損害賠償責任問題。例如，
依公司法第185條規定，公司重大經營事項須經股東會決議，其
執行亦須經董事會決議之；此時，董事會爲業務之執行，當然
須遵循股東會決議結果，而不得相左，在「決定」與「實行」二
者上，即不違背公司法第202條與第193條。另外，亦由公司法
第33條：「經理人不得變更董事或執行業務股東之決定，或股
東會或董事會之決議，或逾越其規定之權限。」之規定，可知公
司法就「決定權限」與「業務實行」二者，在概念上之劃分，而
在股東會與董事會之間「決定」與「實行」之情況，係由公司法
第202條與第193條以觀之。故此二條文之間，並無衝突之處，
實無特別去修改公司法第193條規定「股東會之決議」文字之必
要。

董事會權限是否可讓與股東會？

要點！

- 同問題1之要點。
- 現行公司機關之權限分配已是法定化、定型法，公司法容許範圍內始可自行變更。

參考條文

公司法第193條、第202條。

※相關問題：第1題。

說　明

一、股東會與董事會之權限劃分如前所述，則我國公司法就股東會決議事項採限縮立場，除法定或章定專屬股東會決議事項者外，依公司法第202條明文使業務執行機關董事會具有業務執行概括權限，並明文列舉規範董事會權限，主要事項有：查核簽證公司財務報表之會計師委任、解任及報酬，以董事會普通決議爲之（公司法§20III準用同法§29I）、經理人之任免及報酬之決定（公司法§29I③）、政府法人股東一人股份有限公司董事會行使股東會職權（公司法§128-1I後段）、庫藏股規定與員工認股（公司法§167-1、§167-2）、股東會由董事會召集（公司法§171）、董事長、副董事長及常務董事長選舉（公司法§208I、II）、會計年度終了營業報告書等表冊之編造（公司法§228）、股息紅利之授權分派（公司法§240VI）、法定盈餘公積及資本公積爲分派紅利之授權（公司法§241II）、公司債之募集（公司法§246）、董事會請求繳足所認之公司債金（公司法§254）、發行新股（公司法§266II）、公司重整之聲請（公司法§282I、II）、關係企業之簡易合併（公司法§316-2）等等。

二、惟有疑義者，爲董事會之業務執行權限可否以章程規定移轉由股東會行之？素富爭議。基於股份有限公司機關構造之設計，乃在實現「所有與經營分離」原則，即股份有限公司機關相互間是「所有人」與「經營人」之本質關係。股東對公司擁有絕對支配權，此就股東會係爲股份有限公司最高意思決定機關地位可知。然實際上，有意經營公司之股東非必然具有經營能力，又或

僅有出資意願但無意經營，爲求公司經營得以永續發展並追求利潤，勢必須將業務經營部分委交有能人士。在所有經營分離原則下，從股東對於公司之完整所有權能，由所有權中抽離經營權交予經營機關「董事會」，所有人組織之股東會原則僅剩下組織公司以及重要事項決定有關之相關權限，排除股東會萬能機關機能，而使股東會基於所有人所組成之支配最高機關不變，而在業務執行部分轉移至董事會爲之。是以，因經營權抽離獨立，原則上董事會機關權限事項，應由董事會決議行之。

三、公司法第202條：「公司業務之執行，除本法或章程規定應由股東會決議之事項外，均應由董事會決議行之。」現行公司法機關權限劃分，已是法定化、定性化在公司法第202條條文中，股東會具有就法定事項之決議權限，其他權限範圍之事項，則須以章程規定始可自行變更擴張。既然經營與所有分離，而將經營權交予董事會，假若以章定方式無限度地擴張，使得董事會將其全部權限移轉至股東會，此舉無疑架空業務執行機關，導致董事會形同虛設，顯然是悖離所有與經營分離原則之精神，及對股份有限公司本質體制之否定，必然斷不可行。

四、如此而論，部分權限移轉似乃在可容許範圍之列，則股東會與董事會之間權限之消長，可到何種程度？是否有所界限？即須討論。對此問題，有見解認爲，董事會權限於不違反強制禁止規定、公序良俗或股份有限公司之本質者，公司章程均得規定屬股東會決議權限，是爲現時通說見解。另有見解認爲，股東會專屬決議事項，應以法明文屬股東會抑或董事會事項加以區隔。本書認爲，將董事會業務決定權之全面剝奪，因有違反公司法所定股份有限公司之機關權限分配法則，不可許之。至於部分權限之移

轉，如為法明定屬於董事會決議事項者，觀上開列舉規定，除公司法第128條之1第1項後段所定事項外，其餘事項之性質均屬業務經營範疇，鑒於公司所有與經營分離原則，及專業經營需求考量，當認為係董事會之法定事項，不得以章程規定移轉予股東會。復未明文規定由何機關決議之事項者，須考量機關本身之性質，個案加以判斷，當該事項之權責劃分，會違反股東會性質時，自應不可允許。

五、本書認為，公司本質上屬自治團體，其內部權限應如何劃分，乃為公司內部自治範圍，基於公司之社會地位、保障交易安全及維持商業秩序，立法選擇將二者權限予以明文化。股東會決議事項於法定事項者外，專屬於董事會權限明定事項，因本質上具有高度專業經營需求之考量，此應不予變更或動搖，而未明文規定者，應另依事項之本質加以判斷，倘本質不宜股東會決議者，縱認得以章定移轉由股東會決議，仍應視為僅係股東會得以決議方式，表達其對該事項之意見，惟董事會於業務執行時，則可不受股東會決議意見之拘束。

問題 3　董事資格可否以章程規定限制（例如需要是具中華民國國籍或在國內有居所者）？

要點！

- 原則上，應肯定認爲董事資格得以章程規定限制，僅限制之內容爲何，必須個別探究其合法性。

- 公司章程可否規定「公司之董事須由股東中有行爲能力者選任之」？原則上並無直接違反法律規定，惟有違反公司法第192條第1項修法意旨之虞，於此議題上，經濟部與司法實務似採取不同見解。

- 公司章程可否規定公司董事資格以「中華民國國籍爲限」或「居住於中華民國境內者爲限」？於不違反強制規定、公序良俗或造成極度不合理之情況下，應屬公司自治之範疇。

參考條文

公司法第192條。

說　明

一、關於董事之資格，法律（主要係公司法與證券交易法）有積極資格與消極資格之限制，故於解釋董事資格可否以章程作額外限制時，不得違反該等規定乃屬當然。又有學者認為，章程的內容只要不違反強行規定、公序良俗、股份有限公司之本質、股東平等原則及不侵害股東之固有權等基本原則，應肯定公司有權依照法定章程變更程序，變更章程內容[1]，此即為「章程任意記載事項」[2]。另外，於企業併購交易中，以章程限制董事資格係屬反收購手段之一（例如：限制董事資格條款），亦即，將董事資格限於僅具某種身份者或排除具有特定身份者，使得併購方或收購方難以進入經營團隊，無法取得公司控制權。

二、因此，原則上應肯定認為董事資格得以章程規定加以限制，其次，僅就限制之內容個別探究其合法性：

　　（一）公司章程可否規定「公司之董事須由股東中有行為能力者選任之」？

　　　　1.主管機關經濟部似認為章程如作此限制，可能有違反修法意旨之虞[3]。

　　　　2.立法者雖已將公司法第192條第1項，董事必須具備

---

[1] 柯芳枝，公司法論（下），三民書局，102年3月，修訂9版，頁444。

[2] 林國全，章定董事資格，月旦法學教室，99年12月，第98期，頁18。

[3] 經濟部92年8月18日經商字第09202172110號函：「關於公司章程訂定『公司之董事需由股東會就有行為能力之股東選任之』疑義按公司法於90年11月12日修正後，其中第192條第1項已修正為『董事…由股東會就有行為能力之人選任之。』其修法理由如下：『現行規定，以股東充任董事，係認董事與公司立於利害相關休戚與共之地位，於執行業務時，較能期望其善盡注意義務，以謀公司利益；然此規定並不能與企業所有與企業經營分離之世界潮流相契合；且公司之獲利率與公司董事由股東選任無特殊關聯，故董事不以具有股東身分為必要』。公司章程如限縮為僅以股東身分者方得充任董事，與修法意旨不符」。

股東之資格刪除，僅就有行爲能力之人選任即可。但按其修法方式，係將原有「股東身份」之限制廢除，卻未同時明文「不得以章程限制董事必須具備股東資格」，故應解爲有關董事是否須限定具有股東資格，法律放棄對此部分資格要件之干涉，而任由私法自治規範爲之。故章程作此規定，並無「直接」違反現行公司法之規定，且理論上公司要採取企業所有與企業經營分離或結合，亦屬公司自治之範疇，因此應無不可之理。

3. 司法實務針對此問題，並無直接表示相關見解，惟值得注意者，最高法院針對「能否以章程規定監察人須具有『股東』身份」此一議題採取肯定見解（最高法院99年度台上字第1091號判決參照）。故可認爲於章程中，針對監察人之資格限定爲具有股東身份者，縱有違反修法意旨之虞，惟於法並無違誤。亦有學者表示，固然修法時將原規定「監察人須自股東之中選任」予以刪除，目的在於加強監察人之專業性及獨立性以發揮監察人之監督功能，惟並非表示公司不得基於本身文化及政策考量，期望藉此增加監察人對公司之向心力，而以章程要求監察人須以具備股東資格爲必要，故應肯認其可行性[4]。由此等見解，或許可以推論出：既然肯認公司得以將需要高度獨立性之監察人，於章程中限定爲應具有股東資格者始得擔任之，

---

[4] 劉連煜，新證券交易法實例研習，新學林書局，97年9月，頁163至165。

則依舉重以明輕，對於參與公司經營決策過程之董事，應無不許於章程中限定，為僅具股東資格者，始得擔任之理。

4.茲有附言，若公司章程是規定「公司之董事，如以法人身份被選任時，應具備股東身份」時，由於公司法第27條第1項本書規定「政府或法人為股東時，得當選為董事或監察人。」，因此於政府或法人擔任董事、監察人時應具備股東身份之規定並未隨著第192條第1項之修正而刪除，故若章程中針對法人董事、監察人須具備股東身份加以規定，應認為合法。

（二）若公司章程規定公司董事資格以「中華民國國籍為限」、「國內委任者」或「居住於中華民國境內者為限」，是否合法？

1.由於此等規定基本上無違反強行規定或公序良俗，且並未造成過度不合理之情況（例如於章程中規定董事之資格僅限於任職本公司超過20年以上資歷之主管，將使得董事候選人之範圍過度限縮導致股東僅能從特定少數人中選任董事，與選舉制度之目的有所衝突），本於公司自治原則應無不可。

2.附帶一提，於法國商法典（Code de Commerce）第L225-19條中規定公司應於章程中，對於全體董事或部份董事之最高年齡設定限制[5]。因此若公司於章程中規定董事之資格以一定年齡以下者為限，似無不可。

---

[5] See French Code of Commerce, art. L225-19, para. 1.轉引自林仁光，公司法第27條法人董監事制度存廢之研究，臺大法學論叢，100年3月，第40卷第1期，頁284。

問題 4　法人可否當董事，法人董事如何運作？

要點！

- 原則上，董事係實際替公司執行業務者，故本質上應以自然人為限。惟亦有為數不少的國家允許法人擔任董事、監察人制度，因此於法律創設之下，法人有擔任董事之資格。
- 我國關於法人董事之運作，以公司法第27條為依據，法人須具有股東身份，得以法人本身當選為董事、監察人，並指派一代表人代為行使職務；或以法人指派之代表人當選為董事、監察人。不論何者，法人都可依照職務關係隨時改派代表人以補足原任期。
- 法人董事運作後，產生諸多爭議，備受批評，故支持廢除法人董事制度之聲浪未曾平息。

參考條文

　　公司法第27條。

※ 相關問題：第5題。

說　明

一、法人可否當董事？

（一）由於公司為一法人組織體，故有賴其中成員實際從事活動方得以運作。就公司業務之執行，於股份有限公司即仰賴董事會決議行之（公司法§202）；而董事會為一會議體亦無法進行實體行為，因此由組成董事會之董事為現實中業務執行者，本質上即應以自然人為限，若再允許得以法人身份擔任，則又必須委任得以真正執行業務之自然人為之，似顯得多此一舉。

（二）因此，各國法制中，董事僅得由自然人擔任為常態。然而，亦有為數不少的國家（包括我國在內）允許法人董事、監察人制度[1]，因此於法律創設之下，法人有擔任董事之資格，此時即必須另外指派可真正執行業務之代表人。

二、法人董事如何運作？

（一）我國關於法人董事之運作，按公司法第27條之規定可知，必須該法人為被投資公司之股東時，可由法人股東本身當選為董事、監察人（§27I）或由法人股東選派代表人當選為董事、監察人（§27II），後者仍係由自然人擔任董事、監察人一職，故僅前者為真正的以法人身份擔任董事、監察人。

---

[1] 林仁光，同前註，頁283以下。根據學者探詢外國法令整理歸納後所得結論，法令明文規定法人亦得成為公司董事之法例包括法國商法典、英國公司法（有爭議）、比利時、荷蘭、西班牙、英屬維京群島、澳門商法典及歐盟法；法令明文禁止法人擔任公司董事之法例，包括日本法、德國法、美國（以德拉瓦州公司法為例）及香港公司條例。

（二）此外，依照公司法第27條第3項可知，不論是法人股東當選爲董事、監察人或由其代表人當選爲董事、監察人，法人股東均得以依照職務關係，隨時改派代表人。此規定之規範目的在於「避免再召集股東會繁複程序」[2]，亦即，縱使再召開股東會解任董事後再選任新董事，結果仍然是法人股東支持之代表人當選爲董事，故無再依照一般程序進行董事選任之必要[3]。法人董事制度於我國被政府及企業（尤其是關係企業）廣泛運用，使其得以有效管理及掌控其轉投資或子公司事業，此亦爲我國長久以來欲針對法人董事、監察人制度進行改革，卻又難有所突破之原因。

三、法人董事制度實際運作後，卻產生諸多疑義，扼要簡述如下：

（一）由於擔任董事、監察人職位者乃法人股東本身，其代表人僅係代爲行使職務，因此於董事會召開時代表人似僅有代爲受領議案之權限，至於對於議案之決定權仍回歸於法人股東，故代表人仍應請示法人股東之指示，對於議案之通過、董事會之運作乃至於公司整體之營運產生拖延時效之弊。同時，亦會產生代表人是否逾越代表權限或無權代表擅自做決定之問題，徒增困擾。

（二）再者，在涉及董事、監察人責任追究上（問題5參閱），更容易產生爭議。原則上，具有董事、監察人身份者乃法人股

---

[2] 經濟部82年3月12日商字第205706號函。

[3] 廖大穎，評公司法第27條法人董事制度－從臺灣高等法院91年度上字第870號與板橋地院91年度訴字218號判決的啟發，月旦法學雜誌，93年9月，第112號，頁201。

東，與被投資公司間具有委任關係者，乃法人股東本身，故
應由法人本身擔負責任，此亦為目前主管機關、司法判決普
遍採取之看法。惟法人股東與法人代表間於內部授權時，是
否已將部份權責劃歸為法人代表所得行使之範圍內，實為被
投資公司難以知悉，法規範亦缺乏對於法人股東與其代表人
之間之權限分配及責任歸咎之著墨，故容易導致於責任追究
時，雙方互相推卸責任，法人股東長主張實際執行業務者乃
該代表人，而非法人股東之行為，因此其無庸負責，使得被
投資公司之股東權益保障難以落實。

（三）此外，就董事、監察人之報酬如何歸屬，亦會產生爭議，究
竟有權受領報酬者為法人股東本身抑或其代表人？詳細分析
請參閱問題5之說明。

（四）最後，依公司法第27條第3項，法人董事得隨時改派代表人。
也因為此規定，故關於法人董事隨時改派代表人之行為，多
半被認為是公司內部自治事項[4]。但此規定特別是搭配第27
條第2項時，明顯禮遇法人股東，使其享有優於其他股東之
地位，嚴重違反股東平等原則，更將掏空股東會選任董事之
監控機制、公司法對於董事解任之規定及禁止董事代理制度
等，實有不妥。

---

[4]　臺灣高等法院91年度上字第870號判決。

法人董事責任如何歸屬，又報酬也應如何歸屬？

要點！

- 法人董事責任歸屬：現行法之下並無明確規範，司法實務多以形式上當選為董事者為法人股東或其代表人作為責任歸屬之依據，因此可能造成董事責任追究時法人股東與其代表人互相推卸責任。應令兩者負連帶賠償責任較為妥當。
- 法人董事報酬歸屬：經濟部主張報酬應依照委任關係之法理而歸屬於法人股東，惟如此一來似對於其代表人有所不公。法院或許觀察到法人董事制度下董事與公司間之特殊關係，主張應由法人股東、代表人和被投資公司之內部關係來認定，將之劃歸為公司自治範疇內。

參考條文

公司法第27條、民法第28條、民法第188條。

※ 相關問題：第4題。

說　明

一、法人董事制度下責任之歸屬：

（一）在法人董事制度下，應負責者究竟爲法人本身或其代表人或兩者負連帶責任？於公司法第27條第1項之情形，倘因董事執行職務而應負責時，究應由代表人負責或由法人股東負責，抑或兩者負連帶責任？

1. 以臺灣高等法院92年重上字第551號判決爲例，此判決涉及之事實爲甲公司有多名董事，均爲依照公司法第27條第1項而當選之法人董事，並有指定多名代表人代爲執行職務，嗣後因甲公司財務發生困難導致公司資產已不足抵償負債，而董事會怠於依公司法第211條第2款向法院聲請宣告破產，導致身爲債權人之乙公司之債權受損，因此主張甲公司之法人董事與其代表人應負連帶賠償責任。高等法院於判決中指出由於法人董事所指定之自然人代表人並非直接當選爲董事或監察人，而是法人股東本身擔任公司之董事或監察人，故權利義務直接歸屬於法人股東，於此並無連帶賠償責任。

2. 高等法院所持之看法乃根據廣爲司法實務所採納之最高法院89年度台上字第2191號判決要旨，亦即，若依照公司法第27條第1項由政府或法人自己當選爲董事、監察人，則與公司成立委任關係者乃政府或法人本身；若依照公司法第27條第2項由政府或法人股東之代表人當選爲董事、監察人，則與公司成立委任關係者應爲代表人個人，而非政府或法人本身。故以目前實務見解來看，乃以當選者爲法人股東本身

或代表人來論斷責任之歸咎。

（二）惟不論以法人股東自行當選為董事、監察人而指派代表人或由指派之代表人當選為董事、監察人，法人股東對於代表人均有一定之指揮監督權，以確保代表人所為之行為能協助公司對於轉投資業務之進行（於此亦凸顯法人董事、監察人制度之利益衝突之處：即代表人既要對法人股東負責，但身為被投資公司之董事、監察人又必須對被投資公司負起公司負責人忠實義務，再搭配公司法第27條第3項法人股東有隨時改派之權利，故難以想像代表人會以被投資公司之利益為優先考量），再加上為避免責任追究時雙方互相推諉責任，實應由法人股東與其代表人負擔連帶賠償責任，避免雙方藉由責任歸屬規範不清之漏洞而設法規避法律責任。

（三）於此可參考法國商法典L225-20條之規範，明定法人當選為公司董事而指派代表人代為行使董事職務時，該代表人及法人同時都被視為公司之董事，且代表人須與其所代表之法人負連帶賠償責任[1]。若如此明文規定，相信對於法人董事、監察人制度中責任之釐清有相當之助益。而在法律尚未增訂上述之權責規範時，由於公司法第8條第3項已引進所謂「實質董事」之責任，因此縱使非具有形式上董事、監察人職位者，若具有實質控制力者，仍應負董事之責。而就連帶賠償責任此部份，有認為也許可透過解釋以適用民法法人侵權行為之連帶賠償責任（民法§28）或僱用人連帶賠償責任（民法§188）來避免相互推卸責任之情況。

---

[1] See French Code of Commerce, art. L225-20, para. 2. 轉引自林仁光，同前註6，頁285。

二、法人董事制度下報酬之歸屬：

（一）依照公司法第192條第4項及第196條規定可知，董事及監察人與公司間之關係屬於有償委任，故董事、監察人具有受領報酬之資格。而在法人董事、監察人制度下，是否僅依照形式上擔任董事、監察人者爲法人股東或法人代表人來判斷報酬之歸屬？似乎並非如此明確。

　　1.就法人董事、監察人制度之報酬歸屬方面而言，經濟部之見解[2]是認爲無論代表人係根據公司法第27條第1項或第2項而被指派或當選，代表人與法人股東之間均存有委任關係，故其報酬歸屬即回歸民法第541條第1項規定受任人因處理委任事務所收取之金錢物品及孳息，應交付於委任人，是以公司支付於董事、監察人之酬勞金，應歸於股東之政府或法人所有，至於車馬費係供實際需要之費用，由其代表人支領尚無不當。

　　2.經濟部所持見解，若用於公司法第27條第1項情況時，或有道理，畢竟具有受領報酬之資格者乃擔任董事、監察人之法人股東，故代表人無法受領由被投資公司給付給董事、監察人之報酬（相同見解可參照最高法院101年台上字第1696號民事判決，此判決指出如係由法人股東自己當選爲董事、監察人，再指定自然人代表行使職務之情形，除有其他法律規定或特別約定或另有決議外，該經指定之自然人代表因與其擔任董事、監察人之公司間無委任關係存在，即無本於委任

---

[2] 經濟部63年8月5日商字第20211號函。

關係請求公司給付報酬之餘地，公司亦不付給付該自然人代表報酬之義務），故此時代表人之報酬可依照其與法人董事間之委任契約定之。

3. 惟於第2項之情況，則有商榷之餘地，蓋法人股東指派之代表人當選為董事、監察人，故實際擔任董事、監察人職務者乃代表人，何以其無受領報酬之資格而仍須依照委任關係將報酬交付於法人股東？於法理上，難謂適當且於現實情況亦難以想像。本書認為，如為公司法第27條第2項情形，應將報酬給付受選任為董事、監察人之代表人，至於該代表人是否應將報酬交還法人股東及交還金額多寡？應由代表人與法人股東間之內部法律關係定之。

4. 而司法實務似乎亦察覺法人董事、監察人制度關於法人股東、其代表人與被投資公司間之特殊關係，因此關於報酬給付一事似不願介入過深，參照最高法院101年台上字第1093號判決，法院主張縱使是依照公司法第27條第2項當選之法人股東代表，其亦不得直接與被投資公司間為報酬之請求，而須由當選之代表人、法人股東與被投資公司三方間依其內部關係以為決定。

（二）由此可知，法人董事、監察人制度當中所涉及之責任歸咎及各種權利義務歸屬實有過多灰色地帶，加上法律規範不清，造成爭議頻仍，因此學界多主張廢除此制度。近年針對法人董事、監察人制度之修法係將公司法第27條第2項法人之代表人有數人時，增加限制，即「不得同時當選或擔任董事及監察人」，勉強些微降低此制度對於公司治理之戕害。

（三）本書以為，由於公司法已不規定僅具有股東身份者，始得當

選為董事，故縱使廢除公司法第27條，法人或政府若要對於其轉投資事業進行掌控，仍可透過董事候選人提名制度（公司法§192-1），提名足以代表法人或政府之代表人為董事候選人，再依照法定程序當選為董事，仍可對於其投資之事業進行管理。此時由於法人或政府不得對於此代表人進行隨時改派之「威脅」，再加上該代表人擔任被投資公司之董事應對於該公司之股東負有受託人義務，因此可降低法人董事代表之利益衝突，對被投資公司權益保障亦可兼顧。

問題6 董事與公司間之委任關係由股東會選任而發生，地位發生實際日子是哪天？

要點！

- 原則上，董事地位發生之實際日子以委任契約成立生效之日起算，亦即於董事當選日發生。
- 例外，若股東會另訂有就任日期或有待上屆董事任期屆滿時，則董事地位於就任日或上期董事屆滿日發生。於當選日和就任日之間若董事有代表公司與地三人進行交易，應類推適用民法表現代理之規定。

參考條文

公司法第192條之1、民法第530條。

說　明

一、依法董事之產生由股東會選任之，然而，因爲董事與公司間屬於委任關係（契約），因此應具備要約與承諾之意思表示一致契約方成立，僅由股東會選任此一單方行爲尚無法形成委任關係。就董事之產生而言，經由代表公司意思之股東會選任董事，此步驟應可視爲公司對當選人是否願意接受委任契約之要約，經由當選人承諾後委任關係方成立，例如當選人於當選後簽訂董事願任同意書。而當選人之承諾當不以明示爲限，默示亦可，有論者即舉例認爲若「當選人於選任決議後，在席上向人道謝，且參加股東會後即時召開董事會時，即可認爲有承諾擔任董事之意思表示[1]」；又依照民法第530條之規定：「有承受委託處理一定事務之公然表示者，如對於該事務之委託，不即爲拒絕之通知時，視爲允受委託。」因此，若曾公開表示願任董事職務者，於股東會選任董事後，當選人若不即爲拒絕之通知時，應可以認爲已承諾擔任董事一職。由此亦可推知，縱使董事未簽訂董事願任同意書，只要其未爲拒絕之通知，仍已爲承諾之意思表示。綜上，理論上董事與公司間之委任關係於委任契約成立時已生效力，亦即從當選之日開始計算董事任期。

二、在實務上，若公司採取董事候選人提名制（公司法§192-1）時，於股東提名董事候選人，即應檢附「當選後願任董事之承諾書」（公司法§192-1IV），由此或可認爲於公司受理該董事之候選人資格時，雙方即締結一附停止條件之委任契約，故於股東

---

[1] 柯芳枝，同前註2，頁269。

會就董事人選之決議通過時，委任契約即已生效。

三、然而，若於股東會決議時，對於董事就任日期另定有起訖日期或自上屆董事任期屆滿計算者，此時董事地位發生之實際日，究為當選之日抑或就任之日？[2]於此情況，或可認為屬於附期限（始期）之委任契約（民法§102I），於股東會決議日董事若不即拒絕，即允受委託，故當選之日委任契約即已成立；待董事就任之起始日屆至或自上屆董事任期屆滿時，董事與公司間之委任契約始生效力。也因此最高法院87年度台抗字第274號民事裁定曾表示：「改選之董事亦非選出時即得執行職務，其董事資格猶待就任，始得取得。」本書以為，此裁定之意旨應係指若股東會決議中有就董事之就任日期另外訂定時，則董事之資格非當然於改選當日即已生效，須待就任日期屆至時董事職位始生效力，使得執行職務；若股東會決議中並未針對就任日期另為訂定，則當選日即為就任日，董事之資格已然形成。此時，是否可能引發於當選日與就任日之間董事代表公司對外為法律行為是否對公司發生效力之問題？由於董事於當選後已具備董事資格之外觀，此時若與第三人進行交易，為維護交易安全，應可類推適用民法第169條表見代理之規定，公司應負起授權人之責任，但若與之交易之第三人明知股東會決議內容對於起訖日另訂者（亦即董事之任期尚

---

[2] 董事任期起算日期，依經濟部68年8月14日商字第25472號函：「一、查公司與董事間之關係，依民法關於委任之規定，為公司法第192條所明訂。董事當選後，參照民法第530條規定，不即為拒絕之通知時，視為允受委任。是董事之任期除股東會決議定有起訖日期或自上屆董事任期屆滿計算者外，應自當選之日起計算。二、本案○○股份公司董事於67年4月18日股東會選任，如無決議起任之日期，依照上開說明，本屆董事任期應自67年4月18日起算，而非自68年4月18日起算。至每屆第一次董事會之召集遲延，而未能在任期開始時推選常務董事及董事長，核與董事之任期起算無關。」另臺灣士林地方法院91年重訴字446號民事判決，亦採與經濟部相同之見解。

未開始起算），則可認為無保護之必要（民法§169但書）。

四、茲有附言，由於變更董事屬於應登記事項，因此於選任董事後應進行變更登記。惟公司登記，除設立登記為公司成立要件之外（公司法§6），其他之登記皆屬對抗要件（公司法§12），故若以董事地位發生日為登記或變更登記日即屬不可採。

問題 7 何謂累積投票制，可否用章程規定排除適用？

要點！

- 所謂累積投票制，即股東會選任董事時，每一股份有與應選出董事人數相同之選舉權，得集中選舉一人，或分配選舉數人，由所得選票代表選舉權較多者，當選爲董事。
- 有鑑於累積投票制對少數股東之保障較佳，且有少數公司以章程排除累積投票制之適用，導致公司董事席次由大股東全面掌控，故於100年公司法修正後，依現行法規定累積投票制不得以章程排除適用。

參考條文

公司法第198條。

說　明

一、所謂累積投票制，即股東會選任董事時，每一股份有與應選出董事人數相同之選舉權，得將自己所擁有之選舉權選票，全部集中選舉一人，或分配選舉數人，由所得選票代表選舉權較多者，當選為董事。此一制度通常被認為較能保護少數股權的股東，使其得將選票集中選舉一人，而不至於讓董事席次由掌握多數股份之大股東全拿。固然讓少數股東取得一席董事，對於董事會決議是否真能產生巨大影響，容有疑義；惟至少讓少數股東之代表有發聲之舞台，且得於董事會議中，對不合理之議案表示異議。假若公司管理階層欲進行如掏空公司或其他侵害股東權益等非法行為時，得經此代表少數股東之董事事先予以揭露，因此對於公司監控仍可發揮一定程序之效果。

二、由於董事選任之方式，一般認為屬於公司內部自治事項，因此我國公司法在90年修正公司法第198條時，增訂「除公司章程另有規定外」，任由公司彈性運用，以自行決定採取董事選任方式。原本此項規範之立意十分良善，然而甫經立法後，即被大股東濫用為公司經營權爭奪時之利器。故此規範在適用上，引發諸多爭議，喧騰一時的重大案件，如大毅案、國巨案、陽信銀行等，其使用之手法均由大股東先以臨時動議提出修改章程之議案[1]，將累積投票制改為全額連記法，待章程修改後立即生效，隨後即以全額連記法改選董事，由於全額連記法與累積投票制之差異，即在於前者無法將投票權集中選舉一人，因此股東所

---

[1] 依公司法第172條第5項規定，修改章程應在召集事由中列舉，不得以臨時動議提出，大股東此種便宜行事之作法，顯有違法之虞。

持有之股份若未超過半數，根本無法取得任何董事席次，也因此大股東得以掌握所有董事席次，取得經營權之絕對優勢地位。當然，此類案件所涉及之公司治理問題，不僅僅在於董事選任方式之採擇，尚包括股東會召集事由之記載內容要求，然而就因為大股東得恣意將具有保護少數股東意義之累積投票制任意更換，使得大家不免懷疑給予公司這麼大的彈性是否妥適，也使得「全額連記法」成為戕害少數股東權益之代名詞，證交所甚至於網站上將使用全額連記法之公司名稱予以公佈，提醒投資人多加注意。有鑑於此，立法院於100年12月28日將公司法第198條「除公司章程另有規定」刪除，使得董事選任之方式再度回歸僅得使用累積投票制，以避免董事會流於一言堂，毫無制衡力量存在。故於現行法之下，累積投票制不得以章程排除之。

三、或有論者認為將選任制度修改為全額連記法之公司僅屬少數，有無必要為此犧牲公司運作之彈性？再加上有些小型公司確有其閉鎖性之需求，因此似無全面回歸強制累積投票制適用之必要。然而，在制度嚴重遭到少數人濫用後，是否仍能維持制度之正常運作，令人懷疑。基於公司經營之彈性與股東權益之保護兩相平衡之下，立法者似乎沒有太多選擇餘地。

問題 8　解任董事之訴是怎樣的制度？其被告是董事還是公司？

要點！

- 解任董事之訴，係於股東無法透過股東會解任董事時之補救措施，例外得由法院介入公司之營運，以保障公司及股東權益。此制度立意良善，惟於實務運作上困難重重，難以真正被落實。
- 於解任董事之訴中，應以公司與該董事為共同被告。

參考條文

公司法第200條、證券投資人及期貨交易人保護法第10條之1。

※ 相關問題：第9題。

說　明

一、原則上，董事於業務之執行，如有重大損害公司之行為或違反
　　法令之行為時，股東會既然為選任董事之機關，自亦得將之解
　　任，故依公司法第199條股東會具有隨時解任董事之權利。惟有
　　鑑於公司之股份若集中為大股東所持有，且大股東正好為公司之
　　管理階層時，一方面無法期待董事會將解任董事之議案排入股東
　　會議程中，且依公司法第172條第5項規定，股東亦無法在股東
　　會議進行時，以臨時動議之方式，提出解任董事之議案；另一方
　　面，縱使排入議程（例如少數股東按公司法第173條請求召開股
　　東臨時會時），大股東亦可以其優勢表決股權，加以否決，能通
　　過之機率亦微乎其微，故股東會決議解任之制度難以被落實。
　　因此，公司法特別規定，此時得例外由法院介入公司運作之情
　　況，亦即准許持有少量股份之股東，在股東會決議解任董事之議
　　案無法通過後之一定時間內，向法院提起董事解任之訴，以保障
　　公司與股東之權益。

二、關於解任董事之訴之被告為何，法無明文規定。股東應以董事
　　為被告或以董事及公司為共同被告，與解任董事之訴之性質有
　　關。主張「給付之訴」者認為，法院所得裁判者，乃係判決公司
　　應向董事或監察人為終止委任關係行為之訴，故僅以公司為被告
　　已足。主張確認之訴者認為，法院所得裁判者，僅係確認某董事
　　有得解任之原因事實而已，仍須由公司向該董事為終止委任關係
　　之行為，故以董事及公司為共同被告。主張形成之訴者認為，解
　　任董事原屬股東會之職權，股東會未為決議將之解任，公司即
　　無權終止雙方之委任關係，但法律得特別規定，賦予少數股東

「形成權」而以訴訟方式，請求法院直接以判決消滅公司與董事間之委任關係，故應以董事及公司為共同被告。通說上採「形成之訴說」[1]，亦即提起解任董事之訴時，應以董事及公司為共同被告。

三、關於解任董事之訴，實務運作上困難重重，難以真正被落實，其情形分數如下：

（一）依照公司法第200條之規定，裁判解任董事之訴所應具備之要件，包括：

1. 董事有失職之事實：「執行之職務有重大損害公司之行為或違反法令或章程之重大事項」；

2. 股東會解任之功能無法發揮：「股東會未為決議將其解任時」；

3. 提起訴訟者為持股一定成數以上之股東：「持有已發行股份總數百分之三以上股份之股東」；

4. 提起之時期：「股東會後30日內」。

（二）上述之法定要件，在實務上有其認定之困難，其中：

1. 要件一，何謂「重大損害公司之行為」？法律並無明文規定，關於裁判解任之實務見解，亦多半停留在程序要件之審核，故亦未能提出判斷標準。另外，實務見解認為縱使董事於任期內發生違法失職之情事，但若其董事任期已結束，而重新改選後再度當選為董事，此時股東即不得以前任期之違法失職情事，來當作提起裁判解除現任董事職位之事由。本書以為縱使

---

[1] 楊建華，問題研析民事訴訟法，84年10月，自版，頁195-198。

該董事於改選後再度取得董事職位，惟股東會之進行由公司大股東或掌權派長期操控者時有所聞，故並不意謂著已修正前任期之違法失職行為，法院似乎不應如此機械化的操作，毋寧應考量個案違法失職之情事之惡性程度，來綜合判斷該人是否適合繼續董事一職。

2. 要件二，實務見解似乎賦予其更限縮之意義，認為所謂「股東會未為決議將其解任」，係指：「股東會曾提出解任董事提案之事由，而未經股東會決議將其解任為限。」若股東會無解任董事之提案，股東亦無從訴請法院裁判解任不適任之董事。更有甚者，實務主張股東提起董事解任之訴時，主張董事不適任之理由，必須與股東會決議時所提出之議案內容相同，而法院之所以做如此解釋係基於：「倘於解任董事之訴中任意提出，且得以此構成解任事由，豈不違背股東會乃董事與公司間契約締結之關係，並違反股東會為公司意思機關之基本法理，法院無不落入過度干涉公司決策之嫌。」（臺灣臺北地方法院90年訴字第4550號判決參照）如前所述，股東會決議解任董事之所以窒礙難行的原因之一，在於難以將董事解任此議案排入股東會議案中，故此要件無疑增加董事解任之訴成功提起之可能性。又法院主張解任董事之訴所依據之不適任原因應與股東會決議解任時之決議內容相同，似乎難以從「股東會未為決議將其解任」此要件中推論出，故有增加法律所無之限制之嫌。

（三）由於要符合裁判解任之各項要件，非屬易事，再加上提
　　　起此訴訟之股東無法受到直接的經濟上誘因，故此類案
　　　件於實務上並不多見，就算有，亦以敗訴收場居多。近
　　　年來與裁判解任訴訟有關者，多爲投資者保護中心依據
　　　證券投資人及期貨交易人保護法第10條之1規定，所提起
　　　之裁判解任之訴。依照投保法第10條之1的規定：「保護
　　　機構辦理前條第一項業務，發現上市或上櫃公司之董事
　　　或監察人執行業務，有重大損害公司之行爲或違反法令
　　　或章程之重大事項，得依下列規定辦理：……二、訴請
　　　法院裁判解任公司之董事或監察人，不受公司法第200
　　　條及第227條準用第200條之限制。」故此規定使得投保
　　　中心得不受前述要件二、三、四之限制，於董事具有重
　　　大損害公司之行爲或違反法令或章程之重大事項時，即
　　　得提起董事解任之訴，發揮保護機構之公益職能。例如
　　　投保中心就曾對東森國際股份有限公司與其法定代理人
　　　王令麟提起解任董事之訴（參閱臺灣臺北地方法院99年
　　　度訴字第4604號判決、臺灣高等法院100年上字第221
　　　號）。

（四）然而，依照目前實務判決來看，由於投保法第10條之1係
　　　於2009年5月20日增訂之，且無溯及既往之規定，故若董
　　　事之違法事項發生於修法前，則無此規定之適用，故實
　　　務上之相關案件多半於程序上即遭到駁回。未來此規範
　　　是否得發揮功能，仍有待觀察。

問題 ⑨ 董事解任之制度爲何？

問題

要點！

- 董事解任制度包括決議解任、裁判解任及當然解任。
- 關於決議解任，乃源自於「有選任權者有解任權」之基本法理，故股東會得隨時解任董事，僅於不具備正當理由時，董事得向公司請求損害賠償。
- 關於當然解任，係指立法者事先規定董事若違反相關規定，則不待股東會決議或法院之介入，解任董事之效果當然發生。於現行法之下包括董事任期屆滿遲不及改選、董事於任期中轉讓超過選任當時所持有股份數額二分之一時及董事具備消極資格時。

參考條文

公司法第197條、第199條及第199條之1、民法第549條。

※相關問題：第8題

說 明

一、董事乃公司法定必備常設機關董事會之成員，係實際上替公司執行業務者，故若其有不適任時，或恐對公司未來發展有負面之影響，公司法即設有相對應之監督、抗衡機制，其中之一即董事解任制度。董事解任制度包括股東會決議解任、裁判解任及當然解任。關於裁判解任之介紹可參考問題8，以下謹就決議解任及當然解任作介紹。

二、關於股東會決議解任，係源自於「有選任權者，即有解任權」之基本法理，董事係由股東會選任之，故亦由股東會經由決議解任之，並無嚴苛要件之限制，不論董事是否有失職之情況，均得經由股東會之決議，隨時解任之。僅於不具備正當理由將董事解職時，董事有權向公司請求損害賠償（公司法§199I）。

（一）損害賠償之範圍為何，公司法並無規定，自應回歸民法第216條規定，以填補被解任之董事所受損害及所失利益為限。關於所受損害之認定，最高法院認為「該董事、監察人於任期屆滿前，如未遭解任原可獲得之報酬，因無正當理由遭解任而未獲得，自不能謂其非因此所受之損害。」因此董事之報酬應包括於損害賠償之範圍內。至於紅利或剩餘盈餘之分配是否屬於所失利益，容有爭議。由於紅利或剩餘盈餘乃依照每年營運狀況加以分配，因此並不具有客觀之確定性，應不屬於期待權之範圍內，故此部份難以算入損害賠償範圍內。

（二）茲有附言，董事與公司間之關係，除公司法另有規定，原則上適用民法委任之規定。因此，實務見解認為如當

事人係以公司法第199條主張損害賠償請求，而非依照民法第549條第2項委任契約終止請求損害賠償，由於兩者二者所定損害賠償之要件及其範圍均有不同，故應優先適用公司法之規定。62年台上1536號判例針對民法第549條第2項中所稱之損害，係指「不於此時終止，他方即可不受該項損害而言，非指當事人間原先約定之報酬」，則不適用於公司法第199條之情形。股東會既得隨時決議解任董事，原則上應自決議時起發生解任之效力，此即所謂「提前解任」，除非股東會另有決議待任期屆滿時始解任（公司法§199-1）。由於董事任期屆滿不發生當然解任之效力，故此規定仍有其實益性。

三、關於當然解任，係指立法者事先規定董事若違反相關規定，則不待股東會決議或法院之介入，解任董事之效果當然發生。現行法之下當然解任之規定包括：

（一）公司法第195條第2項董事任期屆滿而不及改選，且自主管機關限期改選後仍不改選，則自期限屆滿時當然解任；

（二）公司法第197條第1項，公開發行公司之董事在任期中轉讓超過選任當時所持有之公司股份數額二分之一時，其董事當然任；

（三）公司法第192條第2項準用第30條，於董事就任後若具備董事之消極資格，則當然解任。

其中較有疑義者，在於公司法第197條第1項，由於當然解任之法律效果甚為強烈，因此應屬於董事之不適任情事相當嚴重，若不立即解任，恐有損公司營運及對股東權益產生重大不利益

時，方採取之手段。而公司法第197條第1項之立法目的，在於防止股東以多數股份爭取得董事後，即將其股份大量讓出，仍然佔據董事席位，或因知悉公司業務前途不利，財產狀況欠佳及早將持有股份拋出（於董事任期中有大量股份釋出之情況，是有可能被認為公司經營狀況出現危機之徵兆）。此立法理由不可謂毫無道理，然是否有必要因此賦予其當然解任之法律效果？本書以為，相較於董事任期屆滿遲不改選及董事具有消極資格，對公司產生之負面影響係屬明顯確定者；而董事於任期中將股份大量讓出，並非當然可以推論對公司產生立即且明顯之損害，故公司法賦予當然解任之法律效果，似有不妥。蓋董事對於股份之買賣，亦可認為是其個人對於投資組合之自由運用權限，如股東認為董事此舉將導致其有不適任之情形時，將之訂為可決議解任之事由，股東會自行斟酌以決議將之解任即可，以貫徹公司自治原則。故本書以為公司法第197條第1項之立法目的固然有所依，但不需賦予其當然解任之法律效果，交由股東會自行判斷即已足。

問題 *10* 董事退任之手續，可否請求退職慰問金？

要點！

- 董事退任係指董事自願離職，故與解任乃被動離職性質上不同。係屬有相對人之單方意思表示，依照其係對話或非對話之意思表示而有不同之生效時點。
- 董事不得依照勞動基準法（以下簡稱勞基法）向公司請求退休金。董事應依照其與公司間之委任契約內是否有董事退任條款而定，若有，其中是否有關於退職金之內容；若無，則視契約中關於董事報酬是否有包含退職金。若委任契約中並無相關約定，則解釋上而言，公司法第196條董事之報酬應可包含退職慰問金。

參考條文

公司法第196條、民法第549條。

說 明

一、所謂董事退任係指董事自願離職，故與解任乃被動離職性質上不同。按公司與董事間係委任關係，故於委任期間屆滿時，董事自應退任；又董事亦得依民法第549條第1項隨時向公司辭職，以終止委任契約。董事一旦提出辭職，無須公司同意即失去董事身份，故係屬有相對人之單方意思表示，依照其係對話或非對話之意思表示而有不同之生效時點。

二、過去實務上，即有發生過董事退任後，向公司請求依照勞基法之退休金未果而提起訴訟之案例，由於董事之身份為公司負責人（公司法§8，即雇主），當非勞基法所稱受僱從事工作之勞工，故其退休金自不得依勞基法所提撥之勞工退休準備金專戶支應，但可由事業單位以當年度費用列支[1]。依照董事與公司間乃委任關係，故應視委任契約中，是否有就董事之退休金或退職慰問金加以訂定，如契約中有明定董事退任條款，其中有針對退休金加以協商，則董事當可依照契約請領退職慰問金，並由事業單位以當年度費用列支。

三、另一種情況是，若委任契約中將退職金列入董事報酬之一部份，則情況可能較為複雜。按公司法第196條規定，董事之報酬應以公司章程中載明定之，若未載明，則應以股東會決議定之，且不得事後追認。因此，若董事之退職金屬於報酬之一部份，應視其所服務公司之章程有無針對董事報酬進行規定，如章程已訂明有關董事報酬之相關規定者，自可依該規定辦理退任及請領退休金

---

[1] 行政院勞工委員會92年8月6日勞動1字第0920043912號函。

事宜；如章程未爲相關規定者，雖可召開股東會修改章程補增有關董事退任及退休金相關規定，或另訂董事退任及退休金辦法交由股東會決議施行，惟此措施只能自通過後實施，無法追溯既往。

四、最後，若董事與公司間之委任契約並無針對退休金或退職慰問金之內容，則董事似可以公司法第196條之報酬請求權作爲請求權基礎，進而審視公司法解釋上，對於公司給予董事之報酬是否包含退休金？所謂報酬，係指董事爲公司服務應得之酬金[2]，屬於勞力服務之對價，一般認爲不包括非經常性給付之車馬費及酬勞（屬於盈餘分配項目），而退休金之性質與車馬費和酬勞應屬有間，依照一般商業習慣，董事之退休金雖非勞力服務之直接對價，但應可認爲屬於以過去勞力服務爲基礎所獲得之間接對價，故董事仍有權請求之。

---

[2]　經濟部93年1月20日商字第09302005550號函。

 問題 **11** 董事缺額的處置方法為何？

要點！

- 董事缺額在不造成實有董事人數低於法定或章程所定額數的情況下，公司未必需要立即選任補充。
- 董事缺額若達三分之一時，依法董事會應立即召集股東臨時會補選之。董事缺額造成低於定額數時，於新任董事就任前，應課予退任董事留任義務。
- 惟若董事缺額造成低於定額數，係源自於董事被解任或死亡等委任終止之原因，此時無課予退任董事留任義務之適用，應由利害關係人向法院聲請臨時管理人，使得公司得以繼續運作。

參考條文

公司法第201條、第208條。

※相關問題：第12題。

說 明

一、當董事缺額時，公司迅即召開股東臨時會選任新董事為補充，乃
　　一般之措施。但是，召開股東臨時會須經一定程序，所耗時間與
　　經費不貲，故當董事產生缺額，在不造成實有董事人數低於法定
　　或章程所定額數，而董事會仍可正常運作的情況下，公司未必需
　　要立即選任補充。

二、按公司法第201條之規定：「董事缺額達三分之一時，董事會
　　應於30日內召開股東臨時會補選之。但公開發行股票之公司，
　　董事會應於60日內召開股東臨時會補選之。」由於董事缺額達
　　三分之一，在議案需要以特別決議之方式通過（即三分之二以
　　上董事之出席）時，董事會即面臨運作困難而影響公司業務之
　　執行，故應盡快召開股東臨時會進行補選。於新任董事就任為
　　前，公司業務之執行即面臨中斷之危機，為避免公司之營運無法
　　繼續進行，此時應賦予退任董事「留任義務」，其應擔任董事職
　　位至新任董事就任為止，避免公司陷入空轉。但此舉並非退位董
　　事任期之延長，而只是職責的延續而已。

三、應注意者，上項留任義務之課予應僅限源自於自願離職者所致
　　（退任者），如董事缺額係源自於董事被解任或死亡等情形
　　者，因為董事與公司間之信賴關係早已破裂，無期待可能性，故
　　不宜由被解任董事繼續執行職務。當董事人數不足定額時（特別
　　是在僅存一人時），其缺額董事又不適用留任義務時，應屬於
　　「董事會不能行使職權，致公司有受損害之虞」情事，依照公司
　　法第208條之1，由檢察官或利害關係人向法院聲請選任臨時管
　　理人，代行董事會職權。

問題 *12* 董事缺額只剩一人時，董事會是否還能成立？

要點！

- 董事會一詞可區分為概念董事會與實質董事會。因此，若董事缺額僅剩一人時，概念董事會仍存在，但此時實質董事會則因為董事缺額超過法定限制而無法成立，此時應立即召開股東臨時會補選董事或選任臨時管理人以維持公司之營運。
- 董事會成員僅剩一人，此時若有召開股東會之必要，由一人董事會召開股東會，程序上是否合法即有爭議。

參考條文

公司法第202條、第192條。

※ 相關問題：第11題。

說　明

一、董事會係由全體董事所組成之會議體，故其權限行使亦應以會議之形式為之（公司法§202）。因此理論上，要形成會議體必須以兩人以上為基本要件，又若要進行決議，兩人恐怕無法產生多數決之結果，故公司法規定董事會設置董事不得少於三人（公司法§192I）。此外，董事會之所以必須以會議體之方式進行，主要係藉由董事彼此交換意見，發揮集思廣益之功能，與股東會之情況不同，股東會係以「股份」為計算基礎，故縱使僅有一人股東亦有進行股東會之可能。因此，原則上董事缺額若僅剩一人時，董事會無法實質運作。

二、董事會一詞可區分為概念董事會與實質董事會（或有學者以董事會（board of directors）與董事會會議（meeting of the board of directors）來區分[1]），前者係指公司內由全體董事所組成的法定必備常設機關，如公司法第202條所指之董事會；後者係指因召集而實際上召開之董事會會議，如公司法第203條至第207條所指之董事會。因此，若董事缺額僅剩一人時，概念董事會仍存在，不會因為董事會之成立要件欠缺而消失；但此時實質董事會則因為董事缺額超過法定限制，且連成會之形式要件都無法達成，故應由監察人或股東立即召開股東臨時會進行董事之補選（公司法§220及§173IV）。若立即召開股東會有困難時，依照公司法第208條之1第1項，應屬於公司因董事缺額超過法定限制導致董事會無法召開行使職權，可由利害關係人向法院聲請選

---

[1] 柯芳枝，公司法論（下），三民書局，102年3月，修訂9版，頁296。

任臨時管理人。

三、又臨時管理人制度之目的在因應公司董事會不為或不能行使職權時，藉臨時管理人之代行董事長及董事會職務，以維持公司運作。惟該臨時管理人之主要任務係代行董事長及董事會職權（例如儘速召集股東會選任董事等），並非執行所有董事職務，應以維持公司基本運作為職務範圍之依據，故實務上亦肯認臨時管理人得處理公司日常經營所需之各種事務，包括公司登記、公司借貸等等，惟若於股票上簽章（公司法§162I）、發行新股或公司併購等非通常性職務，則不應由臨時管理人來代為處理，畢竟臨時管理人對於公司之營運瞭解不深，該等會影響到公司未來發展甚鉅之業務範疇，實不宜由其代為決定，亦違反最高意思機關股東會授權予董事會來決定公司經營方針之意旨。

四、實務上，嘉新食品化纖股份有限公司曾因全體董事任期屆滿遲不改選，於經濟部發函後仍置之不理，使得全體董事於期限屆滿時當然解任，導致董事會出現無人代表公司執行業務之情形，而嘉新食品公司營業項目達百餘種，往來對象繁多，若任由嘉新食品公司之業務無人執行，將致員工薪資、往來公司行號債權等重大事務無從處理，並致股東或公司受害，造成社會經濟重大失序。因此，臺灣臺北地方法院乃依利害關係銀行（銀行因嘉新食品公司為其逾放款之客戶，擬對其依法追訴，但由於嘉新食品公司並無法定代表人導致銀行求償受阻）之聲請，為嘉新食品公司選任三名臨時管理人[2]。

五、股東會原則上雖由董事會召集之（公司法§171），但股東會之

---

2 臺灣臺北地方法院96年度司字第590號民事裁定。

召集是否必先經董事會決議召開，其召集程序始能稱合法，非無疑問。股東會之召開，本應依法為之，不僅是董事會權力，有時亦屬義務，例如股東常會之召開。且董事會僅為召集人，目的係促使股東會之組成而已，並不能影響股東會之決議，實無須董事會先作成決議，才能合法召集股東會，尤其是召集股東常會之情形。如一定要先經董事會決議，則在董事原本三人，因故同時有二名董事解任而僅剩一名董事時，將無法作成董事會決議（公司法§206I），進而無法合法在30天內召開股東會補選董事（公司法§206I）。此時僅能依公司法第208條之1規定選任臨時管理人，不僅增加程序繁瑣性，而且可能緩不濟急，又僅存之董事及臨時管理人間之權責如何劃分？均有疑問。如依上述，董事會成員縱使僅剩一人，實質董事會固可能因人數不足而無法組成會議體作成決議，但並不影響概念董事會之存在，且董事依公司法第8條第1項規定，乃公司之負責人，故縱然僅剩一名董事，如有召開股東會之必要，應承認得以（概念）董事會召開股東會。不過，在實務上，最高法院則採否定之見解[3]，此種概念仍待學界與法院繼續探討，以取得共識。

---

[3] 最高法院99年度台上第1091號判決「按股份有限公司之股東會，除公司法另有規定外，由董事會召集之，公司法第171條定有明文。又董事會由董事長召集之；公司業務之執行，除公司法或章程規定應由股東會決議之事項外，均應由董事會決議行之，並為該法第203條第1項、第202條所明定。而無召集權人召集之股東會所為之決議，參照本院28年上字第1911號判例（一）意旨，為當然無效。職是之故，董事之一人，未經董事會之決議，擅以董事會名義召集股東會，即屬無權召集，所為之決議，當然為無效。」

問題 *13*　董事會有無業務監督權？

要點！

- 業務執行權是董事會全權在握，但是會議體之董事會，對業務執行可爲決定，但對其決定之實行無法勝任，必經委外實行，對其實行，董事會當然負監督義務。
- 實際監督義務之實行會議體之董事會仍然無法勝任，違反監督義務原則是董事會之責任，結果是落在構成員各個董事身上，董事爲避免責任，就得負起監督義務，因此監督義務之實行者爲各位董事。

參考條文

公司法第202條、民法第535條。

※相關問題：第14題。

說　明

一、因應「所有與經營分離」趨勢，有關股份有限公司業務執行之權限，公司法第202條於90年修正時，將除法律或章程另有規定外之概括權限，盡劃歸董事會決議行之，業務執行權限係董事會所專有。所謂業務執行是公司為遂行事業目的所為的事務處理，在概念上可區分成業務執行的決定權與實行權，並以自行實行為原則。然而，上述決定權由董事會開會自行決定，毫無問題，但礙於董事會機關是會議體性質，無法具體實行，實行權只能委任或命令他人來實行；其方法即在董事會之權限與責任下，委任董事長、業務擔當董事（或執行業務董事）、經理人或職員實行。應注意的是，董事會業務執行之實行委任，僅是單純業務執行輔助者的使用關係，並非授與輔助者機關權限，使其成為公司機關。被委任者不論是董事長、董事、經理人或一般職員一律都是輔助者（使用）之地位而已，全員遵從董事會委任指揮命令行動，蓋業務執行權是專屬於董事會，縱為代表機關之董事長亦無此權限。

二、據上，董事會基於其業務執行的固有權限，對於公司業務執行之實行者，握有監督權限是合理的解釋，我國學者柯芳枝教授亦採取相同見解[1]。並且，在經營與所有分離原則下，股份有限公司出資者，將對於公司經營方面之支配權，交由專責專業之董事會，自此角度以觀，董事會就其自己之經營職務委任他人，受任人執行受託任務時，董事會對受託人的行為要負起善良管理人注

---

[1] 柯芳枝，公司法論（下），三民書局，102年3月，修訂9版，頁298。

意義務。對受託人盡善良管理人注意義務，其具體內容就是盡監督義務。因此，董事會對於委任實行之人，固有監督權限，並也因此要負起監督義務，如有違背，自應就受任人之行為負起全責。

三、如上項監督義務之違反，原則是董事會之責任，然而，董事會僅是一會議體，實際之監督義務仍然無法勝任，結果是落在構成員各個董事身上，董事為避免責任，就得負起監督義務，因此監督義務之實行與責任之負擔者，為各位董事。

董事會的業務監督權與董事監督義務的關係爲何？

要點！

• 業務執行權是董事會全權在握，但是會議體之董事會，對業務執行可爲決定，惟對其決定之實行無法勝任，必經委外實行，對其實行，董事會當然負監督義務。

• 實際監督義務之實行，會議體之董事會仍然無法勝任，違反監督義務原則是董事會之責任，結果是落在構成員各個董事身上，董事爲避免責任，就得負起監督義務，因此監督義務之實行者爲各位董事。

參考條文

公司法第193條第2項、民法第535條。

※相關問題：第13題、第68題、第83題。

說　明

一、董事會基於其業務執行的固有權限，對於公司業務執行之實行者握有監督權限，自是合理的解釋。並且在經營與所有分離原則下，股份有限公司出資者，將對於公司經營方面之支配權，交由專責專業之董事會，自此角度以觀，董事會就其自己之經營職務委任他人，受任人執行受託任務時，董事會對受託人的行為，要負起善良管理人注意義務。對受託人盡善良管理人注意義務，其具體內容就是盡監督義務。因此，董事會對於委任實行之人，固有監督權限，並也因此要負起監督義務，如有違背，自應就受任人之行為負起全責（問題13參照）。

二、不管是董事長或者業務執行擔當董事，其從事業務執行之實行行為，是基於董事會的權限與責任之下授權委任，此等實行行為必然受董事會之監督，然而董事會僅係抽象存在之機關組織，自是無法勝任此一實際監督義務，但因違反監督義務原則上是董事會之責任，其追究之結果，仍應由身為其構成員之各個董事承擔，因此，董事為避免責任，就得負起監督義務，終而，監督義務之實行者為各位董事，由董事進行監視職責，稱之為董事之監視義務。董事長或業務執行擔當董事又將其實行再委任補助者（經理、公司幹部員工）時行時亦同，董事對補助者的行為仍負監視義務。

三、再者，董事如對於決議結果持反對意見者，固對於是項決定之錯誤毋須負責，然因最終仍須服從多數之決定而予實行，對於業務決定之實行，仍須負起監視責任；而贊成該業務執行決定之董事，除須對決定之錯誤與否負責外，亦須對於該決定之實行負監督責任。

問題 **15** 董事會與董事長在業務執行上的關係如何？

要點！

- 業務執行權由董事會全權掌握，但是會議體之董事會對業務執行權之決定可自行決定，惟業務執行之實行無法自為，必經委外實行，通常委任實行對象是董事長，由此產生業務執行之決定權在董事會，實行權在董事長之分，如此之分之解釋有兩說，一為董事長是受任於董事會之說，一為董事長之實行權是其法定固有權之法定分權說。
- 委任說為妥，產生董事會對董事長之業務實行負有監督義務。

參考條文

公司法第202條、第208條第3項。

說　明

一、依公司法規定，公司固有行為能力，惟公司本身係社員的集合體，其所為法律行為，對外尚須具有公司代表權限（涵蓋公司營業一切事務辦理包括性的代表權限）為之，始克達成。而業務執行係公司最主要對外關係之事項，業務執行中有關法律行為，其法律效力直接對公司發生，如此者僅代表權而能之，業務執行權限與此代表權限兩者是完全不同性質。在制度設計上，業務執行機關同時也是代表機關，也就是說同一機關兼具業務執行權限與代表權限，是自然而且實際的，一般通例（一般社團法人、一般財團法人以及其他種類的公司）均是如此。對此事，股份有限公司必設董事會專擅業務執行權，而董事會是由複數人的董事所構成合議體機關，代表權限劃歸給董事會，現實上董事會無法親自作為，如訂立契約等法律行為，通常是由董事會依據其代表權限授權他人代理行使（即使董事會擁有代表權限，絕非必定親自行使不可）。簡化每次透過代理權授與行使之繁瑣，從而將兩種權限分化歸屬兩個不同機關，這種制度設計也稱為經管權限分化、經管機關分立。

二、次以，董事會係會議體，無法具體實行，其所作成之業務執行決定，必須委由自然人加以實行，而所委任之對象則多為董事長。蓋董事長所為決定，若須對外為法律行為者，必委由股份有限公司唯一代表機關董事長（公司法§208III前段）。於是，董事長在業務執行上，亦與董事會有著密不可分之關係。只是對於此之關係如何說明，學說上向有二種意見：

（一）並立機關說

認為董事會與董事長乃獨立、個別之機關，沒有上下隸屬關係，兩者並立存在而分工合作；亦即業務執行決定權係董事會權限，業務執行實行權則是代表機關——董事長之法定固有權限，因此，董事會作成決定後，董事長即應本於其實行權限加以執行。

但是，業務執行之實行權是代表機關董事長的固有專屬權限的話，董事長獨立於其他機關，基於自己責任行使實行權限，無牽無掛。但實際並非如此，必須遵從董事會的決定，始可行之，在公司的業務執行上，董事長是董事會的從屬機關，斷非並立機關使然。

再從另一角度觀察，董事長代表機關的業務執行之實行行為，必須在董事會監督權限下行使。固有權限之行使，要受到其他機關並立機關的監督，確實難理解。董事會的權限僅限於決定權，那就是對決定權的決定盡到善良管理人之注意義務已足，為什麼還要或者還能對並立機關的實行權限行使發號施令。由上所述，並立機關說的構成，殊難服人。

（二）派生機關說

此說認為董事會具有所有有關業務執行的固有權利，包括決定及實行在內，由全體董事以合議制方式共同為之，惟為顧及經營之機動性及效率性，法律上乃為權宜之計，而規定應選任代表董事（董事長），代表董事會執行公司業務。而業務執行權限之中，法令規章或董事會的決議事項特別保留給董事會為限，此外

業務執行權限當然歸屬董事長，不必經由董事會的委任授權，蓋因代表機關董事長對內負有業務執行之實行義務，此執行權限源自董事長地位，但是實行權本質實際係董事會決定權限，因此業務執行上關係，董事長是董事會的衍生機關。

　　本說依然患了將實際處理方法的問題與事務處理權限的問題，兩者觀念混同之毛病。進而，一定保留事項以外，董事長當然擁有業務執行權，然則此「當然擁有」解釋為法定權限，始能說明清楚。但是，業務執行法定機關是董事會規定在先，後又產生董事長是業務執行法定機關，兩者先後矛盾，殊難解說，此說也非可採。

三、以上二說，前者將業務執行之實行權認為係董事長之固有權限，後者則將董事長認作是業務執行（衍生）機關，並認為董事長對於非保留予董事會之決議事項有實行權限，不待另行授權，均係傾向法定分權之看法。實則，業務執行的決定與實行在觀念上的區別可以成立，但是將決定權限與實行權限分離，而將實行權限歸屬別的機關，則不容許。不適於實行行為之會議體機關董事會，通常將其實行權委任他人實行，這不是意味著董事會因此失去實行權，更無法解說被委任人的實行權限是固有權限。習慣上，有關法律行為之業務執行，委任給對外有代表權之董事長居多，也較方便，但這本質上也不過是董事會業務執行之一種態樣而已，不因此產生法律關係的質變。故董事長之所以能對業務執行決定加以實行，實係獲得董事會授權而來，絕非其固有權限或地位始然。此際董事長是屬於董事會的補助者之地位，而為公司為法律行為而已，在受委任執行公司業務之面向上，其地位與其他公司使用人並無不同。

四、本書採取委任說，蓋法定分權說之看法，無法解釋董事會何以
　　能對於董事長之業務執行實行加以監督，董事長實行其業務決
　　定，自無法藉由委任之法律關係對董事會課以監督義務（問題
　　13參照），而開闢董事會脫責之途徑。

問題 *16*　董事會如何去業務執行？

要點！

- 業務執行權由董事會全權掌握，但是會議體之董事會對業務執行權之決定，固可自行決定，然關於業務執行之實行則無法自為，必經委外實行。
- 常務董事會在董事會休會期間，受託執行董事會的職權，是受董事會委任執行非重要業務之組織。

參考條文

公司法第202條、第208條第4項。

※相關問題：第13題、第14題。

說　明

一、業務執行權屬董事會所專有，會議體之董事會對業務執行權之決定固可自行為之，但業務執行之實行則無法自為，必經委由自然人實行，通常委任實行對象即代表機關董事長，最符實際效益。又一般業務或非重要業務，將業務執行決定權以及實行權一併委任董事長去決定與實行，是現時下的慣例。尤其規模較大型之企業，對董事長機制的期待不設限，在各個業務執行上，已提升到對公司經營的大局判斷、經營方針的迅速決定，以及業務執行的監視、監督等機能。

二、但實際上公司業務經營繁雜且多元化，董事長一人不可能獨力而為，且非對外法律行為之事項，亦無須一定委由董事長執行。因此，被董事會委任的董事長在業務執行過程上，則更加廣泛利用補助者來推行。董事長為達成統一的經營目的，貫徹董事會之業務執行決定，必須善用指揮命令系統，利用多數的補助者來實行多種多樣的業務，於是各公司會依其規模及需求，任意、自治性地將眾多的補助者組織化、制度化。例如常見之經理、部長、科長以及一般職員等階級分工制度即是。而此指揮命令系統的頂點就是總經理，上承董事會及董事長之授權委任，下對補助者組織發號施令，使其完成多種多樣，大大小小的公司業務執行。

三、此外，我國企業界現況設置經理人職位是一般商業習慣，但應注意經理人實行業務，或來自董事會直接授權，或來自董事長之二次授權，無論如何，權限之根源在董事會，業務執行之決定權與實行權都包括在內。國內常見對經理人定義為：「經理人由董事會選任，在董事長指揮下，擔當業務執行之實行」，多數學者甚

至認為經理人係由企業聘請，以輔助經營之章定任意常設業務執行機關[1]。這很容易造成二個問題的誤解：其一是以為經理人係業務執行的實行機關，授有業務執行權限，但如前所述，其僅止於業務執行之實行行為的補助者。另一則是，業務執行之實行權是專屬於董事長，故而得遵從董事長之指揮命令，但其實董事長是根據董事會授權實行而已，應予區辨清楚。

四、再者，我國公司可依章程或股東會決議或董事會決議，任意設置業務執行董事或常務董事會。蓋上市公司擁有十數名或數十名董事的不算稀奇，人多意見多，形成意見統一曠日費時，延誤商機，為爭取經營判斷的迅速性，任意設置此機關，在董事會休會期間，受託執行董事會的職權。因此，常務董事會乃公司依章程、股東會決議或董事會決議，所任意設置之臨時機關[2]。任意設置此組織之機能，是在董事會休會期間，受託執行董事會所授權之公司業務（包括業務執行決定及實行），使常務董事會依授權之內容，替代董事會在休會期間為公司業務之執行，常務董事會之決定，即係董事會本身的決定。而常務董事會既係基於董事會之授權執行公司業務，董事會對於常務董事會自亦負有監督義務，也就是縱使在休會期間，其餘一般董事亦應善盡其監視職責。綜上，設有常務董事會之公司，業務執行權限仍然專屬於董事會不變，僅董事會業務執行權限的行使方法受到影響，採行另一種權限行使形態而已。

---

[1] 柯芳枝，公司法論（上），三民書局，102年1月，修訂9版，頁47；王文宇，公司法論，元照出版，95年8月，頁122；王泰銓，公司法新論，三民書局，98年7月，修訂5版，頁182；梁宇賢，公司法論，三民書局，95年3月，增訂6版1刷，頁116。

[2] 應強調的是關於董事會職權之授與，必須有章程之規定始可為之。也因有章程之規定，董事會在所定範圍內所為之授權，並無架空董事會之虞。

問題 *17* # 董事會可否把全部權限委讓給董事長？

要點！

• 董事會與董事長是公司各為獨立機關，其權限由法定，各持有固有權限，故無法全部委讓其他機關，包括董事長在內亦如是；除公司日常性業務執行，習慣性全部委任董事長處理外，其他公司法規定必要董事會決議之事項就絕對不可委讓。

參考條文

　　公司法第202條。

※相關問題：第13題、第14題、第15題、第16題。

說　明

一、按公司法明文規定爲董事會決議事項有：經理人選任（公司法§29I）、經理人競業同意權（公司法§32但書）、公司債發行（公司法§246）、新股發行（公司法§266）、簡易合併（公司法§316-2）等法定權限，嗣爲因應股份有限公司「所有與經營分離」趨勢，復於90年修正時，將除公司法或章程規定應由股東會決議以外之事項（如公司法§185、§196）劃歸予董事會，原則上屬董事會之機關權限，應由董事會決議行之，董事會中心主義乃告確立。

二、董事會擁有絕大多數之業務執行權限後，當然意謂著其肩負公司業務執行之大任，自應本此權責，制定經營大策並加以執行，爲謀取公司最大利益而努力；從另一角度觀察，董事會行使業務執行之權，攸關公司經營之大計，自是公司最重要之機關，股東在此認知下，對董事會構成員之選任，當著眼在各該人選是否具有足夠專業智識及經驗而爲之。是以，董事會除可能以章程規定將非專屬權限事項轉回上位機關股東會行使外，自無將其權限隨意委讓他人，而集體背棄股東所託之理。

三、承上，權限之委讓，除股東會以外，任何機關皆不可爲之。如委讓給董事長、業務執行董事或總經理等，這些是董事會的下屬組織，輔助行使業務執行之實行行爲[1]（問題16參照），董事會負有指揮以及監督之權限（問題13、14參照），倘若權限的委讓，則董事會之監督職責免除，開闢董事會逃避責任之道，是不

---

[1] 我國對於常務董事會之設定與美國公司董事會下設之委員會不同，常務董事會並非董事會之下屬組織或機關。

可輕易容許之事；唯一例外的是關於日常業務執行權部分，例如辦公文具用品之採購，若亦由董事會群策群力而爲，實際上亦無可能及必要，故依一般解釋，董事會於選任董事長之時，依習慣將此權限（包括決定及實行）授予董事長，由董事長自行作成決定及執行即可。

問題 18 公司法規定董事長是董事會召集權人，董事長死亡不在時，董事會如何召開？

要點！

• 我國公司法規定，董事長是由三分之二以上董事出席，過半數同意之董事決議選出，董事長是董事會唯一召集權人。當董事長死亡或實際上無法召集董事會，當然也無法選任新董事長，成為法律漏洞，措手無策。

• 解釋上，董事會應可由構成員各個董事均可召集，各國立法也均採此立場，我國法也如此解釋的話，即可解難。

參考條文

公司法第203條第1項、第208條第3項。

說　明

一、董事長死亡、解任、辭職而未及補選，或因董事人數不足，無從依公司法第208條第1、2項規定補選董事長前，實務（例如最高法院96年台上字第327號判決）及學者通說均認為得類推適用同條第3項規定加以解決。然按公司法第208條第3項後段既係董事長「代理」之規定，自應循「代理」之法理架構，亦即以本人存在為前提，而董事長死亡或遭解任而根本無董事長時，儼然與上開前提有所違悖，並不具有比附援引之「類似性」，自無類推適用之餘地，且其所謂類推適用之結論，卻係選出所謂「暫時執行董事長職務」之人，而非原規範之法律效果，更與類推適用之解釋方法顯然抵觸，自不足為採。類推適用公司法第208條第3項規定，並無法解決難題。

二、依國內通說依公司法第203條第1項前段規定，認為董事會召集權限專屬於董事長。然當董事長濫權堅拒召開，或董事長出缺而無法一時補選時，此說殊難獲得有效對策。按股份有限公司係藉由董事集會討論決定公司營運之政策及執行方針，是以，如何強化董事參與董事會並進行實質討論及決議，方為吾人所應關注之議題，至於會議由何人來召集，何人擔任主席主持會議，原係枝節問題，無論是否擔任召集權人或主席，其表決權限尚無不同，合先敘明。次以，依現行法規定，董事係董事會之構成員，既須以集會決議之方式，始能執行公司業務，故董事會議之召開即甚屬重要，董事會若未能適時召開，以致公司之營運陷入停擺而造成損失，董事亦難逃責任追究之問題，故解釋上，每位董事本應有召集董事會之權利，只是為避免董事間因互相爭

讓，或造成相競召集，或反之無人召集之情形發生，乃有召集權人之制度設計，使董事會原則上由該特定之召集權人召集，以明責任，並非當然可解釋成其他董事之召集權即完全地被排除。

三、依修正前公司法第203條規定，公司得依其體制及需要，以章程彈性規定是否由特定召集權人為召集，以及召集權人不能或不欲為召集時，其備位之召集方式，以利董事會之運作，方不至於因硬性規定單獨召集權人之結果，一旦該召集權人不能或不欲執行職務，即陷於無人可以召集董事會之窘境。嗣公司法雖於69年4月18日將本條修正為由董事長擔任唯一召集權人，然其所執理由乃為：「…實際上公司章程皆訂定由董事長召集董事會，爰修正第一項明訂董事會由董事長召集之」[1]，可知其修正理由僅著眼於當時一般公司之章程係訂由董事長召集，即將此實務多數現況予以明文化，其用意僅在節省公司另以章程規定召集權人之手續，殊難據此推認立法者有欲使董事會召集權人限於「董事長」一尊，而排除其他董事亦得召集董事會之想法。

四、綜上所述，吾人在解釋現行公司法第203條第1項前段規定時，尤應明瞭上開召集權之來由及法條修正沿革意旨，不能僅拘泥於法條文字面意義，始能妥為適用。申言之，董事會之召集權人設定後，其他董事之召集權並非遭到排除，而應是成為潛在的召集權。亦即，董事會由董事長召集之規定，係謂召集手續由董事長辦理之，當董事請求召集時，董事長應就其請求迅即執行召集手

---

[1] 其立法理由謂：「依第208條第3項規定，董事長即為股東會、董事會及常務董事會主席，同條第四項復規定董事長得隨時召集常務董事會，而股東會之召集除另有規定外，亦係由董事會召集，且實際上公司章程皆訂定由董事長召集董事會，爰修正第1項訂董事會由董事長召集之」。

續；如董事長不為或不能召集時，在一定條件下，該請求召開董事之潛在召集權即當復活，而得以自行召集，避免公司運作陷於停滯或發生重大不利益。如此一來，本題情形自可迎刃而解。

問題 **19** ## 公司法規定董事會召集應載明事由、於7日前通知之通知方法，可否由公司章程規定期間縮短或以口頭通知？

要點！

- 該規定要旨爲何，是強制規定嗎？
- 章程規定之意義。

參考條文

　　公司法第204條第1項。

　　※相關問題：第20題、第21題。

說　明

一、董事會之召集，應載明事由，於7日前通知各董事及監察人。但
　　有緊急情事時，得隨時召集之（公司法§204I）。據此，董事會
　　之召集必須滿足「載明事由」及「7日前通知」兩項要求。此之
　　通知僅以書面為限，蓋顯然非書面無法滿足載明事由之要求。惟
　　現今科技之進步，電子通知也能達成載明事由之要件，故經相對
　　人同意者，得以電子方式通知（公司法§204II）。召集通知係
　　以發信主義為足，或仍要求到達方可，因無明文規定，應從一般
　　原則，以到達主義為準。

二、考諸本條之立法目的，無非係為使董事於出席會議前能充分準
　　備，並且避免董事長（召集權人）以不當手段操縱董事會。然
　　而，此是否為強制規定，容有討論餘地。蓋股份有限公司規模大
　　小不一，如係封閉型之家族公司或中小企業，其業務繁雜程度自
　　不能與大規模之公開發行股票公司相提並論，然公司法如一律要
　　求此等業務相較單純之中小企業，也須亦步亦趨地嚴格遵行此項
　　規定，乃不切實際而失卻彈性之作法。其次，法條中「7日」之
　　設定，能否真正達成上開立法目的，亦有疑義。如遇到極為複雜
　　而須長期多方搜羅資訊及分析之議案，「7日」時間是否足夠？
　　況且，董事長身居公司要職，其若有心操縱議事，手段繁多，此
　　項提早通知之程序要求，所能防阻之效能極其有限。再者，當全
　　體董事、監察人皆已應召集而出席或列席董事會，並對召集程序
　　之瑕疵並無異議而參與決議之情況下，實務及學者通說上，亦多
　　認為不能以董事會之召集違反法令而認為其決議為無效（問題
　　21參照），亦顯示出，如將本條文解為強制規定，將使得董事

　　會之召集缺乏彈性，反而有礙其業務之執行，得不償失。

三、職故，毋寧將之解釋成訓示規定，乃立法者期待董事長應儘力遵守此二項要求，使董事會之議事功能得以完善發揮；至若董事長要刻意操縱董事會以遂行己欲，其有損公司利益者，自亦有對之加以解任並請求損害賠償之救濟途徑，可資依循；且在實務判決亦有採取訓示規定見解者（臺灣高等法院99年度上字第639號民事判決參照）。因此，公司法第204條第1項應解為訓示規定為宜，公司並得視其規模、業務性質，以章程規定將通知期間加以縮短，或在一定條件下改以口頭通知，以符合實際運作時所需。

問題20 公司法第204條第1項但書「但有緊急情事時，得隨時召集之」規定，其緊急情事如何解釋？凡不及7日的期間均可解釋為之？

要點！

- 緊急情事是客觀判斷抑或可主觀判斷，又緊急與否是召集權一個人判斷即可，還是全體董事認可始足。
- 若不及7日之期間之事項，即為緊急情事嗎？

參考條文

公司法第204條第1項。

※相關問題：第19題。

說　明

一、公司法第204條第1項前項究係強制抑或訓示規定，素有爭議
（問題19參照）。又我國公司法就上開通知期間又另設例外規
定，即如有緊急情事時，得隨時召集之，然「緊急情事」係不確
定法律概念，如何界定，適用上更生疑惑，使得本條之適用益加
複雜，尤其是若對本書持強制規定之看法者，更有加以釐清之必
要。

二、首先，此處之緊急情事究竟指何情事，實際運用時，究應以召集
人之主觀為準，抑或求諸一般客觀之想法？如從召集人主觀認
定，則是否以緊急事由召集，乃隨心所欲，毫無節制，而最高法
院99年度台上字第261號判決即似採以董事長主觀認定為標準，
本書認為仍有商榷之餘地[2]。然若採取應以一般客觀之標準者，
亦有其困難之處，特別在競爭激烈之自由市場環境下，諸多經
營判斷事項，本係各憑專業及經驗主觀認定，所謂「富貴險中
求」，商機往往存在常人還未及注意或反應之處，原無客觀常態
之規則可言，故求諸客觀標準，亦屬困難之事，最後只能由實務
判決逐漸累積而成。又所謂「有緊急情事時」，照文義解釋，或
指緊急情事發生，不論是否事關重大，非立即開會解決不可。但
是非立即而必須在翌日或2、3日內開會決定之事項，是否也包

---

[2] 最高法院99年度台上字第261號民事判決：「甲○○於94年11月4日以討論系爭合併案及召開
系爭股東會議為事由，寄發同月八日召開系爭董事會開會通知單予農民銀行各董事及監察
人，固未依公司法第二百零四條規定於開會前7日為之。但有緊急情事時，得隨時召集之，同
條但書復有明文。本件合併案推動過程，堪認合併公司已經相當時日討論合併契約內容，及
協商換股比例，待會計師就協商換股比例合理性提出複核意見後，甲○○認有急待董事會商
決之緊急情事，隨即於董事會請財務顧問及會計師列席說明，使全體董事得以獲悉相關內容
及與會討論，應認尚未逾董事經營判斷之合理範疇」，似採召集人主觀認定之看法。

含之？如此延伸，凡在7日期間等不及的情況，是否都可以解釋
為緊急狀況？對此，本書以為按本條項但書之立法旨趣觀之，並
無法排除「立即」以外，而須在7日內緊急處理之情形，故應採
肯定說，即認為凡不及7日前通知之議案，均屬緊急狀況為宜。

問題  無人召集或非董事長所召集，
但全體董、監事均出席開會，
可視爲董事會嗎？

要點！

- 董事會召集通知制度係保護何種權益？董事、監察人可否放棄其權益？
- 全體出席並同意開會，可否視爲放棄其權益？
- 各國判例、學説均肯定爲有效之董事會。

參考條文

公司法第204條第1項。

※相關問題：第19題、第20題。

說　明

一、按董事會之召集，應載明事由，於7日前通知各董事及監察人，公司法第204條第1項前段定有明文。考諸本條之立法目的，無非係為使董事充分準備，並且避免董事長（召集權人）以不當手段操縱董事會。是由本條立法之積極面向以觀，旨在確保各董事或監察人能夠先就每次召開董事會之議案先行了解，並有充分時間蒐集相關資料進行會前準備。執此以觀，董事或監察人如認為本已準備充分或無準備之必要，此一立法規制目的即已滿足，自非不可放棄其權益。

二、據上，召集通知之規定，既在確保會議體出席成員出席權益，全體成員認定無礙其權益之行使，召集手續之省略，即可考慮。學者通說及法務部（75年5月24日法參事第6320號函參照）、最高法院（99年度台上字第1401號民事判決）亦均認為董事會之召集雖違反上開規定，惟全體董事、監察人倘皆已應召集而出席或列席董事會，對召集程序之瑕疵並無異議而參與決議，尚難謂董事會之召集違反法令而認其決議為無效，亦同此看法。

三、此外，在外國立法例中，有明文規定者，認同在董事、監察人全員同意下，不經召集手續之董事會為有效（例如日本會社法§368II[1]）。而無明文規定者，採以同樣認同解釋之國家，比比皆是。我國公司法應及早仿效立法或以解釋糾正現行公司法過分嚴格規定，彈性化董事會之活動，以資應付千變萬化的經營環境之需求。

---

[1] 其原文規定如下：「前項の規定にかかわらず、取締役会は、取締役（監査役設置会社にあっては、取締役及び監査役）の全員の同意があるときは、招集の手続を経ることなく開催することができる。」

問題 *22* 董事會瑕疵公司法沒有規定，效力如何？

要點！

- 公司法沒規定即依法理解決，分成對立之兩派。一者是準用股東會決議瑕疵規定，另一派則是依一般原則處理，只有無效或不成立之效力，無撤銷效力之制度。
- 應先考量股東會之規定是否為特別規定，及董事會與股東會性質相同與否，再決定是否可準用或類推適用。

說　明

一、董事會決議在程序上或內容上有瑕疵時，公司法未設其效力規定，如何解決，在學說上可分為兩派之意見。一者認為公司法已就股東會之決議程序及內容之瑕疵規定其效力，而董事會與股東會同係會議體，以多數決而為決議，且亦設有程序等規範（例如召集權人、召集通知期間），僅欠缺違反時之效力規定，故應準用股東會決議瑕疵之相關規定，以謀求解決。另一派則認為董事會固同係會議體，然而其決議瑕疵能否與股東會決議瑕疵等同視之，尚存疑義，當不能逕為準用，只好依循一般理論處理，無論係決議內容違反法令、章程或召集程序、決議方法之瑕疵，應視其性質分為決議不成立或當然無效，而無撤銷制度之適用。

二、以上二派論點，本書傾向以後說為恰當。蓋法律規定之準用或類推適用，必視其事務性質有無相同或類似性始得為之，亦即能否準用股東會之關鍵，在於探求董事會與股東會決議間之異同，才能決定。按董事會與股東會固形式上固均為會議體，以集會方式作出意思決定，惟董事會作為公司之業務執行機關，須經常開會，其人數遠不及於動輒成千上萬之股東會，且董事會著重在董事親自出席並經徹底討論後才進行表決，與原則上一年召開一次、開會時間短促，又往往流於形式之股東會，二者性質不同；且參加股東會進行表決，對股東而言，為股東共益權之行使，自有藉諸較為嚴謹之程序要求，用以保障其等之權益，相對地，董事與公司間則係委任關係，且可獲有報酬，是其出席董事會進行決策之討論，可謂其最重要且最基本之義務，故其本有隨時留意各項業務有關資訊，以準備參加董事會議之附隨義務。再

者，考諸撤銷制度意旨，乃著眼於股東會召開不易，當儘可能使股東會決議有效，不因程序上有所疏誤即付諸流水，然又考量瑕疵情節或對部分股東造成損害，而使其在一定期間內（現行法規定30日內）得訴諸法院撤銷該決議，兼顧其等之利益。然而，董事會本屬經常性召開，且容易召集，縱認為其決議有違反規定而無效，當可擇日再行召開重議即可，故上述撤銷制度之立法考量，在董事會即無此必要，益加證明董事會與股東會之決議性質有別，當無準用或類推適用之餘地。

三、綜上，董事會決議瑕疵之效力問題，不宜準用或類推適用股東會之規定，而應回歸一般原則，視其違反之態樣及情節，認為其決議不成立或無效。

問題 *23* 董事會必要決議事項，董事會欠缺決議，董事長逕自代表公司對外為法律行為，效力如何？

要點！

- 業務執行權責專屬於董事會，董事長對外代表執行時，前提必須要有董事會決定，此前提欠缺（決議無效或決議不存在），但董事長逕行代表行為，其效力為何，是向來仍有爭議之問題。

- 對此問題之看法，各種學說林立，例如無權代理說、真意保留類推說、相對有效或相對無效說、權限濫用說及有效說等，各家說法依據為何？茲逐一評論，並尋一可解決之途徑。

參考條文

公司法第57條、第58條、第208條第5項，民法第86條。

※相關問題：第17題、第22題、第25題。

說　明

一、代表機關董事長授有代表權，業務執行權則專屬於董事會，除了非屬重要業務（如日常業務處理）執行之決定與實行，可包括性的委任董事長外（問題17參照），其他重要業務之決定則無法委任，此等業務執行之代表行為，董事長必須受董事會委任始能為之，亦即董事長對外代表執行時，前提必須要有董事會決定，此前提欠缺（決議無效或決議不存在），而董事長逕行為代表行為，其效力如何，是向來備受爭議之問題，各種學說林立，謹逐一論述如下：

（一）無權代理說

　　此說的立場是將業務執行權包含代表權限，對某種代表行為，代表機關沒有業務執行權時，代表權限也不持有，故董事會沒有決議事項，業務執行權未具體發生，導致代表權也不存在，代表機關逕而為之，即為無權代表行為。無權代表準用無權代理之規定，則表見法理之適用可達到交易安全之保障，我國實務及學者通說採此見解。但是，依現行公司法規定，董事長固有之代表權限，係全面及於公司營業上一切事務之辦理（公司法§208V準用§57），為包括性的代表權限，是以此說之立場，顯然難容於現行公司法制度。又以交易對方的立場來說，與代表機關締結業務執行之契約時，課以調查是否無業務執行權，即無權代表之責任，是強人所難之要求，故此說難謂為妥當之說。

（二）眞意保留類推說

　　認為董事長對於公司營業持有包括性的代表權限（公司法§57），公司董事會決議欠缺是公司內部的意思欠缺的一種現象而已，上述的代表行為應為有效；但是，代表行為的相對人明知董事會決議之欠缺時，其代表權無效之說。此說是以民法第86條為依據，因此被謂為眞意保留類推說（眞意保留是意思表示之構成中，效果意思或眞意不具備，表意者明知之而對外表示行為之意思表示）。但是，細查即知，民法第86條是對法律行為之意思表示者，欠缺效果意思或眞意問題所作之規定，而公司代表行為之意思表示是代表機關所為，故就代表機關董事長而言，其本於欲與相對人為法律行為之眞意（包含意思決定及效果意思），不存在任何問題，董事會決議欠缺與否與代表行為之意思表示瑕疵之構成，應無相干，因此，這一說的理論構成顯有瑕疵。

（三）相對有效或相對無效說

　　董事會的業務執行權與代表機關之代表權是個別分屬的權限。一般性的業務執行事先獲有董事會授權，代表行為的相對人僅對代表權限之有無盡注意義務，對於業務執行權限之有無，則不負有調查之義務，屬於董事會決議必要決議事項欠缺決議時，代表機關逕行代表行為也是代表權限範圍內之行為，依然有效。惟對該代表行為是必要董事會決議而決議欠缺之故意（知情者）相對人，公司可主張（負知情之舉證責任）該行為無效。導出此一結論之根據，多係求諸誠實信用或權限濫用之法理。

（四）權限濫用説

此説認爲代表權是代表機關董事長之固有權限，應不受任何限制，故其即使無決議而行使也應爲有效爲原則，但是公司法規定應有董事會決議之事項，則例外應視爲條件限制，忽視此條件逕爲行使代表權，視爲權限濫用，爲無效。

（五）有效説

此説係以公司法第57條、第58條爲依據，認爲公司代表機關的代表權限是公司代表行爲全面授與，一事一務個別授權方式無法採行，必然是事先包括性的授權。包括性代表權限行使中，一旦出現董事會必要決議而欠缺決議時，原則使其有效，保障交易安全，只例外對惡意相對人，公司可主張無效。

二、本書認爲，此問題之發生，實乃出自公司法人組織內部機關權限分配必然發生之矛盾，而董事長之代表權是概括性權限，與個別授權有別，逕行代表權限之事，時有多見，因此，公司法事先備有調整解決之制度（公司法§57、§58準用於董事長之代表權限），不必另求諸誠實信用或權限濫用之理論，故以前揭有效説爲可採。而此規定推論，代表機關獨斷逕行的代表行爲無效的主張，唯有公司可爲之，不容相對人事後反悔，而以此藉口主張無效。但要特別留意，經理人之選任、分店等重要組織的設置、變更或廢止等通司組織內之代表行爲，此種行爲無所謂交易安全考量，欠缺必要的董事會決議，只能解釋爲無效。

問題 24 董事長之代表權是怎樣的權限？可否加以限制？

要點！

- 董事長之代表權是代表公司對外表示行為之法定機關權限。
- 股份有限公司對外公司代表機關係採董事長單獨代表制。
- 代表與代理有別，代表行為本身成為公司行為，行為主體是公司非董事長。
- 董事長之代表權，公司得否加以限制。
- 公司法第58條規範之意義。

參考條文

公司法第57條、第58條、第208條。

※ 相關問題：第23題。

說　明

一、公司爲法人性質，與自然人不同，公司本身欲爲法律行爲，必須由代表機關擔負執行。董事長爲股份有限公司之代表機關，在代表公司權限範圍內對外代表公司所爲的意思表示、受領意思表示、通知、催告，乃至於法律行爲等代表行爲，所產生的法律效果是直接對公司發生效力，爲代表公司常時活動狀態的機關，依公司法第208條第3項規定，董事長在代表權限範圍是代表公司對外表示行爲之法定機關權限。

二、我國公司法明文規定，股份有限公司對外公司代表機關係採董事長單獨代表制（公司法§208III），由董事長獨立對外行使代表權限，與其他類型公司對外代表機關原則上各股東或董事均得對外代表公司的模式不同，例如在有限公司的對外代表機關，除公司章程另有指定爲代表公司之董事爲董事長外，原則上各執行業務董事均得代表公司（公司法§108I）。至於爲何採單獨代表制，立法理由未有說明，但可從立法紀錄中可知，爲避免多頭馬車效應，使事權集中，故採取首長制[1]。惟股份有限公司型態多屬大規模公司，僅由董事長一人代表公司，難以應付公司對外行爲，是當然之事實，此乃我國公司法明定法定代表機關爲董事長所致，在立法上的妥適性，容有商榷之餘地。

三、代表機關所屬之代表權限是對公司營業上一切事務辦理全面及於（公司法§208V準用§57），故謂之包括性代表權限，凡公司權利能力範圍之行爲，均爲代表權限所及。基於代表權限所爲之

---

[1] 立法院公報第35會期第18期第16、17頁。

表示行為，直接構成公司行為，不存在代表機關行為之說，與代理性質不同。換言之，董事長代表公司所做的表示行為（包含法律行為、準法律行為，事實行為），因公司本質為法人，性質上無法自己作行為，必須藉由自然人作為公司之手足來從事社會、經濟活動，此時董事長與公司間僅存在一個人格關係，其所代表之行為本身就是公司自己的行為，非董事長的個人行為，該行為的行為主體即是公司。不同於代理情形，代理人在代理權限內為本人所作的代理行為（包含法律行為、準法律行為，不包含事實行為），該代理行為還是代理人自己的行為，於代理人與本人間是存在兩個人格關係，而代理行為所產生的法律效果歸屬於本人，代表與代理二者概念上，截然不同。

四、公司若欲對董事長代表權之限制，係依公司章程之規定、股東會決議或董事會決議所加之限制，或依法令之規定所加之限制，惟不論依何種限制，絕非對代表權限本身之限制（權限有無或範圍的限制），而是對代表權行使方法加以限制。蓋公司代表機關之代表權限係法定、固有、包括性的權限，本質上是無法加以限制。所以，董事長違反公司所加之限制，乃是對代表權行使方法之違反，對外非屬無權代表之行為，仍是有權代表之行為，故其行為原則上有效。

五、公司法第58條係明定無限公司對於股東代表權所加之限制，不得對抗善意第三人，其規範意旨乃為配合公司法第57條無限公司得對於代表公司股東的代表權限予以限制，因代表公司股東對於有關公司營業上一切事務的行為皆可為之，對於公司法人組織內部機關權限如何分配之事項，公司自有決定權限，且為有效並適當的調整內部機關權限劃分，公司有對其限制之必要。在股份

有限公司之董事長爲公司唯一對外代表機關，適用公司法第208條第5項準用公司法第57條及第58條規定，因其代表權限是公司代表行爲包括性的授權，非採行一般委任關係之一事一務個別授權方式，若公司欲以內部制約來限制董事長之代表權限時，原則上該代表行爲仍屬有效，乃爲保障交易安全之考量，例外情況時，公司才可對抗惡意相對人，而主張該代表行爲爲無效，如此制度上調整解決乃公司法第58條之立法意旨。

問題 25　董事長濫用代表權之效力為何？

要點！

- 代表權是董事長之固有權限，是由公司授與，為公司行使代表權該行為才能歸屬於公司，不是為公司，即為自己或他人之目的而行使代表權就形成濫用，如董事長為償還自己的債務，而開發公司本票使用，即為具體之例。
- 其效力如何，學說見解眾說紛紜。

參考條文

民法第86條、第169條。

※ 相關問題：第23題。

說　明

一、公司代表機關董事長對外與第三人為代表行為，乃為公司所作的代表意思，應追求公司利益為首要考量，若起於私心而為自己或他人之利益所做的代表行為，在本質上即屬代表權限濫用之行為，例如董事長為償還自己的債務，而開立公司本票使用之情形，或是董事長意圖侵占資金款項，代表公司逕自將公司所有房地產出售之行為等情形均屬之。上述董事長之行為乃構成董事違反善良管理人注意義務及忠實義務，與公司間內部關係上，應對公司負損害賠償責任。

二、惟董事長對外與相對人所為之法律行為是否有效？涉及代表權限濫用之行為，所產生的效力為何之爭議問題，學理上容有不同見解，分述如下：

（一）代表權限限制說

　　此說認為該行為是屬代表權限限制的問題，對內無法正當化的代表行為，是代表權限範圍外的行為，為無權代表行為，是無權代表行為之相對人可主張表見代表，類推適用表見代理之效果（民法第169條），以資救濟，而限於對惡意相對人主張無權代表行為之效力無效。

（二）真意保留意思表示類推說

　　此說主張代表權限濫用行為，仍是代表權限範圍內的行為，為有權代表行為理當有效，然對於明知代表機關權限濫用意圖之惡意相對人，基於衡平原則，公司應當可主張該行為無

效。又因代表機關所為之意思表示中表示行為依據的真意，與效果意思欠缺的真意保留之意思表示相似，在法律效果上應類推適用民法第86條規定以求解決。

（三）權利濫用說

　　此說立論基礎亦建立在代表權限濫用行為，係有效的有權代表行為，惟若由明知代表機關濫用意圖的惡意相對人，主張代表行為有效，顯然是屬於誠信原則的違反，為權利濫用，而不容許其主張該行為有效。

三、以上是現存對立三說之見解，惟上述學說立論上各有缺陷，理由如下：代表機關為代表權限濫用之行為時，該代表行為乃基於代表權限範圍內而為之，背後的不法意圖是單純行為動機的問題，是濫用行為仍是代表權限範圍內的行為，係屬有權代表行為的有效行為，故代表權限限制說理論構成是不成立。又，代表機關為濫用行為時，具有代表意思（即為公司而為公司行為的意思），否則若無代表意思，該行為僅是代表機關的個人行為，不發生代表機關之代表權限濫用問題。此故表示行為所依據之真意，效果意思是存在的（例如代表公司將公司所有之不動產出售的要約或承諾的表示行為），既然如此就非真意保留，而犧牲公司利益而圖個人利益的意圖充其量只是動機的問題，與代表意思並無關係，故和民法上的真意保留顯不相似，顯難構成類推適用該規定的理論。再者，濫用行為之相對人，僅對代表機關代表權存在與否，負有注意義務，而對於代表機關之不正意圖，應不負有任何義務；且不正意圖（即不正動機）不足以影響其代表行

　　為，解釋上無法將對代表機關不正意圖知情，以構成誠信原則之違反或權利濫用，來對抗相對人，是以誠信原則或權利濫用說也難構成。

四、探究前揭問題之本質，代表權限濫用之行為乃係屬有效的有權代表行為，但因違反法律規定，應認為該行為效力係屬無效，所謂違反法律規定，並不以違反公司法規定為限，如違反民法或刑法規定亦屬之。採行為無效說之下應無違交易安全之維護，蓋董事長代表權限濫用之行為係為自己或他人之利益所做的代表行為，客觀上，交易相對人是可判斷董事長該行為並非為公司所為之，如董事長為償還自己的債務，而開發公司本票使用之情形，收受該公司本票之相對人是可知悉董事長係為清償自己的債務，並非為該公司而開發，故認為該開立本票行為無效，應無違交易安全之維護。在董事長意圖侵占資金款項，代表公司逕自將公司所有房地產出售之行為等情形，亦同。

問題 **26** 表見董事長的效力如何？

要點！

- 公司法董事長是經由董事會選任，未經選任之董事長，理論是可能形成表見董事長，可類推民法表見代理論處。
- 問題是表見之外觀如何判斷，爭論甚多，以公司承認或默認即是，抑或要董事會會議紀錄出席為是。
- 公司知情要如何認定，才會符合公司默認之情形。

參考條文

公司法第208條，民法第169條、第170條。

※ 相關問題：第105題。

說 明

一、股份有限公司的董事長選任，乃經由董事會決議選出，公司法第208條第1項及第2項，依董事會有無設置常務董事分別明文規範，其決議方式均須以特別決議為之，於董事會設有常務董事者，董事長須具有常務董事身分（公司法§208II後段），此為董事長合法選任之情形，為合法選任之董事長對外代表公司所為之代表行為，乃屬有權代表行為，對公司當然發生效力。然而，若未經董事會合法選任之董事長，又公司認許該無代表權限的董事，以代表機關即董事長名稱，對外行使代表權，或對其行使代表權不積極否認時，該代表行為對公司的效力為何，是有疑義。

二、從法理上觀之，無代表權限者所為的代表行為，是典型的無權代表，效果類推適用無權代理規定（民法§170I），原則上只要公司不承認該行為，自無法對公司發生任何效力，該行為之相對人似乎僅得向無代表權限之人請求損害賠償。但是，公司是否得對任何人一概主張無效，令人疑竇，蓋董事長之職稱是法定代表機關，董事長名稱之行使，交易相對人對於有代表權限之外觀存有相當信賴，為考量交易安全之維護，對於善意相對人應予以保護，故肯認公司應對此負責任。在日本立法例將表見代表制度予以明文化（日本會社法§354及§421），而在我國則無明文規定下，應類推適用民法上的表見代理規定（民法§169），以認定公司對善意相對人的責任。

三、表見董事長外觀應如何判斷，學理上具有相當之爭議，有認為應以公司承認或默認為其判準，有認為要以董事會會議紀錄出席

（指在未經董事會合法選任但有作成董事會會議紀錄情形）為判斷基礎。法理上，只要公司有承認或默認情形，足以認為構成表見董事長外觀，此時，因對此表見董事長外觀而產生信賴之善意第三人有予以保護之必要；且表見董事長地位之形成，乃源於公司承認或默認，使公司本身負責任亦有正當性，故應以公司承認或默認為其判準為是。在具體個案判斷上，須綜合客觀情事來加以認定，例如表見董事長持有公司大小章（指非偽刻公司印章情形），或該公司內部人員皆稱該表見董事長為董事長，足使一般人信賴其為董事長等情形綜合判斷。相對人對表見董事長外觀之信賴，須善意且無重大過失。在善意範圍界定上，善意第三人乃指對非正式董事長之事不知情者，而在不知情而具有重大過失之情形，一般認為應視同為惡意，準此，表見董事長之相對人是善意且無重大過失者，始得受到保護。

四、表見董事長之行為，公司應負其責任，係基於公司具有可歸責性，是公司授予其使用或承諾其使用董事長名稱，造成交易相對人對其表見董事長之外觀信賴，否則於無代表權逕自使用董事長名稱，與公司無關係時，自無使公司負表見代表責任之理。若公司明知對於無代表權人使用其董事長名稱，而未為任何積極性阻止其使用該公司董事長名稱，則可認為公司默認，此時形成表見外觀，公司乃具有可歸責性，無可免除其責任。至於公司知情應如何認定，是由董事長一人知情、董事一人知情、董事過半數知情，抑或是董事全體知情為足，學理上恐有不同說法。解釋上表見董事長以該公司董事長名稱在外行使，該公司董事長名稱行使之授與或是承諾，應由董事長選任權所有之董事會之授與或承諾，既然公司董事長名稱行使之授與或是承諾是由董事會所

為，理應由董事會知情與否決之，但董事會本質上為會議體，並無知情與否之可能性，應回歸董事會構成員之董事是否知情為據，較為適宜，在適用上為避免要件過予嚴苛，在董事一人知悉無代表權人使用該公司董事長名稱時，即可積極阻止或予以否認，對於公司保護亦無不周。是以，本書認為以董事一人知情為足，在董事一人知情時，即已符合公司默認之情形，足認公司具有可歸責性。至於公司是否得向該董事請求損害賠償，則屬另一問題。

五、應注意者，在非具有董事身分之人，以董事長名稱行使代表行為而受到公司認許之情形時，相對人主張表見外觀之信賴，除須有表見董事長外觀之信賴外，因非具有董事身分之人是無法選為董事長，相對人還要具有表見董事外觀之信賴，要在雙重表見之信賴下，始能構成表見董事長，而在此情形，認定相對人為善意是具有相當困難性的。

問題 **27** 董事與公司之間是什麼樣關係？

要點！

- 公司法明文規定適用民法委任關係，但是否與民法之委任關係完全一致？
- 是否存在信任關係（英美法如何說明），忠實義務規定之根據何來？

參考條文

　　公司法第23條、第192條第4項、第196條、民法第535條。

※相關問題：第6題、第29題、第30題、第44題、第66題。

說 明

一、董事與公司之間係屬委任契約之關係，此觀公司法第192條第4
項規定：「公司與董事間之關係，除本法另有規定外，依民法關
於委任之規定」自明。又縱無公司法之明文規定，自法理上解
釋，董事既係受公司之委託為公司處理事務，自亦應解為委任關
係無疑。又委任關係可區分為有償委任與無償委任，民法上之委
任契約不以約定報酬為成立要件，此與僱傭、承攬契約不同，是
以委任契約本質為無償，於有特別約定報酬時，方為有償，董事
與公司間之委任關係，理論上亦應如此，惟依公司法第196條規
定董事報酬觀之，可知董事與公司間應係有償委任關係，始符合
現今實務運作之商業習慣暨法律規定，另依民法第535條後段、
公司法第23條第1項規定觀之，董事應對公司負善良管理人之注
意義務，亦可知悉董事與公司間係有償委任關係。然而委任關係
是否足以說明董事與公司間所存在之「所有」權利義務關係，為
現在之熱門議題之一。換言之，公司委任董事處理事務，係將
整個公司之經營權均交予董事，由董事負責掌握公司之經營決
策，若從公司以營利為目的觀之，公司（即委任人）所賦予董
事（即受任人）之權限，顯非單純委任關係受任人所處理之具體
事務所可比擬，公司委任董事經營，對以營利為目的之公司而
言，可謂將其命脈託付予董事，其對董事之信賴，已超越一般委
任關係之信賴，所賦予董事之權限，亦超越一般委任關係受任人
所得行使之權限，因此，民法上委任關係中，委任人與受任人間
之信賴關係，及委任人賦予受任人之權限，均不及公司予董事間
之「特殊信賴關係」，是以吾人可謂公司與董事之間，係超越一

般委任關係之信賴。

二、另民法上雖有所謂概括委任（民法§532後段、§534），使得
　　受任人得爲委任人處理一切事物，似爲漫無邊際之委任，或有質
　　疑概括委任之信賴關係亦相當緊密，不亞於公司與董事間之特殊
　　信賴關係云云。然此論據則有一謬誤之處值得探討，在概括委任
　　關係中，委任人與受任人間關係再緊密，終究是被當成兩個獨
　　立之人格；惟公司與董事間之委任關係，已將董事內化爲公司
　　之業務執行機關（有限公司）或者是董事會的構成員參與業務
　　決策、執行（股份有限公司），董事爲公司內部之機構組成份
　　子，可謂已將董事「視如己出」，是以，公司與董事間之「特殊
　　信賴關係」，應認爲大於民法上之普通委任關係之信賴無疑。

三、既然公司與董事間有著超越一般委任關係之信賴，則此等「特殊
　　信賴關係」所延伸之權利義務，勢必與民法之委任關係有著些許
　　差異，依公司法第23條第1項規定：「公司負責人應『忠實執行
　　業務』並盡『善良管理人之注意義務』，如有違反至公司受有損
　　害者，負損害賠償責任」，自此規定觀之，董事除了前述所稱之
　　善良管理人注意義務外，亦多了一個「忠實執行業務」（下稱忠
　　實義務）之義務，若從「權責相符」之觀點而論，董事與公司間
　　之信賴關係較大，所被賦予之權限較多，自應負較大之責任，是
　　以，董事之義務較民法委任關係之受任人廣，自應負有較多之義
　　務，與本書前述所稱之公司與董事間之信賴大於委任關係，亦
　　屬相合，然而在體系建構上，公司法第23條第1項之前揭二大義
　　務，又是何等關係？換言之，善良管理人之注意義務若擴張解釋
　　是否足以涵蓋忠實義務之內涵，抑或忠實義務實係獨立於注意義
　　務以外之義務，就此議題可參照第29、30題之說明。

四、在英美法上，認為公司與董事間之關係，係以源自於信託關係之「受託義務」（fiduciary duty）作為說明，易言之，英美早期認董事係立於如同信託關係之受託人（trustee）之地位，而對委託人（即公司）負有受託義務，此受託義務並蘊含有忠實義務（duty of loyalty）與注意義務（duty of care）之內涵。而後隨著公司法制之發展，董事不再被認為是受託人，而係依代理理論，將董事視為公司所有者之代理人（agent），且代理人與信託關係中之受託人均同樣處於受他人託付及信賴之地位。可知英美法上將公司與董事間之信賴關係，以類似於信託關係作為說明，並據此延伸出受託義務，而忠實義務及注意義務即為其具體內涵。

五、因此，建構董事與公司間之關係之體系，可以有兩個面向思考，其一：認為本於信託關係而衍生受託義務，並以此受託義務推導出董事對公司負有注意義務及忠實義務此二大義務；其二：認為特殊信賴關係所訂立之委任契約關係，仍係委任關係之本質，而因董事與公司間有著超越一般委任關係之信賴，使得有償委任契約義務，除了善良管理人之注意義務外，亦多了忠實義務此一義務。本書認為，若從我國公司法第192條第4項之規定觀察，應以後說為當。

問題 *28* 董事對公司的基本義務有哪些？

要點！

- 基本原則之義務：1.善管義務，2.忠實義務。
- 其他具體義務：監督義務、股東會說明義務、競業禁止義務
  等。

參考條文

公司法第23條、第162條第1項、第197條第1項前段、第197條之
1第1項、第206條第2項、第209條、第218條之1、第228條第1項、
第229條、第230條、第257條第1項，民法第541條、第542條。

※相關問題：第13題、第14題、第29題、第30題、第32題至第37
　　　　　 題、第66題、第84題、第94題。

一、忠實義務及善良管理人之注意義務

董事為公司法第8條第1項所稱之公司負責人，依公司法第23條第1項規定：「公司負責人應忠實執行業務並進善良管理人之注意義務，如有違反致公司受有損害者，負損害賠償責任」，此即董事之忠實義務及善良管理人注意義務之明文，此亦為董事之基本義務。

所謂忠實義務，係要求董事之行為，應以公司利益為優先，不可利用其地位，圖謀自己或他人之利益而犧牲公司的利益。另所謂善良管理人之注意義務，是身為董事一般要求的注意義務，謹慎並且誠實的遂行職務之義務，比處理自己事務所應盡注意義務還要高之注意義務，且不因董事個別注意能力之不同而設定不同之基準，對各個董事均要求相同且較高之注意義務，其理由是信賴各董事均具有高專業性之能力，因而賦予董事廣泛業務執行裁量權之當然結果。

二、基於委任關係而生之計算義務

董事與公司間仍係委任關係，已如前述，則本於委任關係所生之義務，董事亦有之，例如民法第541條之受任人因處理委任事物，所收取之金錢、物品及孳息，應交付委任人之義務，及以自己名義，為委任人取得之權利，應移轉權利於委任人之義務；民法第542條之受任人為自己利益使用應交付委任人之金錢，應支付利息與損害賠償之義務。上揭義務，通稱為計算義務。至於民法第540條之報告義務，則因公司法已有第206條第2項董事自身利害關係之說明義務、第218條之1董事向監察人報告之義務、第228條第1項、第229、230條等表

冊提出義務等相關規定，應優先於民法之規定而為適用。

三、監督義務

關於董事監督義務，可參照第13、14題之相關說明，於此不再贅言。

四、競業禁止義務

董事之競業禁止義務規定於公司法第209條，關於董事競業禁止義務之相關說明，可參照第32題至37題之說明，於此不贅述。

五、於公司證券簽章之義務

依公司法第162條第1項及第257條第1項之規定，股份有限公司發行之股票或公司債券，均須經董事3人以上之簽名或蓋章。

六、申報持有股數之義務

依公司法第197條第1項前段規定：「董事經選任後，應向主管機關申報，其選任當時所持有之公司股份數額」，此為董事之申報持有股數義務。為依公司法第192條第1項之規定觀之，董事係股東會就有行為能力之人選任之，是以，縱然董事非股東，亦得被選為董事，此亦為貫徹「企業所有與經營分離原則」之具體化條文，因此，董事可能根本未持有公司之股份，此情形下，是否仍有申報義務？恐有疑義，惟若從文義解釋，縱然董事不具股東身份，似仍應申報其持股數為零，始合乎前揭條文之規定。

七、申報股份設定或解除職權之義務

　　依公司法第197條之1第1項規定，董事之股份設定或解除職權者，應即通知公司，公司應於職權設定或解除後15日內，將其職權變動情形，向主管機關申報並公告之，但公開發行股票之公司，證券管理機關另有規定者，不在此限。此申報義務係為避免董事藉由將公司股票設質之方式，取得融通資金後，再以該資金炒作公司股票，哄抬公司股價，造成日後公司股價崩盤後，投資人及融資機構的重大損失，故有此申報義務之規定。

問題 **29** 董事爲什麼要負善良管理人注意義務及忠實義務兩種義務，兩種義務如何區別？

要點！

• 善良管理人注意義務乃屬民法固有義務。

• 忠實義務係以公司利益爲優先之義務，源自英美法制。

• 兩者同一說、兩者差異說之爭論。

參考條文

公司法第23條、第192條、民法第535條。

※相關問題：第27題、第28題。

說　明

　　民法債務人之注意義務，按其注意程度之高低，層次上可分為善良管理人注意、與處理自己事務為同一之注意，及普通人之一般注意。所謂善良管理人注意係指債務人之注意應依社會上通常交易觀念，應謹慎、誠實而具有相當經驗、知識之人所應盡之注意，一旦違反該注意義務，即可認為該債務人具有之過失[1]，應負損害賠償責任，即民法學者所稱之抽象過失責任[2]（例如民法§535後段）。

　　董事與公司間之關係，依公司法第192條第4項規定，為委任關係[3]，除公司法另有規定外，依民法關於委任之規定。我國現行民商法制乃採民商合一制度，在公司法有特別規範之情形下始優先於民法適用，否則仍應回歸民法規定處理。另由民法第535條後段及公司法第23條第1項規定觀之，董事在處理公司業務執行之事務時，應本於善良管理人注意為之，即董事應謹慎並且誠實的執行其職務之義務，公司法所稱之善良管理人注意義務與民法之善良管理人注意義務並無不同。由此可見，善良管理人注意義務並非我國公司法所創設，而屬我國民法上固有義務。而在董事對於該善良管理人注意義務違反之認定上，應以客觀標準判斷，即不以董事主觀上是否已盡到相當知識及

---

[1] 民法上之過失概念，參照最高法院42年台上字第865號判例：「民法上所謂過失，以其欠缺注意之程度為標準，可分為抽象的過失、具體的過失，及重大過失三種。應盡善良管理人之注意（即依交易上一般觀念，認為有相當知識經驗及誠意之人應盡之注意）而欠缺者，為抽象的過失，應與處理自己事務為同一注意而欠缺者，為具體的過失，顯然欠缺普通人之注意者，為重大過失。故過失之有無，抽象的過失，則以是否欠缺應盡善良管理人之注意定之，具體的過失，則以是否欠缺與處理自己事務為同一之注意定之，重大過失，則以是否顯然欠缺普通人之注意定之，苟非欠缺其注意，即不得謂之有過失。」

[2] 孫森焱，民法債篇總論上冊，三民書局，102年2月，頁123-124；邱聰智，新訂民法債篇通則（下），承法出版，103年2月，頁23-27。

[3] 董事與公司間之委任關係是否為民法一般委任關係，詳細請參照問題27說明。

經驗之注意為標準，而應依一般社會通念認為董事對於該公司業務執行之事務所能注意者之客觀認定[4]。

　　董事為公司執行業務，除應盡到善良管理人注意義務，並應忠實執行業務，又稱為忠實義務（公司法§23I）。從公司法立法沿革觀之，我國公司法原未規範忠實義務，而係於90年公司法修正後始新增。我國法體制承襲於大陸法制，揆諸民法及90年修正前之公司法規定，對於忠實義務皆無明確相關規範，實乃忠實義務一詞並非大陸法制下之產物，係源自於英美法制，在英美公司法體系建構上，董事之忠實義務（duty of loyalty）乃基於董事與公司間信託關係之受託義務（fiduciary duty）為其依據。所謂董事之忠實義務，係指董事作執行公司業務行為，應以公司利益為優先，避免董事利用其身分地位，為圖謀自己或第三人的利益而犧牲公司利益，乃禁止董事面臨自己或第三人與公司間利益衝突之取捨，優先選擇自己或第三人之利益，若因而造成公司損害，該董事應負損害賠償責任。

　　忠實義務之引進，對於我國公司法董事基本義務之建構上，具有相當程度之衝擊，於90年公司法修正後[5]，董事之善良管理人注意義務與忠實義務二者關係為何，素有兩者差異說及兩者同一說之爭論：

　　主張兩者差異說者認為，從忠實義務與善良管理人注意義務二者所規範之內涵與目的以觀，忠實義務所欲規範者乃董事與公司間利益衝突防免為目的，與善良管理人注意義務乃認定董事執行公司業務

---

[4] 最高法院79年台上字第1203號判決：「行為人注意之程度，依一般社會上之觀念，認為具有相當知識及經驗之人對於一定事件所能注意者，客觀的決定其標準；至行為人有無盡此注意義務之知識或經驗，在所不問。」

[5] 90年10月25日立法理由：「為明確規定公司負責人對於公司應踐行之忠實義務及注意義務，並對公司負責人違反致公司受有損害，應負損害賠償責任，爰增訂第1項。」立法院公報第90卷第51期院會紀錄，頁159。

是否已盡應有之注意，主觀上是否具有過失之判準，二者實屬有別，另參照英美法之立法例，忠實義務是英美信託法基礎理論之產物，信託受託人應負之義務，自不同於善良管理人注意義務，簡言之，忠實義務實係獨立於注意義務以外之義務，非善良管理人注意義務所能涵蓋。

主張兩者同一說者認為，忠實義務乃善良管理人注意義務所包括，自民法委任關係之受任人義務解釋上，受任人應本於委任人之利益，實現委任目的而行動，當然禁止受任人圖自己或他人利益之行為，透過善良管理人之注意義務擴張解釋足以涵蓋忠實義務之內涵，不能認為是特別性質的另一種義務，仍是善良管理人注意義務之內容，且依我國公司法理架構下，董事乃是受委任事務處理之受任人地位，欲比擬英美法上信託關係之受託人地位[6]，課以相同義務責任，說理上似過牽強。

本書認為應以後說較為可採，蓋我國董事之受託人義務係基於委任關係，此點與英美法上董事之受託人義務乃自於信託關係有所不同，忠實義務若欲直接援引英美法信託法基礎理論作說明，妥適性仍有待商榷。再者，我國公司法第23條第1項規範意旨乃明文確立董事忠實義務，而非創設董事忠實義務，乃董事忠實義務係屬善良管理人之注意義務所涵蓋之範圍。

在採兩者同一說見解下，論理上，在追究違反忠實義務之責任前提應適用違反善良管理人注意義務責任，主觀要件（故意過失）以及經營判斷法則均有其適用，但因違反忠實義務，本質上是結果責任，

---

[6] 依信託法第22條規定：「受託人應依信託本旨，以善良管理人之注意，處理信託事務。」觀之，我國信託法上之受任人義務，亦無忠實義務之明文，僅規範善良管理人之注意義務。

屬無過失責任，應排除主觀要件之論斷，自無適用經營判斷法則之餘地。而此說並非否定忠實義務之存在，忠實義務是存在於廣義善良管理人注意義務範圍內，與狹義善良管理人注意義務對立存在，與兩者差異說決定性的區別，是承認忠實義務存在於廣義善良管理人注意義務之內。

問題 30　董事之忠實義務在我國公司法上的地位如何適用？

要點！

• 90年公司法修改，於公司法第23條第1項規定董事之忠實義務，開始明文導入英美法制之忠實義務規定，當時公司法第209條、第223條規定雖未出現忠實義務文句，但上開規定之法理根據實為忠實義務，故此我公司法對忠實義務在公司法第23條第1項做抽象性一般性之規定，而公司法第209條以及第223條是具體規定。

• 公司法第209條以及第223條是具體規定，適用上沒有問題，但是公司法第23條第1項之抽象規定將如何適用，因我公司法制體系未有配套規定，顯然問題繁生。

• 100年公司法新增公司法第23條第3項之規定如何適用。

參考條文

公司法第23條、第209條、第223條，民法第562條、第563條。

※相關問題：第27題、第28題、第32~33題、第36~38題、第40題。

說　明

　　公司法於90年修法於公司法第23條第1項明文新增董事之忠實義務，開始導入英美法制之忠實義務概念。在該次修法前的公司法第209條，對於董事之競業禁止義務有作規定，該條文義上雖無出現忠實義務之文句，但從其規範意旨係為調和董事與公司間之利益衝突的緊張關係，該條規定之法理依據實為忠實義務。又公司法第223條規定[1]，在董事欲與公司從事法律行為情形，典型案例為公司欲出賣公司本身所有之一塊土地，身為該公司之董事欲買入該土地[2]，為保護公司之利益，須由監察人為公司之代表，防免董事在與公司交易時，犧牲公司之利益，此規定亦被認為忠實義務之實質規定。由此可知，在公司法第23條第1項未明文董事之忠實義務前，我國公司法實質上已存有忠實義務具體規範。故可認為我國公司法第23條第1項之規定係對忠實義務所作的抽象性、一般性之規定，相對地，公司法第209條、第223條是針對忠實義務所為之具體性、個別性之規定。

　　公司法第209條及223條是具體規定，適用於具體個案中比較沒有疑義，但是公司法第23條第1項是抽象規定，在90年增訂董事之忠實義務前，我國公司法並未有一套忠實義務的完整體系，依條文文義所稱之忠實執行業務，乃屬不確定法律概念，如何具體適用、其射程範圍為何等皆是適用上之問題。

　　以董事競業禁止為例作說明，董事未經公司許可，為自己或他人於公司營業範圍內之行為，公司得依公司法第209條行使歸入權，將

---

[1]　90年修正公司法第223條，其修法乃使董事欲與公司從事法律行為情形更為明確，而其規範意旨並無改變。其立法理由：「…，將「交涉」二字修正為「買賣、借貸或其他法律行為」，以資明確。」

[2]　案例問題詳細說明，詳細請參照問題38之說明。

董事該行為之所得視為公司之所得，行使後若公司仍受有其他損害，仍得向該名董事依公司法第23條第1項主張違反忠實義務請求損害賠償[3]，在有適用公司法第209條具體規定情形下，要適用公司法第23條第1項之規定，較無問題。相對地，公司法第23條第1項忠實義務乃規定於公司法第一章總則，其所涵蓋之範圍從體系解釋上應非僅限於董事競業禁止與董事自我交易之態樣，否則適用公司法原有之規定已足。

　　究竟公司法第23條第1項忠實義務所作之抽象性規定，要如何適用，應從忠實義務制度規範目的作思考。忠實義務制度係為保護公司之利益，依董事行為態樣，可將忠實義務分為犧牲公司利益之消極防免與公司爭利之積極禁止二種層面，前者包括公司可預期獲得之利益喪失或造成公司受有預期外之負擔（例如董事長濫用代表權之行為）等情形屬之，而後者指董事利用其身分地位與公司爭奪相同利益之情形，只要董事行為有構成犧牲公司利益或與公司爭利之情形，即可認為違反忠實義務，若因此造成公司受有損害，是有公司法第23條第1項之適用。而該條項所稱公司受有損害，除積極損害（即所受損害）之外，若公司本來應獲得之利益因董事違反義務而未獲得之消極損害（即所失利益）自應包括之。

　　於100年公司法增訂公司法第23條第3項「公司負責人對於違反第1項之規定，為自己或他人為該行為時，股東會得以決議，將該行為之所得視為公司之所得。但自所得產生逾1年後，不在此限」之規定，解釋上與股份有限公司董事違反競業禁止義務之歸入權行使（公司法§209）、與民法經理人違反競業禁止義務之舉證責任減輕規定

---

[3]　歸入權行使與損害賠償請求關係，詳細請參閱問題37之說明。

（民法§562、§563）[4]，效果規範上並不相同，理由如下：

一、揆諸公司法第23條第3項[5]及公司法第209條第5項之立法目的，前者為保障公司及股東之權益所作之立法，為避免公司負責人動輒中飽私囊並逕為脫產，後者為確保公司之商業機會，二者所要保障的對象並不相同。

二、又公司法第23條第3項，所稱「對於第1項之違反」是否同時包括忠實義務以及善良管理人注意義務之違反，容有疑義，若以保障公司及股東之權益立場作解釋，應不以限縮於忠實義務之違反才有本條項之適用較為妥適。準此，將與公司法第209條是針對忠實義務所為之具體性規範，並不相同。

三、再者，從公司法第209條第5項乃針對競業董事所為競業行為之規範，性質上是屬董事自己本身行為，與公司無涉，是須透過歸入權之行使，將該董事因競業行為所獲得的利益結果，歸由公司保有[6]。然公司法第23條第3項，按體系解釋，乃係對董事（即公司負責人）於執行公司業務行為之規範，性質上屬公司本身之行為，並非董事自己行為，若董事執行公司業務行為，造成公司損害，乃依董事違反忠實義務或善良管理人注意義務，追究董事責任，而非經歸入權之行使來保護公司之權益。

四、另觀民法上的經理人之規定（民法§562、§563），經理人非得其商號之允許，在不得為自己或第三人經營與其所辦理之同

---

4 關於公司法上之經理人兼職禁止及競業禁止義務問題（公司法第32條），詳細請參閱問題33之說明。

5 立法理由：「現行公司法第23條『負責人忠實義務』之規定，係延續自英美法及日本商法『公司與董事間之委任關係』而來。公司法第209條第3項亦有『股東歸入權』，以避免公司負責人動輒中飽私囊並逕為脫產。」

6 歸入權制度，詳細請參閱問題36之說明。

類事務，亦不得爲同類事業公司無限責任之股東（民法學者一般稱爲競業禁止義務[7]）。從民法第563條規範目的及意旨解釋上，民法上的經理人違反競業禁止行爲，其商號得請求因其行爲所得之利益，作爲損害賠償（民法學者一般稱爲歸入權或介入權[8]），性質上非屬將違反競業禁止行爲所得之利益返還給商號，而係將該行爲所得之利益作爲該商號之損害，蓋於請求損害賠償證明上，須證明損害之發生及損害額之多少，多屬消極損害，舉證上具有相當困難性，倘若無法舉證確切之損害額，損害賠償將不易請求，在損害範圍證明上，該商號無須積極證明其損害額之多少，只要證明經理人違反競業禁止行爲所得之利益有多少已足[9]。相較於公司法第23條第3項規定，或可將公司法第23條第3項解釋爲一種舉證責任之減輕，這樣解釋說理上似可成立，惟恐忽略二者規範上所存在差異點。二者主要差異點在於，民法上的經理人所爲的競業禁止行爲是經理人本身之行爲，而非屬商號本身行爲，而公司法董事違反公司法第23條第1項規定之行爲，並非董事個人行爲，仍是公司本身行爲，二者對於所規範行爲，顯屬不同，且二者規範文義亦不相同，在法律效果上能否做相同評價，尚有商榷餘地。

五、綜上所述，公司法第23條第3項規範效果，與股份有限公司董事違反競業禁止義務之歸入權行使、與民法經理人違反競業禁止義

---

[7] 劉春堂，民法債篇各論（中），三民書局，100年11月，頁221-223；邱聰智，新訂債法各論（中），元照出版，97年8月，頁302以下；林誠二，民法債編各論（中），瑞興圖書，100年1月，頁268-271。

[8] 劉春堂，同前註，頁224以下；邱聰智，同前註，頁306以下；林誠二，同前註，頁269以下。

[9] 劉春堂，同前註7，頁225。

務之舉證責任減輕規定，有所不同，解釋上非屬公司法第209條之歸入權，亦非民法第563條之舉證責任減輕。

另公司法第23條第3項之增訂，尚須釐清者，乃在公司董事在收受回扣金之情形。公司對於董事收受該筆回扣金，得否主張公司法第23條第3項，主要涉及「執行業務」解釋，若採廣義解釋，董事收受該筆回扣金屬於執行業務行為，仍屬公司本身行為，公司自得主張公司法第23條第3項；然若不認為董事收受該筆回扣金屬於執行業務行為，公司自不得主張公司法第23條第3項。

從公司法第23條第3項立法目的觀之，乃為保護公司及股東之權益，此立法美意值得肯定，惟須強調者，所謂將「該行為」之所得視為公司之所得，從法理上該行為係屬公司業務執行行為，該行為之所得自屬公司之所得，實無將本條項解釋為「舉證責任減輕之效果」或「歸入權之行使」，公司本得主張該所得屬於公司之所得，自無將「該行為」之所得視為公司之所得之必要；若於董事非法收受回扣之情形，若認為收受回扣係屬公司業務執行，公司自得主張該回扣金屬於公司，反之，認為收受回扣不屬公司業務執行，係屬董事個人不法行為，公司何能置喙該回扣金。是以，本條項之妥當性，實有商榷之餘地。

經營判斷法則得否以及如何適用在我國？

要點！

- 經營判斷法則只是善管注意義務內容的具體化，並非董事責任的減輕。
- 我國司法實務上也可將經營判斷法則做為當事人攻防的標的，成為善管注意義務違反與否法院審查的標準。惟須由董事（主張權利不存在之人）負舉證責任，且舉證責任轉換發生的情況恐不多見。

參考條文

公司法第23條第1項、公司法第192條、民法第535條、民事訴訟法第277條。

※相關問題：第28題、第53題到第59題。

說　明

　　經營公司有所風險，若每每公司有虧損就要求董事負責，責任恐過於嚴苛，但也絕非董事即可為所欲為，是以如何判斷董事究竟有無違反其對公司的義務，即是司法審查的重要環節。而經營判斷法則即是英美法制歸納多年判例見解所整理出來，用以判斷是否違反善管注意義務的標準。正因為我國法制中董事對公司亦負有善管注意義務（參閱問題第28題），所以引進這種判斷標準輔助司法審查並無不可。

　　我國法院得讓當事人就：1.此為經營決定、2.不具個人利害關係且獨立判斷、3.盡注意義務、4.善意和5.未濫用裁量權等事，進行實質的攻防以作為判斷董事過失與否的心證，成為法院的審查標準。然依我國訴訟法舉證責任的分配，違反善管注意義務乃是在用以判斷是否具有過失（亦即可歸責與否的判斷），論理上應該由主張權利不存在之一方負舉證責任，故應由董事負舉證之責。至於是否有必要按個案情況為舉證責任的轉換，就必須按照證據偏在、危險領域或公益需求做出不同判斷，但因為董事往往比主張權利存在之人，更有能力提出證據，故舉證責任轉換的情況恐不多見。

問題 **32** 董事競業禁止是什麼制度，其目的何在？如董事看著公司所營事業不錯，想以妻子名義另設立一家相同業務的公司時，要怎麼辦？

要點！

- 競業禁止制度之介紹。
- 競業禁止制度目的有「營業秘密之保護」以及「商機之保護」兩立場之對立，惟應以後者為當，至於前者僅是競業禁止制度下之附隨效果。
- 董事「為自己或為他人」「為屬於公司營業範圍內之行為」，均在公司法第209條第1項之射程範圍。判斷是否「為自己或為他人」之標準，應以行為的結果所發生之損益歸屬何人為準。至於董事是否「為屬於公司營業範圍內之行為」，則須視該營業範圍內之行為是否董事所親為，抑或係受董事直接支配之下，可評價為董事手足之延伸之人所為之行為。
- 依公司法第209條規定之方法取得股東會之同意即可行之。

參考條文

公司法第209條。

※相關問題：第28題至第30題、第33題至第37題、第62題至第63題。

說　明

一、競業禁止制度之目的，係爲了確保公司之商業機會（以下簡稱爲
　　「商機」），此從公司法第209條第1項所規範之文義係限制董
　　事不得爲「公司營業範圍內之行爲」即可明瞭。蓋若非公司之營
　　業範圍，則此機會絕對不會屬於公司，而無確保公司之商機之必
　　要，因此競業禁止義務必定會限於相同或類似之營業，其理由即
　　是在此。又，商業機會與營業秘密有所不同，商機有可能是專業
　　人士都看得出來的，因此並無秘密性，而不符合營業秘密法第2
　　條所定義之營業秘密[1]。

二、競業禁止制度之主要目的係在於保護公司之商機，而非在於保護
　　公司之營業秘密，縱使在競業禁止制度下有助於降低董事將公司
　　之營業秘密洩漏之風險與動機，然而此亦只是競業禁止制度所發
　　揮之附帶作用，絕非競業禁止制度之主要目的，充其量只能說是
　　競業禁止制度之附帶目的。理由如下[2]：

　　（一）若要保護營業秘密，則我國已有營業秘密法之損害賠償
　　　　　　足資保護，甚至可以用侵權行爲之法則請求損害賠償，
　　　　　　無需以競業禁止制度作爲保護營業秘密之主要目的。

　　（二）違反競業禁止義務之效果是歸入權（公司法第209條
　　　　　　第5項參照，在日本稱「介入權」，以下均以歸入權稱
　　　　　　之），然而違反營業秘密之保密義務其效果無從行使歸
　　　　　　入權，蓋並不符合公司法第209條第1項之行爲態樣，公

---

[1]　黃偉銘，員工競業禁止條款效力之研究—以競業禁止制度及營業秘密制度爲中心，國立高雄
大學法律研究所99年學年度碩士論文，第20-21頁。

[2]　黃偉銘，同前註。

司法第209條1項是規定禁止爲營業範圍之行爲，並非禁
止洩密。

（三）單純洩密並無所得可言，即無從將洩密行爲之所得視爲
公司之所得，而僅得行使損害賠償，因此單純洩漏公司
之營業秘密並無法行使歸入權，只能行使損害賠償，需
進一步使用該營業秘密才會有所得之問題。因此競業禁
止制度並無法完全防止與處理洩漏營業秘密之情形，其
主要目的並非在於防止營業秘密之洩漏，充其量只能說
它有防止洩漏營業秘密之附帶效果而已，斷非競業禁止
制度之主要目的。

（四）從反面推論，若董事到不同的行業經營事業（非公司法
§209第1項之營業範圍內的行爲），而侵害了公司的營
業秘密，即無法適用歸入權，而僅得請求損害賠償，這
是因爲「競業」必須要限於相同的營業才行，此即代表
競業禁止這個制度當初設定之目的根本就不是爲了保護
營業秘密，而是在限制董事做相同營業的行爲。

（五）不可否認的是，競業禁止制度確實可以達到降低營業秘
密被洩漏之功能，但此功能並非本來的制度的設計，而
是偶然地、碰巧地足以達到此功能，不可倒果爲因的
說，防止營業秘密反而成爲是競業禁止制度之主要目
的。

準此，本書認爲競業禁止制度之根源在於保護公司之商機，而保
護營業秘密僅爲其附帶目的。

三、又在股份有限公司中，只有董事才會有競業禁止義務。蓋吾人
要賦與某人更大之責任的同時，必須相對應的給予其更大的權

限，以符合權責相符之法理，而在股份有限公司之設計上，也只
有董事才有「業務決策權」（或稱「經營權」），而有確保公司
商機之要求。質言之，依公司法第1條規定觀之，可知公司係以
營利為目的，欲達到此一營利目標，需仰賴董事為公司做出經營
決策，因此僅要有一商業機會被認為屬於公司，則董事即有必要
依其專業做出業務決定以抓緊商機。換言之，就是因為董事擔當
了公司的經營，擁有公司的經營權，才有經營、競爭以及商機確
保之問題與責任，其他職員既無經營之權限，即無競業禁止之義
務。

四、董事可否以妻子名義另外設立一家經營相同業務之公司，涉及
　　董事此一行為是否亦屬於競業之行為。依公司法第209條第1項
　　規定，董事「為自己或為他人」「為屬於公司營業範圍內之行
　　為」，均屬競業禁止之範圍。是否「為自己或為他人」之判斷標
　　準為：該營業行為之結果所發生之損益歸屬於何人，換言之，係
　　以該行為所發生之經濟上的損益歸屬於董事自己或他人為判斷
　　基準。至於「為屬於公司營業範圍內之行為」之主體，則必須
　　限於董事本人所為之營業範圍內之行為。質言之，該營業範圍內
　　之行為必須是董事親自為之，或受董事直接支配之人所為之行
　　為，此時受董事之指令支配之公司或自然人，即為該董事手足之
　　延伸，依代行之法理，仍視同董事所為之營業範圍內之行為。是
　　以，若董事以妻子名義另設一家相同業務之公司，首先須視該公
　　司之損益歸屬於董事自己，抑或歸屬於其妻子或該新設之公司本
　　身，若為前者，則係「為自己」；反之，則係「為他人」。惟不
　　論係歸屬於何人，判斷上並非關鍵之所在，蓋不論「為自己或為
　　他人」，均會落入公司法第209條第1項之範圍內。因此重點毋

寧在於是否「董事爲屬於公司營業範圍內之行爲」，若董事以妻子名義開公司爲相同業務行爲，實際爲營業行爲之人爲董事本人，屬於本條所禁止之範圍，固無疑問；若董事以妻子名義開設同業公司，且該公司係聽從董事之指令而爲相同營業行爲，則該公司即爲董事手足之延伸，仍視爲董事之行爲，董事仍須負違反競業禁止之責任。

五、另依公司法第209條第1項之規定：「董事爲自己或他人爲屬於公司營業範圍內之行爲，應對股東會說明其行爲之重要內容並取得其許可」，觀諸前揭規定可知，即便董事所爲之行爲確實係競業行爲（不論係以自己之名義或妻子之名義），惟僅要向股東會說明其行爲之重要內容，並取得股東會之許可，仍可爲之。

問題 **33** ## 董事就任他公司之董事是否適用競業禁止規定？又就任同業公司之經理人是否適用？

要點！

- 就任同業之董事非競業。

- 經理人非公司之經營者，故董事就任同業之經理人非競業。蓋「競業禁止制度」之目的在於保護公司商機，不觸及「兼職禁止」之問題，二者制度目的不同，「兼職禁止制度」之目的係為了要獨佔公司職員之時間，以求得職員全時、全心、全力的為公司付出，因此兼職禁止制度不限於相同或同類事業才禁止，而係所有之事業均不可兼職，以達到獨佔職員時間之目的。

- 經理人依公司法第32條前段，有兼職禁止之規定，但卻僅規定兼任經理人之禁止，反面解釋似可兼任他公司之董事、監察人等職位，係誤解了兼職禁止之目的所為之立法。

參考條文

公司法第32條、第209條。

※相關問題：第32題、第34題至第37題。

說　明

一、公司法第209條第1項競業禁止之規範，係著重於「董事爲屬於
　　公司營業範圍內之行爲」，換言之，兼任同種營業之他公司董事
　　或經理人，並不代表董事有「爲」屬於原公司營業範圍內之行
　　爲。僅要董事未爲此行爲，單純的兼任其他同種營業公司之董
　　事，並不違反公司法第209條第1項之規定。惟董事兼任其他同
　　類營業公司之董事或經理人，雖不違反公司法第209條第1項之
　　規定，但若該董事在同業他公司以董事、經理人或其他業務執行
　　人之地位實際爲他同業公司爲營業之競爭行爲，則仍會落入公司
　　法第209條第1項競業禁止之範疇。

二、又，競業禁止雖允許兼職，僅要不實際爲競業行爲即可，但若兼
　　任他公司之經理人，則會有公司法第32條前段之經理人兼職禁
　　止之問題。兼職禁止之目的在於獨佔經理人之時間與心力，使
　　其得以全心全力爲公司付出，因此並不限於同類業務之兼職禁
　　止，縱使爲不同類之業務，亦應禁止之。因此公司法第32條前
　　段規定：「經理人不得兼任其他營利事業之經理人」，文義上
　　僅要是營利事業，均禁止兼職，而不限於同類之營業方禁止兼
　　職，蓋其根本目的是爲了要獨佔經理人之時間與精力。而競業禁
　　止之目的則如前所述，在於保護公司之商機，因此必須限制在經
　　營同類之營業。

三、另外，公司法第32條前段之兼職禁止，文義上僅禁止兼任「經
　　理人」，而其他職位則非在文義範圍內，本書認爲此規範有所不
　　當。蓋兼職禁止之目的既是爲了要獨佔經理人的時間與精神，使
　　經理人得以全職擔任其職務，則立法上不應只限於禁止兼任其他

營利事業之「經理人」，應當連同「其他職位」亦禁止兼任才是。

四、在實際作用上，兼職禁止義務與競業禁止義務有重疊之處，蓋兼職禁止既然要獨佔時間，當然亦不可為同業公司為營業行為，然而其目的與出發點與競業禁止義務不同，因此兩者仍應有所區別。準此以觀，公司法第32條之前、後段實為自相矛盾之立法，蓋公司法第32條前段規定：「經理人不得兼任其他營利事業之經理人」，此一規定不限於同類之業務，僅要是營利事業之經理人均不得兼任，其立法上係為了要求經理人之全職與時間。然而，同條後段卻規定：「並不得自營或為他人經營『同類』之業務」，若從反面解釋，則經理人可以經營「不同類」之業務。本書認為，公司法第32條前段與後段為一前後矛盾之規定，蓋若允許經理人為不同類業務之經營，則將導致公司法第32條前段之規定形同具文，易言之，若為貫徹經理人需全職之目的，則縱使為不同類業務之經營，亦應禁止。

五、綜合上述說明，本題之董事可否就任同業公司之經理人，在現行法之下，對於原公司而言，並不違反公司法第209條第1項競業禁止之規定，因為單純就任並非競業；對於新就任之同業公司而言，亦不違反現行公司法第32條前段之規定，因為所兼任的是他公司「董事」，然而，此乃現行公司法第32條前段誤解了兼職禁止之規定所造成之結果，將來公司法第32條若修法改為「經理人不得兼任其他職務或營業」後，該董事恐怕僅得兼任他公司之經理人以外之職務了。

六、附帶說明，經理人並無公司之業務決策權（或稱經營權），而只有業務執行權，因此並無確保公司商機之義務，從競業禁止制

度之目的在於確保公司商機以觀，經理人自無競業禁止制度之問題。因此公司法第32條之規範所限制的是兼職禁止的問題，從而，為了獨佔經理人之時間與精力，經理人應當是連不同業都不能經營與兼任。

七、至於實務上之相關見解，意見紛歧，茲整理分列如下，僅供參考：

（一）認為董事兼任他公司董事或經理人不構成競業行為者

1. 董事兼任經營同類業務之他公司董事或經理人，而該二公司為百分之百母子關係時，並不構成公司法第32條、第209條競業行為。按公司法第32條、第209條第1項之立法理由係為避免董事或經理人之利益與公司之利益產生衝突，導致董事或經理人未忠實履行自己的職責，另行經營同類業務，進而損及公司的利益。惟若董事兼任經營同類業務之他公司董事或經理人，而該二公司為百分之百母子關係時，在法律上雖為二獨立法人格公司，但在經濟意義上實為一體，二者之間並無利益衝突可言。故應認為於此情形下之董事或經理人兼充，並不構成公司法第32條、第209條競業行為。（經濟部101年10月11日經商字第10102435880號函）

2. 同一法人百分之百持有之平行子公司間或各子公司與孫公司間有董事或經理人兼任，例如A公司同時持有B公司及C公司100%之股份，又C公司轉投資D公司持有

100%股份。於此，B、C、D公司為A公司100%直接、間接持股之公司，在法律上各公司雖為獨立法人格公司，但在經濟意義上則為一體，彼此之間並無利益衝突可言。爰此，B、C公司間（平行關係）與A、D公司間及B、D公司間（垂直關係），倘有董事或經理人之兼充行為，不構成公司法第32條、第209條競業行為。（經濟部102年1月7日經商字第10102446320號函）

3. 董事競業禁止依公司法第209條第一項規定，董事為自己或他人為屬於公司營業範圍內之行為，應對股東會說明其行為之重要內容並取得其許可。同條第3項並規定，董事違反第一項之規定，得行使歸入權，據此，董事兼任其他公司董事法律上並不禁止，倘為自己或他人為屬於公司營業範圍內之行為時雖未取得股東會之許可，依照公司法第209條第3項規定其行為並非無效，是以公司申請登記時自毋須檢附股東會同意之決議事錄。（經濟部71年8月27日商31182號函）

（二）認為董事兼任他公司董事或經理人構成競業行為者

1. 董事長兼任另一經營同類業務公司經理時應分別取得同意。公司法第209條第1項規定「董事為自己或他人為屬於公司營業範圍內之行為，應對股東會說明其行為之重要內容並取得其許可。」又同法第32條規定「經理人……不得自營或為他人經營同類之業務，但經董事或執行業務之股東過半數同意者，不在此

限。」故股份有限公司之董事長欲兼任另一同類業務之股份有限公司經理時，應分別經原公司股東會及所兼任經理公司之董事會同意。（經濟部66年8月29日商25392號函）

2. 董事未經許可兼任其他公司董事之行為並非無效。查公司法第209條第1項規定，董事為自己或他人為屬於公司營業範圍內之行為，應對股東會說明其行為之重要內容並取得其許可。同條第3項並規定，董事違反第一項之規定，為自己或他人為該行為時，股東會得以決議，將該行為之所得視為公司之所得，但自所得產生後逾一年者，不在此限。據此，董事兼任其他公司董事時，如依照上開規定辦理，尚無不可。倘若未取得股東會許可，股東會可經決議行使歸入權，將該董事兼營業務所得，作為公司所得，惟兼任其他公司董事之行為並非無效，對於董事職權之行使應無影響。（經濟部62年9月18日商29481號函）

3. 「董事為自己或他人為屬於公司營業範圍內之行為，應對股東會說明其行為之重要內容，並取得其許可」，公司法第209條第1項定有明文。觀本條立法本旨，即在規範股份有限公司董事應忠於職責，未得股東會許可，有兼任其他營利事業之經理人或自營或為他人經營同類之業務，勢必損及公司利益。此之所謂「為自己或他人」，係指為自己或他人之計算而言，換言之，不問董事係以自己之名義或他人之名義為之，只須其行為之經濟上效果歸屬於自己或他人

即屬之。再者，此之所謂「屬於公司營業範圍內之行為」，從禁止競業觀點觀之，係指其所為之行為屬於章程所載之公司目的事業中為公司實際上所進行之事業。（臺灣臺南地方法院88年度勞訴字第2號裁判要旨）

問題 34　董事指令其支配之公司，從事競業是否要禁止？

要點！

• 依然是競業禁止之對象。

• 受到董事指令完全支配之同業公司所為之營業行為，該同業公司之所為，性質上為董事手足之延伸，依「代行」之法理，仍可視同是董事個人所為之營業行為，須受到公司法第209條第1項競業禁止之規範。

參考條文

公司法第209條。

※相關問題：第32題至第33題、第35題至第37題。

說　明

一、為了避免董事位居幕後，利用人頭設立或經營相同營業，掠奪原公司之商機，規避公司法第209條第1項競業禁止之規範，是常見之手法。依代行之法理，由於該人頭公司係受董事之指令完全支配，則人頭公司即屬董事手足之延伸。是以，人頭公司所為之營業行為，即為董事所為之營業行為，當受公司法第209條第1項競業禁止之規範。

二、惟若董事就所支配之公司並無完全之操控權限，仍須受制於該公司內部之決策程序（如董事會之決議），此時由於董事於董事會中所為之表決，僅係占董事會之一票，該掠奪商機之決策，並不得遽謂係董事之決策，即不得逕依代行之法理，認為該董事違反競業禁止之規範。

問題 **35** 競業許可可否事先概括性的許可？

要點！

- 競業許可應於事前取得許可。
- 競業不可事先概括性之許可，理由是會導致公司法第209條之規定成具文。

參考條文

公司法第209條。

※相關問題：第32題至第34題、第36題至第37題。

說　明

一、公司法第209條第1項規定，所謂「應對股東會說明其行為之重要內容，並取得其許可」，於法條文義上既曰「許可」，則應解為「事前」許可，蓋若允許為「事後」之同意，則法條用語應為「承認」或「追認」。

二、至於事前許可究須「個別」許可，抑或可以「概括性」許可之問題上，本書與現行實務之見解[1]相同，認為應「個別」就營業內容取得許可，蓋若為概括許可，無法具體說明行為之重要內容，且易使握有多數股東權之董事，任意藉由一次性的概括許可，而讓其往後之所有競業行為，均毋庸再取得股東會許可，而逸脫股東會之控制，殊非妥適，亦架空公司法第209條制度之美意。（例如：在選任出新任董事之後，股東會即事先決議新任董事得解除競業禁止之責任，遭臺北地方法院以99年度訴字第2322號判決該股東會決議無效[2]）

三、惟應注意者為，股東會為事前個別許可後，所生之效果為公司已不得再行使歸入權，但公司如因董事之競業行為仍受有損害，

---

[1] 經濟部86年8月20日商8621697號函釋：說明二、按公司法第209條第1項規定：「董事為自己或他人為屬於公司營業範圍內之行為，應對股東會說明其行為之重要內容，並取得其許可。」係指董事應於「事前」「個別」向股東會說明行為之重要內容，並取得許可，並不包括由股東會「事後」「概括性」解除所有董事責任之情形。惟本案股東會之決議解除董事競業禁止之限制，似應探求股東會之真意，是否係在免除董事已為之競業行為之歸入權使問題。說明三、以上係就公司法之適用所為之一般性說明，至公開發行股票之公司，證券管理機關是否另有規定，自得由其卓處。

[2] 臺北地方法院99年度訴字第2322號民事判決「…查系爭股東會固決議解除新任董事競業禁止限制，惟各新任董事於系爭股東會中並未對股東會說明任何競業行為之重要內容，皆僅介紹自己名字並表示請多多指教後，主席即付諸表決，且決議內容並非針對各董事個別的競業禁止行為為事前許可，而是概括免除各個董事之競業禁止義務，揆諸前揭說明，顯然違反公司法第209條第1項之規定，此部分之決議即因內容違反法令而無效。…」

仍可請求賠償；另在董事未取得股東會事前、個別許可之情形下，仍為競業行為時，公司雖得行使歸入權，但亦得選擇不予行使，二者有層次上之差別，不可不辨。

問題 36　歸入權是什麼樣的制度？

要點！

• 歸入權制度之介紹。

參考條文

公司法第209條第5項。

※相關問題：第32題至第35題、第37題。

說 明

一、競業禁止之目的既然係在於保護公司之商機，則歸入權制度之目
的當然亦是在確保公司之商機，而董事違背競業禁止義務，當然
是損害公司商機之行為，但是公司之商機損害之額度有多少？
如何量化乃至於證明公司受有多少損害？在實務運作上非常困
難，因此在公司法第209條第5項乃創造了歸入權之制度。

二、本來董事違背競業禁止義務，即屬對公司之債務不履行，公司
得本於其與董事間之委任契約，對董事行使債務不履行之損害
賠償，惟此本於契約義務之違反所生之損害，其損害額證明困
難，且相關競業之資料，均控制在競業董事手裡，若競業董事不
提出，公司難以為相關損害之主張。甚且董事違反與公司間之委
任契約之義務，所生之損害並不當然包含公司因其商機消逝所產
生之損害，是以本條乃有必要創造出「歸入權」之制度。

三、所謂歸入權，係以股東會之決議，基於公司之單方意思，而將競
業董事因其競業行為所得之財產利益，請求競業董事交付之；反
之，競業董事因競業行為而對相對人所負之義務或支出，公司亦
須補償董事，故公司行使歸入權後亦有虧損賠錢之可能，因為歸
入權之目的是要保護商機，而非填補損害，因此將董事所為之競
業行為，當成是替公司所為，競業董事與第三人之交易或賺或
賠，均由公司蓋括承擔（當然公司亦可選擇不行使歸入權）。換
言之，即將董事競業之結果歸屬公司保有，以此方式來達成保護
公司商機之目的，讓該競業董事終將白忙一場。蓋因該法律行為
所取得之利益，最後仍將歸由公司保有。

四、惟在此應注意者，乃歸入權之行使並非法律關係之繼受，公司行

使歸入權後，原先董事競業行為之法律關係，其當事人仍然存在於競業董事與其行為相對人之間，僅是公司對於董事行使歸入權後，公司得片面對競業董事主張其因該競業行為所取得之利益與支出，均歸屬於公司。如此方得保護公司所應享有之商機利益，亦得兼顧交易相對人之法律關係之安定性。

五、若董事係為他人而為營業範圍內之行為，則該行為之經濟上之損益歸屬於他人，並非董事，則此時歸入權之範圍是否有影響？本書認為並不生影響，蓋依公司法第209條第5項之規定：「董事違反第一項之規定，為自己『或他人』為該行為時，……」自不問該行為背後之目的係為了何人而有所不同，關鍵在於董事為該行為後之所得，均可行使歸入權。

問題 **37** # 歸入權行使與損害賠償請求之關係為何？

要點！

- 歸入權與損害賠償兩者為儼然不同之制度。
- 損害賠償請求權行使之諸要件，歸入權全免，歸入權行使後，仍存有損害時，仍可請求賠償。

參考條文

公司法第209條第5項。

※ 相關問題：第32題至第36題。

說　明

一、歸入權與損害賠償係屬不同之制度，蓋歸入權行使之目的係在
於確保公司之商機[1]，而損害賠償則主要係為了填補公司因董事
競業所生之損害。因此，歸入權行使後，若公司仍受有其他之
損害，仍得對競業董事請求之；反之，縱使公司未受有任何損
害，然因董事為競業行為，公司仍得行使歸入權，以保全其商
機。是以，歸入權與損害賠償二者均得分別、獨立行使。又，競
業行為縱然得到股東會之許可，而不發生歸入權之問題，惟若董
事為競業行為之結果，仍然造成公司之損害，公司依然可以請求
賠償。

二、歸入權之性質為形成權[2]，僅要公司之股東會決議通過，公司以
單方之意思表示對競業董事行使歸入權，即發生權利變動，亦
即，公司與競業董事間旋即發生債權債務關係，公司即「取得請
求權」，得請求競業董事將其行為之所得交付予公司，而不待競
業董事為肯否之意思表示。應注意者，歸入權性質上雖為形成
權，然歸入權行使後，不可解為發生競業董事因競業行為所取得
之財產利益之所有權移轉於公司之效果，申言之，歸入權此一形
成權所生之形成力，係體現在形成公司與競業董事間之債權債務
關係，而不形成物權關係。反之，損害賠償請求權之性質為請求
權，是以仍須履行相關損害賠償請求權之要件，例如公司係因
競業董事之侵權行為而受有損害，則需符合侵權行為之行使要

---

[1] 另有學者認為歸入權之目的是要對違反不競業義務之董事課與懲罰性特別民事責任之規定。
林國全，董事競業禁止規範之研究，月旦法學雜誌，97年8月，159期，232頁。
[2] 惟有學者認為係法定請求權，因為歸入權行使之結果亦僅係公司取得請求權而已，因此不如
直接將歸入權定性為「法定請求權」較為簡單明確。林國全，同前註，233頁。

件；又如公司係因競業董事債務不履行所生之損害賠償，仍須符合相關債務不履行損害賠償之行使要件。

三、又歸入權與損害賠償雖屬不同之制度，然而若公司行使歸入權之結果，即已附帶填補了公司所受之所有損害，則仍應解為此時公司已不得再行使損害賠償請求權，以免公司獲有雙重利益；惟在公司先行使損害賠償請求權後，並不會有足以保全商機之問題，因為公司之商機仍然因董事之競業行為而遭利用，故公司仍可行使歸入權，將董事行為之所得視為公司之所得（承前所述，董事競業行為之支出亦需補償董事），然而此時公司之前所受領之損害賠償，若因嗣後歸入權之行使而受有雙重填補，則須將溢領之賠償返還，以免公司受有雙重利益。易言之，歸入權不會因為是否已經填補損害而受影響（除非公司已事前許可而不得行使歸入權），然而損害賠償請求權卻可能因為歸入權之行使而附帶填補，導致已無損害可言。歸入權既為形成權，則公司法第209條第5項之1年期間及應定性為除斥其間，此與損害賠償請求權係適用消滅時效不同，附此敘明。

問題 **38** 董事要將土地賣給公司，或從公司買入土地，可不可以？有沒有特別規定？

要點！

- 此種行為是公司與董事間之利益相反交易行為，我國法上有何相關之規範？
- 何謂利益相反交易？

參考條文

　　公司法第202條、第223條，證券交易法第2條、第14條之2、第14條之3第3款、第14條之4第2項、第14條之4第4項、第14條之5第1項第4款。

※相關問題：第39題、第40題。

說　明

一、公司與董事間之交易應適用公司法第223條之規定。董事與公司間之交易，於學理上又稱作自己交易（self-dealing），以股份有限公司為例，我國公司法第202條於修正後，明確劃分了股東會與董事會之權限，而往「公司經營者與所有者分離」之趨勢邁進，因此，董事會係作為公司之業務執行機關，負責公司大部分之經營活動，倘若董事濫用其權限，為自己或他人謀取不法利益，在其熟悉公司各項業務經營內情之狀況下，其所造成之損害，往往遠過於第三人所能導致公司損害之程度。由於董事與公司進行交易時，作為交易一造當事人之董事，利用其地位，犧牲公司利益而圖謀自己或他人利益的危險性極高，因此，公司法與證券交易法即設有相關之規定，茲分別說明如下：

（一）公司法之規範

　　公司法第223條規定，董事為自己或他人與公司為賣賣、借貸或其他法律行為時，由監察人為公司之代表。又觀諸條文係用「董事」字樣而非用「董事長」或「代表公司之董事」字樣可知，凡任何董事為自己或他人與公司進行交易時，即應由監察人為公司之代表，至於該董事是否有對外代表公司之權限則非所問。由此可知，本條文之設計，並不單純在禁止董事之雙方代表或代理（惟與公司交涉之對方若是公司之董事長，則屬雙方代表之禁止），立法原意亦在防患董事長礙於同事之情誼，致有犧牲公司利益之虞[1]。

---

[1]　柯芳枝，公司法論（下），三民書局，102年3月，修訂9版，頁291-292。

（二）證券交易法之規範

董事與公司間交易於證券交易法上亦設有規範，以下即區分是否有設置審計委員會而分別說明之：

1. 未設置審計委員會

依證券交易法第14條之2之規定，公開發行股票公司得依章程規定設置獨立董事。已設置獨立董事之公司，於一般董事與公司為買賣、借貸或其他法律行為時，即屬涉及董事自身利害關係之事項，依證券交易法第14條之3第3款之規定，應經董事會決議通過，且獨立董事如有反對意見或保留意見，應於董事會議事錄載明之。

由此可知，涉及自己交易之事項，應經董事會決議通過，而該董事會成員中尚包括獨立董事，因此，本條款之立法目的乃是希望可以透過獨立董事參與董事會之機會，而展現其專業性與獨立性，以達到發揮公司內部監督治理之成效。

至於該自己交易事項倘經董事會決議通過（證券交易法§14-3③），則於此是否仍有公司法第223條「由監察人為公司之代表」之適用？本書採肯定之見解，理由如下：

(1) 證交法為公司法之特別法，基於特別法優於普通法原則，應優先適用證交法之規定，但若有未規定之事項時，則應回歸適用公司法上之相關規定（證券交易法§2[2]）。而關於自己交易事項，證券交易法第14條之3第3款僅係規定對內須

---

[2] 證券交易法第2條規定：「有價證券之募集、發行、買賣，其管理、監督依本法之規定；本法未規定者，適用公司法及其他有關法律之規定。」

經由董事會決議，並未明白規範對外應由何人爲公司之代表，故解釋上仍應有公司法第223條規定之適用。

(2) 證券交易法並無明文排除公司法第223條規定之適用。按證券交易法第14條之3第3款僅規定，該自己交易事項須經由董事會決議，而該董事會決議之性質，本書認爲，在我國法之規範中，尚不具有完全監督之作用，蓋獨立董事如有反對意見時，並無強烈效果之展現，僅係於董事會議事錄中載明而已[3]。此外，證券交易法之相關規定，亦無明文排除公司法第223條規定之適用。是以，自有公司法第223條規定之適用，始能達成對該自己交易事項監督之成效。

(3) 在未設置審計委員會之公司，獨立董事本身之定位應屬於董事，並非如同審計委員會下之獨立董事具有替代監察人之功能，而具有監察人在公司法上相關之監察權限[4]。是以，關於自己交易利益衝突之防免機制，除了透過獨立董事之介入外（證交法§14-3③），仍應依公司法第223條之規定，應由監察人爲公司之代表，始能有效達成本條之規範功能。

(4) 有設置審計委員會之公司，仍須依公司法第223條規定而由獨立董事爲公司之代表（證券交易法§14-4IV），則未設置審計委員會之公司，更有公司法第223條規定之適用，以避免自己交易所形成之利益衝突問題。

---

[3] 證券交易法第14條之3規定：「已依前條第1項規定選任獨立董事之公司，除經主管機關核准者外，下列事項應提董事會決議通過；獨立董事如有反對意見或保留意見，應於董事會議事錄載明：三、涉及董事或監察人自身利害關係之事項。」

[4] 證券交易法第14條之4第4項規定：「公司法第200條、第213條至第215條、第216條第1項、第3項、第4項、第218第1項、第2項、第218條之一、第218條之二第2項、第220條、第223條至第226條、第227條但書及第245第2項規定，對審計委員會之獨立董事成員準用之。」

2. 有設置審計委員會

於有設置審計委員會之公司，依證券交易法第14條之5第1項第4款規定，應先經審計委員會全體成員二分之一以上同意，並提董事會決議。又審計委員會係由全體獨立董事所組成（證券交易法§14之4第2項），因此，對於該自己交易事項所涉及的利益衝突問題，係由審計委員會之同意作為公司內部的監督機制。換言之，期待透過審計委員會之成員（即獨立董事）發揮其專業性與獨立性以達公司內部監督治理之成效。

又依證券交易法第14條之4第4項規定，公司法第223條規定對審計委員會之獨立董事成員準用之。且本項之立法理由亦指出：「公司法對於原屬監察人之規定，涉及監察人之行為或為公司代表者，於第4項明定於審計委員會之獨立董事成員準用之。」由此可知，該自己交易事項雖經審計委員會之同意，但仍應依公司法第223條規範之意旨，而由審計委員會之成員（即獨立董事）為公司之代表。

二、對利益相反交易之認定

所謂利益相反交易，本書認為應以形式上是否居於交易之一造作為判斷即可，而毋庸實質上認定，該交易行為之內容，是否會對公司之利益造成侵害；蓋董事與公司之交易，是否會對公司造成侵害，多數情形是事後始能判斷，倘必須事後就個別、具體行為的內容研判，是否屬於利益相反交易時，則無法達到公司法第223條事前防範之立法目的。因此，只要董事居於交易之一造，而與公司進行交易行為時，形式上，董事當然是以追求自己的利益為首要考量，此時董事是否仍會以公司之利益為依歸，即有疑

問，故交易之對造為董事時，即應認定形式上屬於利益相反交易之型態而有公司法第223條之適用。

三、綜合上述，董事要將土地賣給公司，或從公司買入土地，由於涉及董事與公司間之利益衝突問題，應受公司法與證券交易法上，有關自己交易行為之規範。並依公司法第223條規定，應由監察人為公司之代表；依證券交易法規定，如係未設置審計委員會之公司，依證券交易法第14條之3第3款，該自己交易事項須經由董事會決議，且本書認為於此仍應有公司法第223條規定之適用，對外應由監察人為公司之代表；如係有設置審計委員會之公司，依證券交易法第14條之5第1項第4款規定，應先經審計委員會全體成員二分之一以上同意，並提董事會決議，又依證券交易法第14條之4第4項規定，仍應依公司法第223條規範之意旨，而由審計委員會之成員（即獨立董事）為公司之代表。

問題 **39** 公司與董事之債權人訂立保證契約保證董事債務時，受何規制？

要點！

• 利益相反交易行為之範圍？

• 此保證行為除應考慮公司法第223條之規定外，是否仍要考慮公司法16條第1項之規定？

參考條文

　　公司法第16條第1項、第223條。

※相關問題：第38題。

說　明

一、公司法第223條規定：「董事爲自己或他人與公司爲買賣、借貸或其他法律行爲時，由監察人爲公司之代表。」此即董事與公司交易時之規定。而本條交易之範圍爲何？董事爲自己或他人（董事以自己名義或他人之代理、代表）與公司爲買賣行爲（例如：董事將自己所有不動產賣給公司），此種「直接交易行爲」類型當然爲本條規範之範圍，惟是否有包含「間接交易行爲」則有疑問？所謂間接交易，係指形式上非屬董事與公司間直接交易的型態，而該交易關係實質上，卻存有公司與董事之間利益相互衝突的疑慮。而間接交易是否會發生董事與公司之間利益衝突的可能？就以第三人爲董事之代理人而與公司的交易行爲，外觀上，雖非董事與公司間之直接交易，但因其法律上的效果直接歸屬於董事本人，故董事與公司間實質上仍存有利益衝突的可能。

二、在實務上所引發的爭議是，公司爲董事個人的債務與其債權人成立保證契約時，雖非屬於董事與公司間直接交易之型態，惟實質上卻致生董事與公司間利益衝突的效果者，此種間接交易型態應受何規制？首先，依公司法第16條第1項規定：「公司除依其他法律或公司章程規定得爲保證者外，不得爲任何保證人。」故僅有在依其他法律或公司章程規定得爲保證者外，公司始得與董事之債權人訂立保證契約。再者，即使依公司法第16條第1項，公司得與董事之債權人訂立保證契約，於實質上有致生董事與公司間利益衝突效果者，本書認爲，仍應有公司法第223條規定之適用，蓋此種間接交易型態，若是爲董事之個人利益，而造成公

司不利益的行為，與「董事為自己而與公司之交易」無異。因此，公司法第223條自己交易之範圍除了包含直接交易類型外，解釋上也應包括此種實質上隱藏董事與公司間利益對立的間接交易型態，以防止公司利益之被侵害。

問題 **40** 公司法第223條之監察人為公司代表制度，是怎麼樣的制度？

要點！

- 公司法第223條規定之趣旨？
- 公司法第223條之規定，係監察人取代董事長之地位，抑或董事會以及董事長之權限均交給監察人行使？

參考條文

　　公司法第178條、第202條、第206條、第223條。

※相關問題：第38題。

說　明

一、公司法第223條規定之意涵

　　依公司法第223條之規定，任一董事為自己或他人與公司有交涉時，即應由監察人為公司之代表，至於該董事有無代表公司之權限，則不作任何考慮。是本條文之設計，並不單純在禁止董事之雙方代表或代理（惟與公司交涉之對方若是公司之董事長，則屬雙方代表之禁止），其立法原意亦在防患董事長因礙於同事之情誼，致有犧牲公司利益之虞。

　　本條文所謂「由監察人為公司之代表」之意涵為何？係指凡涉及自己交易之事項，則完全由監察人代表公司，包括內部的決議及對外之代表？抑或是自己交易事項，仍須經由董事會之決議，再由監察人代表公司為之？（公司法§202），若採前說，監察人不僅取代董事會而具有對內決策權，亦取代董事長之地位而具有對外代表權；若採後說，自己交易事項，仍須先經由董事會之決議（但排除有利害關係董事參與表決，公司第206條第2項準用第178條參照），再由監察人對外為公司之代表，監察人同時也可行使其監察權。

　　再者，若採後說之見解，認為監察人並無取代董事會之對內決策權，其可能之規範模式又可分為二種：第一，董事會決議後，監察人有同意是否為自己交易行為之權限，因監察人具有同意權，故其監督自己交易事項之效果較為強烈；第二，董事會決議後，監察人僅具有提醒董事會，就該自己交易事項對公司是否有利之監察權限，且監察人不得拒絕對外代表，惟若監察人已提醒董事會，該自己交易事項對公司不利，而董事會仍執意為之時，監察人雖然不可拒絕對外代表公

```
┌ 1.監察人取代董事會及董事        監察人具有對内決策及
│ 長之權限（權限移轉說）    →     對外代表權。
│
│                          ┌ 2.監察人具有同意權（效果強）
└ 監察人僅取代董事長之權    │
  限：董事會決議        →   │ 3.監察人僅具有提醒董事會該
                          │ 自己交易事項是否有利於公司之
                          │ 權限，監察人不可拒絕對外代表
                          └ （效果弱）。
```

圖40-1　公司法第223條規範之意涵

資料來源：本書自行繪製。

司進行此交易行為，但監察人即無庸對公司負公司法第224條之監察人責任，蓋監察人已盡其監察人之責任，此種規範模式之監督效果較弱，監察人沒有同意與否之權限，僅負有提醒該交易，是否對公司有利之監察權，倘該交易對公司屬不利之交易時，因監察人已盡其監察權限而無庸對公司負責，故只剩下對董事責任之追究機制。

二、我國公司法體系下係採行何種規範模式？

本書認為，於我國公司法體系下，解釋上係採取3.之規範方式，理由如下：

（一）監察人僅具有建議權，而不具有同意權

依公司法第223條之文意解釋，係寫由監察人為公司之「代表」而非寫「同意」，又監察人之監察權限於我國公司法體系下，僅具有消極功能之建議作用，而不具有積極為同意與否權限之功能，是以，在我國公司法體系下，解釋上並非採行第2.種之規範方式。

　　至於，倘非採取監察人具有對內決策權限之規範方式，認爲監察人僅具有消極建議權限時，對於董事責任之追究上，亦不會太難達成，蓋當監察人已提醒董事會該自己交易事項是不利於公司，而董事會仍決議爲之時，將來於董事責任之追究上，董事應較難舉證其已盡注意義務，亦即其效果等同於推定董事未盡注意義務，董事必須舉反證推翻此推定。

（二）非採行第1.種權限移轉說之理由

　　由於監察人不瞭解公司業務經營狀況，倘自己交易事項之權限移轉由監察人行使時，實已遠超過監察人能力之範圍。再者，由於對內決策權限移轉由監察行使，監察人即須負起決策成敗之責任，監察人是否會爲了避免承擔責任而全部否決自己交易事項？又或者，更因此造成寒蟬效應，而無人願意擔任監察人？此外，監察人若具有對內之同意（決策）權與對外之代表權，此時又應由誰去監督監察人決策之執行？倘監察人遲遲不爲對內決議時，公司業務之執行，又應如何順利推行？且在我國公司法體系下，監察人僅具有監察權限，若在自己交易事項，採權限移轉由監察人行使之解釋方式，則監察人豈非有涉入公司業務經營之權限？此實已破壞我國公司法之現有體制。況倘認爲監察人具有對內決策權限，其效果即等同於事前禁止自己交易之效果。

問題 **41**　董事與公司爲交易行爲時，明知對公司無不利之交易，是否也要受監察人爲公司代表之限制？

要點！

• 明知對公司無不利之交易，是否仍應由監察人爲公司之代表？

參考條文

公司法第223條、第224條。

※相關問題：第38題、第40題。

說　明

一、董事與公司為交易行為時，因董事本身一方面具有公司內部經營
　　者之身分，若又同時為與公司交易行為之一造當事人時，即有利
　　益衝突產生之可能，故公司法第223條規定，應由監察人為公司
　　之代表。換言之，董事與公司交易時，即存在著一般抽象性之利
　　益相反構造，此時，應由監察人為公司之代表。

二、然而，屬於董事與公司間的交易行為，但卻無造成公司財產上不
　　利益的疑慮者，例如：董事之無附加條件的贈與，或是董事對公
　　司提供無利息或無擔保的融資，或是董事依定型化契約條款與公
　　司間的交易行為等情事，是否仍須受此限制？有見解認為，從立
　　法目的上之考量，此種明知對公司無不利之交易行為，則不受自
　　己交易行為之規範，故毋須由監察人為公司之代表。本書則認
　　為，當董事與公司交易時，若有利益相反之衝突當然受自己交易
　　之規範，倘若明知對公司無不利之交易，此時因無利益衝突之產
　　生，理論上應不受自己交易之規範，惟實際是否利益相反，應以
　　個別、具體行為的內容研判，始能知之，若是如此，多數情形
　　是事後始能判斷，則與本條文規定係屬事先防範之立法目的不
　　符。因此，舉凡董事與公司間有買賣、借貸或其他法律行為，不
　　管實際上是否有利益相反，均一律由監察人為公司代表。而該交
　　易行為，本質上屬利益相反之構造，實質上是否會導致公司之不
　　利，勢必由監察人作判斷。倘監察人判斷後認為，屬於對公司有
　　利之事項，惟事後之結果並非有利於公司時，監察人即應依公司
　　法第224條之規定，負有判斷之責任，而董事會中之董事因係執
　　行業務之主體，亦應負起行為責任，附此敘明。

違反公司法第223條規定之
效力如何？善意第三人權益
是否會被犧牲？

要點！

- 公司法第223條之規定是否應視為董事長代表權之限制規定？
  違反本條之效果為何？應否依同法208條第5項準用第58條之規
  定，考慮善意第三人之保護？
- 善意之要件為何？

參考條文

　　公司法第58條、第208條第3項與第5項、第223條，民法第106
條、第170條第1項。

※相關問題：第38題。

說　明

一、違反公司法第223條之效力

　　董事為自己或他人與公司為法律行為時，若非由監察人為公司之代表，其行為之效力為何？公司法未設有明文之規定。實務之見解認為[1]，首先公司法第223條之規定並非強行規定，故若有違反並非無效。再者，由判決文義之脈絡觀察，似認為違反本條之效力因公司法並無明文之規定，故類推適用民法無權代理之法理（民法§106及§170I），該法律行為應屬效力未定，倘經公司（本人）事前許諾或事後承認，亦對公司生效。

　　惟所謂本人究係指公司之股東會決議或董事會決議？實務見解並無明白之表示，併此指明。亦有學說認為[2]，因董事長原來依公司法第208條第3項之代表權因為公司法第223條之規定而被限制，故董事長就此即無代表權，故其代表公司與董事為法律行為，應屬無權代表之行為，該行為應類推適用無權代理之規定，以決定其效力，換言之，非經公司之承認，對公司不生效力（民法§170I），但所謂公司之承認亦應由監察人為之，蓋公司法第223條既規定董事與公司間為法律行為時，由監察人代表公司，承認亦應由其為之。

　　本書認為，董事長依公司法第208條第3項之規定，就公司營運上事項有對外代表公司之權限，惟關於自己交易事項，為避免董事

---

[1] 最高法院100年度台上字第1672號判決：「惟按董事為自己或他人與公司為買賣、借貸或其他法律行為，應由監察人為公司之代表，公司法第223條定有明文。該條規定旨在禁止雙方代表，以保護公司之利益，非為維護公益而設，自非強行規定，故董事與公司為法律行為違反該規定，並非當然無效，倘公司事前許諾或事後承認，對公司亦生效力。」

[2] 柯芳枝，公司法論（下），三民書局，102年3月，修訂9版，頁293-294。

長礙於同事之情誼，致有犧牲公司利益之虞，故公司法第223條即規定，當董事為自己或他人與公司為買賣、借貸或其他法律行為時，由監察人為公司之代表，故董事長之對外代表權限，即因此受到限制，此時倘仍由董事長對外代表公司，應屬逾越代表權限之行為，該行為應類推適用民法有關無權代理之規定，故依民法第170條第1項之規定，非經公司之承認，對公司不生效力。

二、代表權之限制不得對抗善意第三人（公司法§208V準用§58）與善意之解釋

董事長依公司法第208條第3項之代表權，因同法第223條之規定而受有限制，又依同法第208條第5項準用第58條之規定，對於董事長代表權之限制不得對抗善意第三人，故善意第三人應可主張表現代表並類推適用表現代理之法理。

關於表現代理之要件有三：權利外觀、代表行為及善意無過失。所謂權利外觀於此應係指董事長原即具有對外代表公司之權限，僅係受到公司法第223條限制；又代表行為則是指董事長對外代表公司與董事間進行交易之行為；至於所謂善意應如何解釋？本書認為，公司內部對董事長代表權之限制與公司法第223條對董事長代表權之限制，二者有關善意之解釋，應作不同處理，蓋於前者之情形，董事長本具有對外代表公司之權限，惟公司內部仍得限制董事長之對外代表權限，而此種代表權限之限制，第三人難以從外觀交易行為察知，故此之善意應解釋為，第三人不知悉該董事長於此交易行為並無代表公司之權限；於後者之情形，善意之解釋，則不應解釋為是否知悉該交易行為是否經監察人代表，蓋公司法第223條已明文規定董事與公司交易時，即應由監察人為公司之代表，而董事本身為自己交易之當

事人，其本應知悉公司法第223條之規定，若將善意解釋為，知悉應由監察人為公司之代表時，會造成無人可以滿足善意之要件，故善意應解釋為，未經監察人代表公司之自己交易，係有正當或合理理由存在，且董事並無意藉此自己交易，謀求一己之利、損害公司利益。

 問題 **43** 公司發放獎金給董事，要不要適用公司法第223條之規定？

要點！

- 發放獎金給董事之本質是否屬利益相反交易行為？
- 是否也應考慮公司法第196條規定之適用？

參考條文

公司法第196條、第223條、第235條。

※ 相關問題：第38題。

說　明

一、董事為公司之經營者，其與公司之員工同心協力打拼，使公司業績提昇，獲利增加，此時，我國公司法規定得對員工分配紅利（公司法§235），俾資獎勵。此條文規定之員工，不包括董、監事，是一般之解釋，董監事無法從盈餘分派獲得獎助。但對業績有貢獻之董事發放獎金，資以獎勵回饋，合乎世間常情，為之也無不可。由此可知，獎金是獨立於委任關係之外，與任用契約不相干，性質上與報酬迥異，是贈與的一種，既是贈與又是業務執行問題，故應專屬於董事會之權限，得由董事會自行決定或授權由董事長決定。

二、惟公司發放獎金若由董事會決定，或授權由董事長決定時，因獎金發放之對象為董事本身，故自肥之可能性極高，遂有利益衝突產生之可能性，本質上亦屬利益衝突交易，依公司法第223條規定，應由監察人為公司之代表與董事訂立該獎金之贈與契約，而非仍由董事長代表公司與董事訂立贈與契約，且透過監察人之參與並期待其監督，以及監察權限之實際發揮，自肥問題即得以有效防止，故毋庸適用公司法第196條之規定。

問題 **44** 董事報酬若未經公司章程規定及股東會決議，董事是否具備請求權？

要點！

- 委任契約之本質為無償，但經雙方特別約定而為有償亦可。
- 公司法第196條之立法目的有二說，一說為防止董事自肥之政策規定說，另一說為董事之任用權是股東會固有權限，董事報酬是任用契約之一部分，故報酬決定權屬於股東會之本質說。
- 公司與董事間之委任契約有償化，董事之報酬應經股東會決議，股東會未決議前董事應無報酬之請求權。

參考條文

公司法第174條、第192條、第196條，民法第528條。

※相關問題：第45題。

說　明

一、由公司法第192條第4項「公司與董事間之關係，除本法另有規定外，依民法關於委任之規定」規定，可得知董事與公司間之法律關係適用委任之規定。依民法第528條規定，委任係指當事人約定，一方委託他方處理事務，他方允為處理之契約，且依立法理由內容得知，委任關係不以有償為成立要件[1]。因此董事與公司間之委任契約之本質為無償，但是現今實務上董事均受有報酬，係以特約之方式為有償委任之約定。

二、我國公司法第196條明定：「董事之報酬，未經章程訂明者，應由股東會議定，不得事後追認。」針對本條之規定有兩種不同之見解：一說為防止董事自肥之政策規定（以下稱政策規定說），另一說則為股東會之本質（以下稱本質說）。政策規定說主張報酬決定，乃屬於業務行為範疇，因此乃應由業務執行機關即董事會決定。惟董事會恐有自肥之嫌，因此將該權限劃分予股東會執行。參照本條文之立法理由，旨在避免董事利用其為公司經營者之地位與權利，恣意索取高額報酬，故不以董事會決議為足，而須將董事報酬委由章程與股東會決議定之，得證我國立法係採防止董事自肥之政策規定說。學者亦主張公司法規定董事報酬未經章程明訂者，應由股東會議定，此立法原意在於壓抑董事利用其經營者之地位對公司恣意索取高額之報酬，因此為了貫徹此依立法用意，股東會亦不得決議將報酬之決定委諸董事會訂

[1] 民法第528條之立法理由：「謹按本條為規定委任之意義，及委任契約之成立要件，因一方委託他方處理事務，他方允為處理，其委任契約，即為成立。至於有否報酬，學說聚訟，各國立法例亦不一致。有以有報酬之委任，祇能以僱傭、承攬、居間等契約論，非真正之委任者。本法則不問其受報酬與否，凡為他人處理事務者，皆視為委任也。」

之，否則該決議無效[2]。

三、惟依公司法第192條第4項規定，公司與董事間之關係，既然是
委任關係，且公司選任董事，必須經由股東會決議後，始由董
事長依該決議對被選任人發出委任契約要約，再經被選任人承
諾後，委任契約即成立，董事地位始發生。在實務運作上，則
均係事先締結附條件之委任契約，取得被選任人出任董事之承
諾書，經股東會選任決議通過後，該委任契約即生效。從民法
規定之委任契約法律關係得知，委任契約原則上為無償，不以報
酬的合意為契約的成立要件，但得經當事人雙方特別約定為有
償，因此在股東與董事之間之委任關係中，董事報酬之決定是董
事選任附隨事項，董事選任權在股東會，報酬決定權也應附隨選
任權，同時屬於股東會。股東依權限決定該委任契約之有償與否
與價格，此為委任契約之當然解釋。因此董事之任用權為股東會
之固有權限，而董事之報酬為委任契約內容之一部分，因此該董
事之報酬應由股東會決定本屬當然，因此應採股東會之本質說為
當。我國立法當時僅強調防止董事自肥之效果，卻忽略了僅有肯
認本質說，將董事報酬決定權交予股東會後，才能產生防止自肥
之效果，因此我國於公司法第196條立法時，僅強調了該附屬之
效用，忽略了本質說之立論基礎。董事之報酬，依公司法第174
條規定，係屬通常事項，即股東會僅須以普通決議方法為之，而
普通決議應由代表已發行股份總數過半數股東的出席，並以出席
股東表決權過半數的同意行之。報酬由股東會決議，結果雖產生
董事自肥防止效果，惟那僅為一種附屬效用，我國公司法立法時

---

[2] 柯芳枝，公司法論（下），三民書局，102年3月，修訂9版，頁293～294。

雖然特別強調該自肥防止之效果，惟並不意味著否定本質說之原理，如前所述。

四、採政策規定說之主張者認爲，擔任董事所擔負之法律及政策責任重大，應以有償委認爲原則。且考量公司法第199條明文規定，董事於任期屆滿前若無正當理由被解任，得請求損害賠償，而該損害賠償之範圍及數額大多以任期屆滿前董事得獲取之報酬爲上限。採本質說之見解，委任契約以無償性爲主，需特約後始變成有償。而且擔任董事之人，自具備一定之交涉能力，無庸如政策規定說之透過推定默示之方式認定其爲有償。惟不論採取有償或無償之見解，均認定報酬之請求權應有股東會之決議始發生，若股東會未有決議應給付董事報酬時，董事、監察人即不得請求報酬，我國實務亦採相同見解[3]。通常公司已有慣行報酬制度存在，因此董事就任時，若無意思表示不同意該報酬制度時，會被解釋爲默認該制度存在。

---

[3]　臺灣高等法院高雄分院94年度勞上字第14號判決：「…（二）查被上訴人公司章程第15條規定：「全體董事及監察人之報酬，應由股東會議定之，不論營業盈虧，得依同業通常水準支給之。」是被上訴人公司章程就董監事之報酬既有明訂，則有關董事長之報酬，即應依該章程規定，由股東會議定之。且上開公司章程規定並未就董監事報酬之給付與否及報酬金額分別規定，足見董監事報酬之給付與否及報酬金額，均應由股東會議定之，僅於股東會已議定應給付董事報酬時，其給付額度「得」參考同業通常水準支給之。故若股東會未有決議應給付董事報酬時，董監事即不得依被上訴人公司章程第15條後段規定請求報酬，否則，若謂董監事之報酬未經股東會議定之前，被上訴人得依同業通常水準支給報酬，不啻剝奪股東會之權限，且與該公司章程第15條前段之規定不符。」

董事報酬應經股東會決議，旨在防止董事自肥嗎？

要點！

• 同第44題。

參考條文

公司法第196條。

※相關問題：第44題。

說　明

一、如第44題所述，董事報酬應經股東會決議之立論有二者，一
　　為政策規定說，一為本質說，前者認定董事報酬交由股東會決
　　議，旨在防止董事自肥之目的，後者則依委任契約之本質認
　　定，董事報酬之決定是董事選任附隨事項，董事選任權在股東
　　會，報酬決定權亦屬股東會之權利。

二、若採政策規定說，堅持公司法第196之立法目的在於防止董事自
　　肥，未經股東會決議發放之董事報酬若未逾越合理之範圍，無自
　　肥之情事時，該行為應被解釋為有效。惟如此推理，即將動搖公
　　司法第196條之規定，該條之適用範圍將被限縮在於董事有自肥
　　之情事時，如此解釋亦非恰當。因此董事報酬應經股東會決議之
　　立論，應由本質說出發，該決定權本屬股東會之權限，無須區分
　　董事是否自肥之情形，而為不同之法律效果判斷，防止董事自肥
　　僅能說為本質說之附屬效果，而非真正之立法本質。

問題  股東會決議全體董事報酬之總額後，可否將個別董事之報酬交由董事會決定？

要點！

• 依本質說應採否定見解。

參考條文

公司法第192條、第196條，日本會社法第361條。

說　明

一、採政策規定說者認為，董事報酬之決定原屬業務行為範疇，為了防免自肥之危險性，因此將該決定權限交由股東會行使。惟股東會對於個別董事之能力不甚了解，針對個別董事判斷給與之報酬數額是否相當亦有困難，因此股東會只需決定董事報酬之最高額，將個別董事的報酬分配決定權，委任董事會或董事長判斷。

二、本質說則認定具有選任權限之股東會，針對任用之條件享有決定權。報酬之數額屬於任用之條件之一，因此亦應由股東會決定董事之個別報酬數額。因此，董事報酬之內容，如金額已確定時，其金額數；如金額未能確定時，金額具體算定方法；又如有金錢以外的報酬時，其具體內容與數量，均必須在股東會任用董事時決定之。惟我國公司法針對股東會議定之董事報酬內容為何，並無明文規定，實務上亦僅慨括說明，可由股東會決議，或於章程訂明全體董事及監察人之報酬，抑或授權由董事會議依同業通常水準支給議定之[1]。參考目前國內各個公開發行公司之公開說明書資料，董監酬勞只為總額之明示，而非個別針對個別董監為記載。惟依委任契約，報酬之數額須經雙方當事人為約定，似可參照日本會社法第361條，董事從公司獲取之財產上之給付，股東得透過股東會決議該財產上給付之數額，若無確定之數額時，該給付之算定方式，若非給付金錢時，其具體給付之

---

[1]　經濟部93年3月8日經商字第09302030870號：「公司章程經股東會決議，訂明全體董事及監察人之報酬，授權董事會議依同業通常水準支給議定，於法尚無不可，至其支給是否超乎同業標準，係屬具體個案認定，如有爭議，宜循司法途逕解決。」

　　內容爲何。董事若欲變更給付之算定方式或是給付之具體內容時，得於該股東會中提出並說明之，說服股東會變更其決定以達到避免董事自肥之現象[1]。

---

[1] 日本会社法第三百六十一条　取締役の報酬、賞与その他の職務執行の対価として株式会社から受ける財産上の利益（以下この章において「報酬等」という。）についての次に掲げる事項は、定款に当該事項を定めていないときは、株主総会の決議によって定める。
一　報酬等のうち額が確定しているものについては、その額
二　報酬等のうち額が確定していないものについては、その具体的な算定方法
三　報酬等のうち金銭でないものについては、その具体的な内容
前項第二号又は第三号に掲げる事項を定め、又はこれを改定する議案を株主総会に提出した取締役は、当該株主総会において、当該事項を相当とする理由を説明しなければならない。

問題 *47* 董事於任期中，其身份由常務董事改變爲董事，可否因此降低該董事之報酬？

要點！

- 依民法委任契約生效時報酬請求權即具體化，於任期中不可單方變更。

- 惟委任契約生效時，董事是否同意委任契約可單方變更，其意思之解釋爲關鍵。惟公司多已具有慣性報酬制度，若董事於就任時無另爲意思表示不適用或排除時，將被解釋爲默認。

參考條文

民法第528條。

※相關問題：第44題。

說　明

一、當董事與公司簽訂契約約定個別報酬後，報酬額就變成契約之
　　內容，同時拘束契約雙方（董事與公司）當事人。依民法之原
　　則，若要變更報酬之數額時，須經董事之事前同意才可變更。

二、惟董事任期中，因為職務之內容由常務董事變更為一般董事，公
　　司是否可以單方面降低該董事之報酬，甚有疑義。有主張認為董
　　事既同意於任期中變更職務，即同意報酬之變更，因為職務之內
　　容，本為報酬判斷之根據之一，因此當董事同意變更職務時，即
　　代表亦同意報酬之變更。惟該變更亦須以董事之同意為前提，因
　　此當董事於任期中變更其職務，公司若未獲得該董事之同意而單
　　方面的降低報酬時，為法所不允許。

三、董事之委任契約乃同時拘束契約雙方當事人，原則上未經董事之
　　同意不得任意減薪，本屬當然，惟董事於簽訂契約時，針對任期
　　中職務變更將導致報酬之變動之事由及慣例有所認知後，仍同意
　　就任，似可認定針對報酬之減少，該董事已有默示之同意，因此
　　公司單方面降低報酬似無不可[1]。

---

[1] 宮本明幸，取締役報酬の減額・不支給をめぐる問題点，立命館法政論集第1号，2003年，頁
　　332-333。

 問題 **48** # 公司發獎金或退職慰勞金予董事，是否須經股東會決議？

要點！

- 同44題，本質說採肯定見解。
- 應視獎金以及退職慰勞金之性質是否為董事勞務之對價而判斷之。

參考條文

勞動基準法第55條、第56條。

※相關問題：第44題。

說　明

一、公司法給獎金或退職慰勞金予董事，是否須經由股東會決定，應
　　視該獎金或退職慰勞金之性質而定。勞動基準法第55條及第56
　　條針對適用僱傭契約所受僱用之勞工，退休後得取得勞工退休
　　金，惟董事與公司間之法律關係適用委任之規定，非屬受僱用之
　　勞工，因此無法取得勞工退休金。實務上多數公司針對某層級以
　　上之高階主管，特別是委任身分者，設立退休辦法，並提列或提
　　撥退休金，該等退休金應稱為退職慰勞金。而該等退職慰勞金是
　　否應經股東會決定，應先分析其所屬性質。

二、董事之退職慰勞金性質，我國相關法法並無明文規定，參酌日本
　　法之相關見解，退職慰勞金係指董事執行職務之對價延後支付之
　　意思，因此本質上與董事報酬一樣，應於公司章程訂明且經股東
　　會決議，否則不發生退職慰勞金之請求權。因此，董事退職慰勞
　　金之有無或相當性判斷，是交由股東會認定之。又如果公司之章
　　程或內規未規定董事之退職慰勞金，股東會考量該董事為公司付
　　出的辛勞及公司之營運狀況後，決議例外支付予該董事退職慰勞
　　金亦無不可[1]。

---

[1]　西尾幸夫，退職慰労金と総会決議，立命館法6号（304　），2005年，頁204-205。

問題 49　未經章程規定及股東會決議，董事長自行決定發給董事報酬，效力如何？

要點！

- 肯定說之見解，認定該發放之報酬無自肥之現象應解釋為有效，有自肥現象時超額部分係無權行為，以無權代理認定其效力。惟公司無法事後追認，因此應自始無效。董事或可主張表見代理，但該董事因屬內部人，其善意應無法成立。
- 反對說則應解釋董事長之發放是無權行為，自始無效

參考條文

公司法第196條，民法第169條、第170條。

※ 相關問題：第44題、第50題。

說 明

一、從政策規定說與本質說兩說之立法目的得知，政策規定說主張報酬決定乃屬於業務行爲範疇，因此乃應由業務執行機關即董事會決定，惟董事會恐有自肥之嫌，因此將該權限劃分予股東會執行。據此推論，當發放之報酬無自肥之情狀時，該發放行爲應解釋爲有效，惟有自肥超額發放報酬事由時，超額部分則論以無權代理，依民法第170條須本人承認始對本人生效，但因公司無法追認，自始無效。若董事主張民法第169條表見代理，董事屬於公司之內部人，其善意無法成立。且該說之立論將造成每次發放董事報酬時，都重新判斷該行爲是否有自肥之情狀，造成效力分歧之可能性，且是否自肥之判斷本屬不易，在實務上若一一針對發放報酬之行爲爲判斷亦屬不可能。

二、若採本質說，不論公司發放的報酬有無自肥之情狀，只要未經股東會決議者，均屬自始無效。因此本次修法新增「不得事後追認」，在政策規定說乃意在排除無權代理事後追認之制度，以防公司法第196條規定成具文，在本質說則是當然規定。

問題 50　未經章程規定及股東會決議，董事長自行決定發給董事報酬，公司可否事後追認之？

要點！

- 公司法第196條明文規定不得事後追認。
- 惟此條文之規定對肯定說與反對說之意義不同。前者是意在排除無權代理追認之制度以防止196條規定成具文，後者則屬當然規定。

參考條文

公司法第196條，民法第169條、第170條。

※相關問題：第44題、第49題。

說 明

一、董事除報酬之外，從公司獲取其他財產上的給付，如獎金、慰勞金等，是否必須適用公司法第196條規定，素有爭議。因該條文僅規定報酬一項，未提及其他給付，該條文爲特定規定抑或列舉規定，勢必引發爭論。依第196條之立法精神，若採取政策規定說，凡是董事由公司受領之各項給付，舉凡有自肥之慮，一律適用該條文規定，或是類推適用之，以資保護公司。惟公司對於董事之財產上給付，是否應一概而論，實有疑義。本質說主張應針對各種給付性質之分析，若該獎金或慰勞金之性質，爲董事勞務之對價者，則屬於第196條規定之範圍，始須經股東會決議。

二、上述二說，其最大之分歧點，在於當發放之報酬無自肥之情狀時，依政策規定說應解釋爲有效，有自肥超額發放報酬事由時，超額部分則論以無權代理，依民法第170條須本人承認始對本人生效，但因公司法第196條規定公司無法事後追認，故其結果爲自始無效；縱使董事欲主張適用民法第169條之表見代理，由於董事屬於公司之內部人，其善意自無法成立，且該說之立論將造成每次發放董事報酬時，都重新判斷該行爲是否有自肥之情狀，造成效力分歧之可能性，且是否自肥之判斷本屬不易，在實務上若一一針對發放報酬之行爲爲判斷亦屬不可能。若採本質說，不論公司發放的報酬有無自肥之情狀，只要未經股東會決議者，均屬自始無效。因此本次修法所新增「不得事後追認」規定，從政策規定說的觀點來看，係立法者意在排除無權代理事後追認制度之適用，以防止第196條規定形同具文；如以本質說立場而言，未經股東會決議本及無效，「不得事後追認」乃是當然規定。

問題 *51* 董事身兼經理職務時，其報酬僅限於董事報酬，或是包括經理之報酬亦可請求？

要點！

- 董事與經理與公司間簽定之契約不同，前者為自委任契約，後者為僱傭契約，董事身兼經理職務時兩種契約均存在，雙重身分身負雙重職責，故報酬也應兩份才是合理。
- 兩種報酬決定權之歸屬機關不同，董事報酬決定權屬股東會，經理報酬決定權，乃業務執行權之一部分，屬於董事會職權。

參考條文

公司法第196條。

※相關問題：第44題。

說　明

一、公司董事同時兼任經理時，此時董事兼有二種身分：一是公司業務執行機關之構成員，另一是業務執行補助者之使用人身分。前者係基於委任契約，後者雇用契約（經理與公司之間謂委任關係是我國通說，惟經裡不得兼職，全天候效力公司，已及必定有償等性質關之，以僱傭關係視之似較為妥當），二者性質迥異。因此，基於該雙重身分，該董事兼職所付出雙重勞務及責任，得到雙重之報酬本屬當然。又依雙重身分及契約關係，本於董事身分之報酬決定權屬於股東會，本於經理身分之報酬決定權，則屬於董事會之業務執行權一部分。

二、惟經理身分之薪資金額多寡，交由董事會或董事長來決定時，其自肥之危險性相對提高。多數主張應適用公司法第196條之規定，將該報酬之決定權交由股東會；惟經理人之薪資係本於僱傭契約，為服勞務之對價，該報酬決定權本屬於雇用人，即董事會之專權，與董事任用無關，因此當然不涉及股東會決議之問題。在避免自肥之考量下，多數見解主張將董事報酬與兼職之職務分開個別的處理，並把公司內部員工（使用人）薪資制度加以健全化，即得以解決董事兼職自肥問題。

問題 *52* 董事經營判斷錯誤應負怎麼樣的責任？

要點！

- 經營判斷錯誤失敗並非一定要負責任，有無責任必須再經過經營判斷原則判斷而定。

- 經營判斷法則：公司負責人在經營公司時，若已經盡善良管理人之注意義務，惟因經營判斷錯誤，事後公司雖然發生損失，則仍不可反推公司負責人未盡其善良管理人之注意義務，要求其損害賠償。據此我國法院在判斷公司負責人所為之營業行為是否符合「經營判斷法則」，似可採取與美國法院相同之營業標準，即：①限於經營決定；②不具個人利害關係且獨立判斷；③盡注意義務；④善意；⑤未濫用裁量權。若公司負責人為經營行為當時若具備此五項經營判斷法則，則可推定其具善良管理人之注意義務，而無庸對公司及股東負損害賠償責任。

- 善良管理人注意義務：即指公司負責人必須以合理的技能水準、合理的謹慎和注意程度去處理公司事務。又被稱為「技能義務、勤勉注意義務。」，即公司負責人必須扮演稱職的執行機關角色，同時執行職務時，應本於善意，並盡相當之注意，以避免造成公司之損害。

參考條文

公司法第23條，民法第535條。

※相關問題：第53題至第58題。

說　明

一、按公司法第23條第1項規定：「公司負責人應忠實執行業務並盡
　　善良管理人之注意義務，如有違反致公司受有損害者，負損害賠
　　償責任。」，而公司負責人不論是董事、經理人（總經理）與係
　　受公司委任處理事務，且大多支領報酬或「車馬費」是屬有償委
　　任，依民法第535條規定，公司負責人處理公司事務本應負善良
　　管理人注意義務，參考比較日本會社法第254條第3項亦可作相
　　同之推論。

二、我公司法第23條第1項規定及日本會社法之前開規定，均係源自
　　英、美法上之fiduciary duty，即一般所稱之忠誠義務。英、美
　　法上之忠誠義務又可細分為三大類即注意義務、狹義忠誠義務
　　及其他義務。注意義務約當於我國法上之「善良管理人注意義
　　務」，即指公司負責人必須以合理的技能水準、合理的謹慎和
　　注意程度去處理公司事務，又被稱為「技能義務、勤勉注意義
　　務」，即公司負責人必須扮演稱職的執行機關角色，同時在執
　　行職務時，應本於善意，並盡相當之注意，以避免造成公司之損
　　害。其重要內涵即為──董事須以一個合理的謹慎的人在相類似
　　的情形下，所應表現出的謹慎、勤勉與技能以履行其職務。因
　　此，公司負責人在無其他忠實義務或其他相關法令之違反，而已
　　盡其應有之注意義務，公司負責人之判斷縱然有錯誤或結果，未
　　如預期，公司負責人之經營判斷行為，仍屬「經營判斷原則」
　　下合理行為，無庸就其經營管理行為，對公司負損害賠償之責
　　（依我國法上可認係已盡善良管理人之注意義務）。狹義忠誠義
　　務又可稱「信賴義務」，約可比擬於我國公司法上之「忠實執
　　行業務之義務」，係指公司董事於執行業務時，應盡最大之能

力，忠誠且積極地爲公司謀取之商業利益，不得違背公司及股東對其之信任，亦不得將自己的利益，置於公司利益之上，或利用機會而圖自己之利益。學者劉連煜教授認爲此一義務，是指公司董事在處理公司事務時，必須出自爲公司最佳利益之信念而爲，不得圖謀自己與第三人利益。而在英、美法上，公司負責人與公司及股東間關係，被認爲是一種信託關係，已如前述，故公司負責人面對公司利益與自身利益發生衝突情形時，基於信託關係的存在，公司負責人必須「忠實」於公司，應以公司利益爲優先考量。換言之，當公司負責人自身與公司間發生利益衝突時，公司負責人不得違背其受信託人即公司或股東等所加諸法律上及倫理上等義務，而應以避免公司受有損害爲優先。

三、又公司負責人在經營公司時，若已經盡善良管理人之注意義務，惟因經營判斷錯誤，事後公司雖然發生損失，則仍不可反推公司負責人未盡其善良管理人之注意義務，此即英、美法所謂「經營判斷原則」（business judgment rule）。故經營判斷法則並非董事之行爲標準，係司法機關審查董事行爲（依我國法論，即司法機關判斷公司負責人是否負善良管理人注意義務）之基準，並藉此避免事後重加評斷公司負責人之當初所爲經營決定。據此，我國法院在判斷公司負責人所爲之營業行爲是否符合「經營判斷法則」，似可採取與美國法院相同之營業標準，即：①限於經營決定；②不具個人利害關係且獨立判斷；③盡注意義務；④善意；⑤未濫用裁量權。若公司負責人爲經營行爲當時若具備此五項經營判斷法則，則可推定其具善良管理人之注意義務，而無庸對公司及股東負損害賠償責任（參照臺灣臺北地方法院93年重訴字第144號民事判決）。

為救濟經營不善之公司，董事對其融資或交易的責任如何？

要點！

- 為救濟經營不善之公司對其融資是屬於董事經營判斷之事項，責任發生與否係以經營判斷原則適用判斷。
- 經營判斷原則之適用，應對行為當時之狀況，合理的進行情報收集、調查，檢討等。該情況對董事所要求之能力水準，有無不合理的判斷以及善管注意義務之違反，此謂經營判斷原則。
- 經營不善之公司要否給予救濟，端視該公司之回復條件，對造融資資金回收之危險率以及公司經營商品供銷之安定性之綜合考量。
- 追加融資的判斷。
- 董事是否應負責任之判斷。

參考條文

公司法第15條、第23條。

※相關問題：第52題。

說　明

一、公司法第15條規定公司之資金，原則上不得貸與股東或任何人，除非屬於例外情形，例外允許的情形有兩種：第一種情形是公司與行號間有業務往來者，第二種情形公司間或行號間有短期融通資金之必要，但融通資金不得超過貸與企業淨值之百分之四十。今董事將公司之資金貸與經營不善之公司，如符合第15條第1項規定之例外情形，依法自是允許。由於董事就公司而言，在其執行職務範圍內為負責人，依公司法第23條規定，公司負責人對公司負有「善良管理人之注意義務」，本題所述為救濟經營不善之公司，對其融資是屬於董事經營判斷之事項，責任發生與否仍以經營判斷原則之適用來判斷。

二、經營判斷原則之適用，應對行為當時之狀況，合理的進行情報收集、調查、檢討等。該情況對董事所要求之能力水準，有無不合理的判斷以及善管注意義務之違反。經營不善之公司要否給予救濟，端視該公司之回復條件，對造融資資金回收之危險率以及公司經營商品供銷之安定性之綜合考量。假如董事貸與資金時，已可預見該借貸公司日後無資力可償還，卻仍借貸，因此造成公司之損害，則應已違反經營判斷原則，董事須對公司負損害賠償責任。至於交易部分亦須以經營判斷原則判斷，若經營不善之公司係製造商品，董事為救該經營不善公司，於是與之交易，在取得商品後再支付金錢，對公司而言並無損失可言，自無不可，惟若經營不善之公司係向公司買賣商品，公司交付商品後，經營不善之公司卻無法支付金錢，而此風險在交易前，董事即已預見，卻仍為此交易之決策，自有違反善良管理人之注意義務，對公司應負損害賠償責任。

三、如屬於追加融資情況，由於追加融資時，原先融資之債權，已是
　　不良債權或即將成為不良債權。追加融資之用途，一般是充當運
　　轉資金或對其他人借貸之返還之使用方式為多，也可是將追加融
　　資是拿來隱瞞已發生不良債權，並非救濟應急，其結果是徒增不
　　良債權而已。因此在作追加融資的判斷時，應有比起初之融資更
　　加愼重判斷之必要。

四、綜合上述，董事是否應負責任，係適用經營判斷原則來判斷。假
　　如不再追加融資對方公司必定倒產，勢必導致自己公司也連帶倒
　　產，這種情形下，董事判斷決定繼續融通，其結果也失敗時，董
　　事不用負責，實例發生過。反之，對方經營惡化已無救濟之地
　　步，董事未予明察，即逕自決定繼續給予融資，結果該公司倒
　　產，而造成本公司巨大損失，被追究責任之案例甚多。

支援經營危機之子公司，董事的責任如何？

要點！

- 對經營危機之子公司之支援，也是經營判斷原則適用之事例。
- 對子公司支援之判斷：①以母公司之利益優先考量，②合理範圍內的判斷，董事可免負責任。
- 可參考日本福岡高判昭和55年10月8日判例。

參考條文

公司法第15條、第23條。

※相關問題：第52題。

說　明

一、公司負責人與公司間屬於委任關係，雖有民法第535條規定之適用，但仍不足以表示公司負責人與公司間法律關係，因此公司法第23條第1項規定了公司負責人有兩大義務－「忠實義務」與「善良管理人之注意義務」，如違反任一義務致公司受有損害，對公司負損害賠償之責。「忠實義務」是指公司負責人必須拋棄自己之私，以公司最大利益來處理公司事務，做出對公司而言最為公正且誠實的判斷，其具體之判斷是以經營判斷原則之適用。「注意義務」是要求公司負責人在做決定時應以社會一般誠實勤勉而有相當經驗之人所應具備之善良管理注意義務，審慎評估。

二、支援經營危機之子公司為公司業務經營決策之一部分，因子公司係由母公司所投資，若子公司倒閉則母公司亦會受其牽連，故兩者雖為不同法人格，但事實上有不可分割之一體性，故母公司董事對發生經營危機之子公司為支援決定時，應有較大之裁量空間，然必須仍需符合上述經營判斷原則。本題中，對子公司支援之判斷，以①以母公司之利益優先考量，及②是否為合理範圍內的判斷，如是，董事可免負責任。

三、在日本福岡魚市場案件之判決，法院判決要旨為「倘使公司再失敗，融資債權無法回收，當該董事行為是本著母公司利益，而繼續予以融資，沒有適時切斷之判斷，是在企業人的合理判斷選擇範圍內，該董事並沒有違反忠實義務。」換言之，董事之判斷：①是為母公司利益著想，並非為子公司或其他第三人之利益，②其融資判斷之選擇是在合理範圍內之要件下，即可免責。

股市投機或公司資金亂用發生虧損之董事責任？

要點！

- 股市投資屬於資金運用行為，本身並非違法。
- 股市投資之資金運用，其風險遠比一般交易高，較易造成公司之損失，故董事責任之判斷當然較比嚴格。
- 董事為圖自己利益利用公司財產從事投資股市或其他金融運轉時也會觸及刑事責任之可能。
- 公司為股市投資或投機之行為，首先應當注意公司法第13條之限制規定，在該條文限制下，公司從事投資投機行為是被允許的。
- 此等行為成功時，帶來公司巨大收益，失敗時導致公司巨額之損失，因此投資行為是公司重要業務之一，必須獲有董事會之決議方可為之。
- 此行為失敗時，董事責任的構成，為業務執行之一種，故適用經營判斷原則，以違反善管及忠實義務為基礎。
- 刑責有侵占或背信罪構成之可能。

參考條文

公司法第13條、第23條。

※相關問題：第52題。

說　明

一、公司得予以轉投資，但有限制除以投資為專業或章程另有規定或經公司法第13條第1項各款之規定[1]外，不得超過實收資本之百分之四十。股票投資與資金運用屬於公司轉投資之一種，並無禁止，但董事執行公司之業務，需盡善良管理人之注意義務與忠實義務。

二、股市投資風險高，尤其金額鉅大時更需謹慎判斷，此等行為成功時，帶來公司巨大收益，失敗時導致公司巨額之損失，因此投資行為是公司重要業務之一，必須獲有董事會之決議方可為之。如該轉投資為公司重要業務時，自不宜由董事長一人自行決定，若經董事會決議甚至經股東會決議通過後，自然較為妥適。但若因時間急迫，需要董事長馬上做決定時，則董事長在為判斷時須拋棄一己之私（包括自己或第三人之利益），以公司最大利益為出發點作最公正且誠實的判斷，並善盡注意義務，如此縱使造成公司損害，亦有經營判斷法則之適用。

三、此行為失敗時，董事責任的構成，為業務執行之一種，故適用經營判斷原則，以善良管理注意義務及忠實義務為基礎。若有違反時，則有構成侵占或背信罪刑責之可能。

---

[1] 公司法第13條第1項規定「公司不得為他公司無限責任股東或合夥事業之合夥人；如為他公司有限責任股東時，其所有投資總額，除以投資為專業或公司章程另有規定或經依左列各款規定，取得股東同意或股東會決議者外，不得超過本公司實收股本百分之四十：
一、無限公司、兩合公司經全體無限責任股東同意。
二、有限公司經全體股東同意。
三、股份有限公司經代表已發行股份總數三分之二以上股東出席，以出席股東表決權過半數同意之股東會決議。……」。

問題 56　亂用交際費之董事責任如何？

要點！

- 交際費係公司爲執行業務之人，因業務有關之目的而支出之費用，因此不同於薪資或獎金之性質。
- 董事超越許可或合理範圍，交際費亂用時，應負損害賠償責任。
- 交際費不該當之費用：1.超越法定之健康檢查、醫療補助及療養或生育補助等（以下以日本所常用之福利厚生費稱之）；2.廣告宣傳費；3.會議費；4.採訪費用（日本則稱爲取材費）。
- 交際費稅法上的處理。
- 董事亂花用交際費的責任。

參考條文

　　公司法第13條、第23條，所得稅法第37條。

※相關問題：第52題。

說　明

一、交際費係公司為執行業務之人，因業務有關之目的而支出之費用，因此不同於薪資或獎金之性質，而有經營判斷法則之適用。董事負責公司業務之執行，在其權限與責任範圍內，某程度的交際費支出是被允許的。原則上，交際費之使用受公司預算限制，如公司預算未定限額時，應依公司之規模、資本、營業額等參考（所得稅法§37I）在合理範圍內支出。

二、若交際費之花用，係為達成某種商業目的，且手段與目的間係合乎比例原則，董事在為此種交際手段前所為之判斷，具有獨立性，且不為個人利害關係或圖利他人，並善盡善良管理注意義務及忠實義務，則符合經營判斷法則，字不需負責任。惟董事花用交際費超越許可或合理範圍，造成亂用時，應負損害賠償責任。

三、交際費之支用，首重其用途，必需與業務有關，亦即使用該筆費用的目的，在於公司業務之執行，例如為順利爭取客戶訂單或相關原、物料或貨源，而依商業習慣須招待客戶或供應商，用餐、參訪或致贈紀念品等費用支出，均屬之。至於其他如：①福利厚生費；②廣告宣傳費；③會議費；④採訪費用等名目支付之費用，即屬不該當之費用。次查其支用額度，通常依遵守董事會所訂之公司內部規範標準或年度預算限額，逾此數額之花費，應經董事會之決議同意後，始得動支。

四、由於交際費非直接用於生產或交易活動中，常有虛浮濫用之情事，在稅法上常有較嚴謹之規範，除依規定取有憑證，並經查明與業務有關者外，且依進貨、銷貨性質或行業特性，設定其全

年最高總額標準（參考所得稅法第37條第1項及營利事業所得稅查核準則第80條規定），逾此限額者不得認列為當年度之費用或損失，而遭稅捐稽徵機關之剔除，企業因應稅所得額增加而需增繳營利事業所得稅（但公司之財務報表仍認列為費用或損失）。故當董事亂花用交際費，如需負損害賠償責任時，除其不當使用之交際費外，並應加計公司因而增納之營利事業所得稅額。

 公司已虧損之事業，董事仍
持續經營，是否應負責任？

要點！

- 已發生虧損（紅字）事業是否該繼續經營，屬於經營判斷原則適用事例之一。
- 判斷不合理，以及繼續經營時不用心、散漫之經營者，即違反善良管理人注意義務以及忠實義務，就該負責任。

參考條文

公司法第23條。

※相關問題：第52題。

說　明

一、虧損事業是否該繼續經營，是屬於公司業務執行之範疇，故為經
　　營判斷原則適用案例之一。就其本質而言，經營判斷法則是屬於
　　一種「推定」，如未能舉證相關事證來推翻此項推定以前，對於
　　經營者的經營判斷予以尊重，避免於事後審究公司經營者的責
　　任。

二、如果虧損事業經公司經營者在充分資訊的基礎下，本於善良管理
　　以及忠實，確信繼續經營該虧損公司是符合公司最佳利益的立場
　　下所做出之決策，判斷日後將會為公司帶來利益，董事不會因為
　　該經營決策負損害賠償責任。惟如判斷不合理或有私利造成公司
　　受有損害者，經營者即違反善良管理人之注意義務，應負賠償責
　　任。

三、另外，董事在決定繼續經營虧損事業時，縱使其決策符合經營判
　　斷原則，而不須追究其責任，但是決定繼續經營該事業後，卻散
　　漫而不用心經營，即違反善良管理人注意義務以及忠實義務，仍
　　應就其經營所發生之公司損失負責任。

新創事業失利時，董事之責任如何？

要點！

- 新創事業要否進步，也是經營判斷法則適用的範圍。
- 董事在事前充分調查，採適當手續作合理的判斷，並經由董事會決議，即使失敗也不必負責。

參考條文

　　公司法第13條、第23條。

※相關問題：第52題。

說　明

一、新創事業要否成功，也是經營判斷原則適用之案例之一，藉由經營判斷法則，公司經營者所做出的經營決策，將被「推定」係在享有充分資訊的基礎上，基於善良管理及忠實，確信該行為符合公司最佳利益的立場下所做出的決策。因此，公司董事在無其他忠實義務或其他相關法令之違反，而已盡其應有之注意義務，公司董事之判斷，縱然事後證實有錯誤或結果未如預期，公司董事之經營判斷行為仍屬「經營判斷原則」下之合理行為，無庸就其經營管理行為對公司負損害賠償之責（依我國法上可認係已盡善良管理人之注意義務）。

二、故公司董事在經營公司時，若已經盡善良管理人之注意義務，惟因經營判斷錯誤，事後新創事業雖然失敗，則仍不可反推公司董事未盡其善良管理人之注意義務，亦即公司董事已於事前充分調查，收集資訊，諮詢專家，並為合理判斷且經董事會討論決議，即便新創事業之結果是失敗的，公司董事也無須負起賠償之責任。

問題 **59** 董事會決議超額分配盈餘，董事應負何種責任？

要點！

- 公司無盈餘時，不得分派股息及紅利；公司有盈餘時，須先彌補虧損並依公司法規定提撥法定盈餘公積後，始得分派股息及紅利。

- 公司違法分派股息及紅利時，公司之債權人得代位請求退還，並請求違法之董事賠償公司因此所受之損害。

- 董事違法分派股息或紅利時，除應負刑事責任外，民事部分其分派無效，股東應依不當得利之法律規定返還其所得；董事亦應與股東負連帶返還責任，此一返還責任應解為無過失責任。

參考條文

　　公司法第15條、第148條、第232條、第233條，民法第179條。

※相關問題：第98題。

說 明

一、按公司法第232條第1項及第2項規定，公司非彌補虧損及依本法
規定提出法定盈餘公積後，不得分派股息及紅利；公司無盈餘
時，不得分派股息及紅利。蓋公司無盈餘而強行分派股息及紅
利，其財源必出自公司之資本，形同公司將資本發還給股東，造
成公司資本空虛，這是股份有限公司最為禁忌之事，必須嚴格
禁絕。另外，公司縱有盈餘也不能馬上分派，必須優先彌補虧
損，提出法定盈餘公積後，才能分派股息及紅利。唯有如此，才
能確保公司資本之充實。

二、違反前述規定而分派股息及紅利時，其效力如何？公司法並未明
定，僅提及公司之債權人得請求退還（公司法§233）。無盈餘
之違法分派，是股份有限公司特質所不能容許之事，分派絕對無
效，是目前一致之見解。既然分派無效，則股東所領取之股息及
紅利，乃成為不當得利之所得，應負返還公司之義務，公司亦
有請求返還之權利。惟就實際狀況而論，公司既然存心違法分
派，要公司自己請求股東返還其不當得利，執行上恐有不便或不
為之虞。為確保公司資金充足，我國公司法第233條乃明文授與
債權人代位請求權，此乃因債權人對公司資本是否充實具有深切
之利害關係，因而立法授與代位請求權，使其得向股東請求返還
不當得利（民法§179），使公司資本恢復原狀。

三、違法分派股息及紅利之董事責任如何？刑事責任方面，依公司法
第232條第3項，得處一年以下有期徒刑、拘役或科或併科新臺
幣6萬元以下罰金。至於民事責任如何？公司法隻字未提。惟綜
觀外國學說或立法，均課以董事應與股東負連帶返還之責任，該

返還責任又都解為無過失責任。蓋就公司資本充實原則而論，我國公司法第148條對於未認足之第一次股份及已認而未繳股款者，均課以發起人連帶認繳義務，立法者乃以連帶責任為手段，藉以確保公司資本之充足。再者，若將違法分派股息及紅利與違法貸款相較，一是公司資本發還，一是公司資金貸放，前者較後者對公司更不利，至為顯然。

四、公司法第15條，除嚴禁違法貸款外，對於違法貸款之公司負責人，則明文規定應與借用人連帶負返還責任，且如公司受有損害，亦應由其負損害賠償責任。因此，董事若違法將公司資金貸與股東或他人，按前開規定，應與借用人連帶負返還責任，此之責任，按通說見解為無過失責任。舉輕以明重，則違法分派股息及紅利之董事，亦應同樣負起無過失責任。綜上，由公司發起人連帶認繳義務之立法目的，以及違法貸款與違法分派股利之制度衡平考量，對於違法分派股利之董事，課以無過失之連帶返還責任，應屬當然。

問題 *60* 公司違法將資金貸與董事，參與決議之董事應負何種責任？

要點！

- 公司資金除有特別規定之情形外，不得貸與股東或任何他人。蓋公司之資金貸出後，除無積極利益外，亦迫使公司承受資金回收困難之高風險，因此公司法作嚴禁規定，縱有董事會或股東會同意，也不容許。

- 董事若違反此一規定，應與借用人負連帶返還責任，如公司受有損害者，亦應由其負損害賠償責任。此處董事所負連帶返還責任，是一種無過失責任；至於對公司之損害賠償責任，則是過失責任，此為現時通說之見解。

- 貸款行為是業務執行之一，屬於董事會權限。董事之責任，乃源自於董事參與違法決議之積極作為，或對違法貸款應為阻止而不阻止之消極不作為。

參考條文

公司法第13條、第15條、第16條，民法第179條。

說　明

一、我國公司法於55年修訂以前，並未對公司資金借貸加以限制，
　　但為防止公司任意將資金貸與他人，影響公司資本結構，乃於
　　公司法第15條第2項增訂「公司之資金，不得借貸與其股東或
　　其他個人」之限制。79年再修正為「公司之資金，除因公司
　　間業務交易行為有融通資金之必要者外，不得貸與股東或任何
　　他人。」其立法意旨，在使公司之資金能於正常經營範圍內運
　　用，防止公司資金遭不當運用，故公司資金應按其章程所載之目
　　的事業範圍，就其營業有關事項運用，不得以與營業無關之目
　　的，任意借貸與股東或其他個人[1]。79年至90年間，公司負責人
　　若違法將資金貸與股東或他人，除民事損害賠償責任外，尚有一
　　年以下有期徒刑、拘役或罰金之刑事責任。惟公司資金調度屬
　　業務執行範圍，法律直接強制禁止介入公司經營是否恰當，學
　　者屢有批評，認為公司負責人若違法將公司資金貸與股東或他
　　人時，如觸犯刑法，可依刑法規定處罰，無庸另為特別刑責規
　　定。因此，90年11月12日修正公司法時，乃刪除刑事責任之規
　　定，並增定「公司負責人違反前項規定時，應與借用人連帶負返
　　還責任」。

二、公司資金違法貸放，其法律效果如何？有有效說及無效說兩種對
　　立之論點。有效說認為，為維持交易安全，應該認為借貸契約仍
　　有效成立，僅依公司法第第15條第2項規定，由公司負責人與借
　　用人連帶負返還責任；如公司受有損害者，亦應由其負損害賠償

---

[1]　最高法院91年度台上字第119號判決。

責任。無效說則認為本條係效力規定，違法之借貸契約（包含短期融通金額超過淨值40%）應為無效；此時，借貸契約既為無效，則公司應依不當得利（民法§179）之法律關係請求借用人返還借款，目前係以無效說為通說[2]。

三、我國實務判決多數認為，公司若違反公司法第15條對於公司資金借貸之限制規定，其借貸行為並不因此而無效，例如：

（一）最高法院97年度台上字第1030號判決：「按公司法第十五條第一項規定：公司之資金，除因公司間業務交易行為有融通資金之必要者外，不得貸與股東或任何他人。此規定係為保護公司及股東利益，非屬強制禁止規定，違反者尚非無效，僅公司負責人應依同條第二項規定，與借用人連帶負返還責任，及賠償公司損害而已。」

（二）最高法院90年度台上字第1138號判決：「被上訴人貸與上訴人借款之行為，固違反公司法第15條第2、3項規定，惟此僅係公司負責人應負刑事責任問題，尚難謂該行為係屬無效。」

（三）臺灣高等法院89年度上字第20號判決：「公司法第15條第2項規定僅對於公司之貸款加以條件之限制，即不得貸與股東或任何他人，此項規定應為取締規定，而非效力規定，就維護交易安全，違反之並非無效，僅公司負責人應依同法第三項對公司賠償損害及負刑責而已。」

（四）臺北地方法院94年度簡上更（一）字第2號判決：「被上

訴人之行為，固然違反兩造行為時公司法第15條第2項：
『公司之資金，除因公司間業務交易行為有融通資金之
必要者外，不得貸與股東或任何他人』之規定，但此規
定係為保護公司及股東利益，故應解釋非強制禁止規
定，公司違反上開規定貸借資金，僅係公司負責人需依
修正前公司法第15條第3項之規定賠償公司損害且有相關
刑罰之規定，其借貸契約仍非無效。」

綜觀上述實務判決，我國法院似乎不斷強調，公司法第15條第
1項之規定係為保護公司及股東利益而設，並未違反公序良俗，
故應解為取締規定而非效力規定，因此在法律上非屬強制禁止規
定，違反者尚非無效[3]，至於為何作此解釋，則未見進一步之論
述。

四、本書認為，公司法第15條第1項關於公司資金貸與之限制，若認
為係取締規定而非效力規定，則當事人間之消費借貸契約仍然
有效，借用人僅須依契約約定之還款期限，返還其借貸金額即
可，如此解釋，對於公司資本充實之保障，顯有不足。按公司為
法人，享有權利能力，惟因法人並無自然人之自然實體，故其權

---

[3] 少數判決曾有無效之見解，例如：臺灣高等法院96年度重上字第198號判決：「按股份有限公
司基於資本維持原則，乃規定公司不得任意為借貸行為及保證行為，而公司負責人任意為借
貸行為，其對公司所造成之損害自較公司負責人任意為保證行為嚴重，故公司法第15條第2項
未有如公司法第16條規定公司負責人違反前項規定時應自負保證責任，而係規定公司之資金
除所列舉之情形外，不得貸與股東或任何他人，故90年11月12日修正公布之公司法第15條第
2項規定增訂公司負責人違反規定時，應與借用人連帶負返還責任。○○公司依上開規定，不
得將公司資金貸與股東或任何他人，若有違反，依民法第71條規定亦屬無效行為。」惟案件
經上訴後未獲最高法院維持該見解，參閱其後之各審判決：最高法院97年度台上字第1815號
判決、臺灣高等法院98年度重上更（二）字第135號判決、最高法院101年度台上字第414號判
決。

利能力在性質上應受限制，例如以生命、身體、性別、年齡及親屬關係爲前提之權利義務，公司不得享受，亦無須負擔。另外，立法者基於政策考量，亦得對公司之權利能力加以限制，例如轉投資之限制（公司法§13I）、貸放款項之限制（公司法§15I）及爲保證人之限制（公司法§16I）。公司逾越法定權利能力之行爲，按我國通說，除爲保障交易安全，例外承認單純違反轉投資上限規定而未涉及「不得爲他公司無限責任股東與合夥事業合夥人」之行爲有效外，其餘均不生效力，亦無補正之可能[4]。

五、公司違法將資金貸與董事，本質上係公司經營者藉由經營公司之權，以經營者自我交易之型態，間接達到掏空公司資產之行爲。因爲董事若能提供足夠之擔保，則其可向任何人借貸款項，而無庸向公司舉債；反之，若董事無法提供足夠擔保，則其向公司取得資金，即無異於掏空公司資產。此種狀況，縱於未採公司權利能力理論之國家，亦屬立法嚴格禁止之事項，例如美國於恩隆案後通過之沙班法案（Sarbanes-Oxley Act 2002）及英國公司法（the CA 2006），均嚴格禁止公司貸款給董事[5]。

六、綜上所述，公司違法將資金貸與董事，係各國法律嚴格禁止之行爲，就我國公司法體系而言，屬無權利能力之行爲，其法律行爲不成立，當然不生法律上之效力。此際，由於資金貸與無效，使得借用人之所得成爲不當得利，從而應負無過失之返還責任；公司負責人因此所負之連帶返還責任，亦是與借用人相同的無過失

---

[4] 柯芳枝，公司法論（上），三民書局，102年1月，修訂9版，頁22-28。

[5] 曾宛如，公司法制基礎理論之再建構，承法數位文化，101年11月，2版一刷，頁48-57。

責任。至於公司如受有損害時，公司負責人對公司應負之損害賠償責任，則仍採過失責任。另外，資金貸與是業務執行行為之一種，屬於董事會權限，董事會為會議體，採多數決決議，董事之所以須對違法貸款負責，乃出自於董事之不當決議參與，或對違法貸款應為阻止而不為之責任。

董事洩露公司業務機密，應負何種責任？

問題 **61**

要點！

- 董事參與公司業務執行，因其地位而獲知公司之內部情報或營業機密，應有保守秘密之義務。董事如洩漏情報或秘密，致公司受有損害時，應負賠償責任。

- 董事退任後，依營業秘密法規定，也同樣負有保守秘密之義務，但並無任何競業禁止之規定。惟因競業禁止具有防止洩露營業秘密之附帶效果，一般均於董事在職中即簽訂離職後保密條款或契約。

- 除上述一般責任外，董事也會因違反營業秘密法而應負責任。構成營業秘密的要件有三，包括非公知性、有用性及秘密管理性。

參考條文

公司法第23條，營業秘密法第2條、第10條。

※相關問題：第32題、第62題。

說　明

一、董事為公司處理事務時，除負有善良管理人之注意義務外，必須全心為公司之利益行事，不得犧牲公司之利益，而圖謀個人或第三人之私利，應將公司之利益置於自己利益之上[1]。對此，我國公司法第23條第1項規定，公司負責人應忠實執行業務並盡善良管理人之注意義務，如有違反致公司受有損害者，負損害賠償責任。由於董事參與公司業務執行，若因其地位而獲知公司之內部情報或營業機密，即有保守秘密之義務。董事如因故意或過失，洩漏情報或秘密，致公司受有損害時，應負損害賠償責任，此乃董事忠實義務及善管注意義務之體現。

二、何謂營業秘密？按我國營業秘密法第2條規定，本法所稱營業秘密，係指方法、技術、製程、配方、程式、設計或其他可用於生產、銷售或經營之資訊，而符合下列要件者：①非一般涉及該類資訊之人所知者；②因其秘密性而具有實際或潛在之經濟價值者；③所有人已採取合理之保密措施者。簡言之，構成營業秘密的要件有三，包括非公知性、有用性及秘密管理性。

三、董事係因其與公司間之委任關係，而以正當方法得知營業秘密之人，如有洩漏，自係營業秘密法第10條第1項第4款所定因法律行為取得營業秘密，而以不正當方法使用或洩漏之情形，屬於侵害營業秘密之行為，對公司應負損害賠償之責；如屬故意，法院尚得因被害人之請求，依侵害情節，酌定損害額1～3倍之懲罰性賠償。

---

[1]　王泰銓，公司法新論，三民書局，98年7月，修訂5版，頁431。

四、董事退任後，即不再對公司負忠實義務及善良管理之注意義
務[2]，惟如有繼續使用或洩漏公司營業機密之情形，依營業秘密
法第10條第1項第4款規定，仍構成侵害營業秘密之行為，對公
司應負損害賠償責任。值得一提的是，本款並不在於規範董事離
職後之競業應否禁止之問題，僅在禁止董事於離職後將其任職期
間所取得之營業秘密再予使用或洩漏，至於董事使用其於任職之
前即已具有之專業知識，並不會構成營業秘密之侵害。

五、綜上，董事退任後，也同樣負有保守秘密之義務，但並無任何競
業禁止之規定。惟因競業禁止具有防止洩露營業秘密之附帶效
果，一般均於董事在職中即簽訂離職後競業禁止契約，以確保公
司利益。

---

[2] 曾宛如，公司法制基礎理論之再建構，承法數位文化，101年11月，2版1刷，頁245。

退任董事挖角公司幹部或員工，應負何種責任？

要點！

- 在職董事對公司負有善良管理及忠實義務，如有犧牲公司而圖利自己或他人的行為，是法律所不容許的。

- 退任董事已不負善良管理及忠實義務，因此退任董事挖角公司人才，並非均屬違法。惟如董事在職時，即對公司幹部進行遊說勸誘離職，待退職後再將人才挖走，則屬違法行為，須負責任。

- 防止公司人才被挖角之有效對策：公司與董事於在職時締結契約，約定董事退任後不與公司競業或挖角，是現行採行之對策。惟契約締結時，對於限制競業或挖角之對象、時間、區域及代償措施等重要事項，均應謹慎檢討，設定在合理範圍內，始能有效。

參考條文

公司法第23條。

※相關問題：第32題。

說　明

一、在職董事對公司負有善良管理及忠實義務，董事處理事務時，必須全心為公司之利益行事，不得犧牲公司之利益，而圖謀個人或第三人之私利，遇有利害衝突時，應將公司之利益置於自己利益之上。董事參與公司業務執行，因而得知公司幹部員工之專長能力，亦不得予以挖角，藉以圖利自己或他人，始不悖於董事之忠實義務。

二、退任董事對公司是否仍應負禁止競業及挖角義務，日本學說上有殘存說及消滅說兩種見解。主張殘存說者認為，董事退任後，其競業禁止義務在一定範圍內也應該繼續存在，所謂一定範圍，僅限於「不得不當利用任職期間所得知之業務上或技術上之秘密」或「不得以任職期間所獲得交易對手之相關資訊，與原公司為競業行為」。主張消滅說者認為，董事退職後，其對公司之善良管理及忠實義務隨之消滅，關於禁止競業及挖角之義務，亦隨之消滅。目前，消滅說是日本學界之通說[1]。英國法亦認為，董事對公司之忠實義務隨著董事辭職而消滅。董事於離職後，基於其個人之技能、知識及專業自可另覓工作，即使該技能、知識及專業可能係因擔任董事而取得，亦無不可，甚至於因擔任董事而累積之人脈也沒有不得使用之限制[2]。因此，董事於在職期間，謹守善良管理及忠實義務，及至退職之後，始因其他工作需求，而對公司幹部員工展開勸誘跳槽，則並無任何違法責任可言。

---

[1] 邱駿彥，勞工離職後競業禁止條款之運用──日本法的啟示，臺灣勞工季刊，99年6月，第22期，頁119。

[2] 曾宛如，公司法制基礎理論之再建構，承法數位文化，101年11月，2版1刷，頁245。

三、惟如董事在職時，即對公司幹部進行遊說勸誘離職，待退職後再
將人才挖走；或者預先以離職方式擺脫忠實義務之枷鎖，再對公
司幹部或員工展開挖角行動，均有違董事之忠實義務，屬違法行
為，對公司應負損害賠償責任。

四、公司應如何防止人才被挖角？通常由公司與董事於在職期間締結
契約，約定董事退任後不與公司競業或挖角，這是現行採行之對
策。所謂競業禁止，是指公司為保護其商業機密、營業利益或維
持其競爭優勢，要求特定人與其約定在在職期間或離職後之一定
期間、區域內，不得受僱或經營與其相同或類似之業務工作[3]。
惟契約締結時，對於限制競業或挖角之對象、時間、區域及代償
措施等重要事項，均應謹慎檢討，並設定在合理範圍內，始能有
效。一般而言，禁止競業或挖角的對象，包括董事、監察人、經
理人、執行業務股東及一般員工，惟均應以所擔任之職務或職位
得接觸或使用公司之營業秘密為限制對象；限制之期間，有約定
為三個月、六個月、一年、二年、三年者，目前較常見且為法
院所接受的期限為二年以下；限制之區域，應以公司的營業領
域、範圍為限，至於尚未開拓的市場或將來可能發展的區域，則
不應受到任何限制；代償措施，係指因董事受離職後不得競業或
挖角契約之限制，對於其所受損失之補償措施，為維持兩造權利
義務之相當，原則上競業禁止契約應訂有代償措施，惟如對當事
人權利無重大影響時，始得免除代償措施。

---

[3] 行政院勞工委員會，簽訂競業禁止參考手冊，頁2。

問題 **63** 董事違反買回自己股份之禁止規定，應負何種責任？

要點！

- 公司法除了例外規定之外，原則上禁止買回自己股份，此乃仿大陸法系公司法傳統資本原則之堅持而有之規定。
- 公司依法買回股份時，應於一定期間內處分買回之股份。在公司持有期間，該當該股東之股東權禁止行使。
- 公司違法買回自己股份時，其交易行為是否有效，有有效說、無效說之對立。
- 董事為此行為，係違反法令之行為，對公司應負損害賠償責任。

參考條文

公司法第167條、第167-1條，證券交易法第28-2條。

※相關問題：第69題。

說　明

一、公司爲社團法人，在邏輯上，公司不可能成爲自己的社員或股東，倘若公司收買自己的股份，亦將因權利義務集於一身，使得股份因混同之法理而歸於消滅。另外，公司以自己資金收買自己股份，無異減少公司資本，不但違及公司資本之充實，亦有悖於公司資本維持原則。因此，我國公司法於55年修正時，即於167條第1項規定，除了法律例外允許之情形外，原則上禁止買回自己股份。

二、庫藏股是法律例外允許買回股份中最常見的一種，我國證券交易法於89年7月19日參考美、英、日、德等國立法例，增訂第28之2條，明定股票上市、上櫃之公司得經董事會之特別決議買回其股份，惟買回股份之數量比例，不得超過該公司已發行股份總數10%；收買股份之總金額，亦不得逾保留盈餘加發行股份溢價及已實現之資本公積之金額。至於未上市、上櫃之公司，則於90年11月12日增訂公司法第167之1條，允許公司買回庫藏股，但買回之比例更低，不得超過該公司已發行股份總數5%。

三、公司依法買回自己股份，若未予銷除，其股份繼續存在，公司亦得再予轉讓他人，由他人繼受取得。惟在公司持有期間，該股東權雖仍存續，惟已處於休止或停止狀態[1]，不得行使股東權，並應於一定期間內處分買回之股份。蓋公司持有自己股份，不僅使公司資產不能用於所營事業，且有投機或濫用於控制股東會決議之虞，故應禁止其長期持有。準此，對於公司收回或收買之股

---

[1]　柯芳枝，公司法論（下），三民書局，102年3月，修訂9版，頁201。

份，公司法第167條第2項及第167之1條第2項分別定有應於六個月內出售或於三年內轉讓之規定，屆期未經出售或轉讓者，視為公司未發行股份，並為變更登記。

四、違反公司法第167條第1項而買回自己股份，其交易行為是否有效？有有效說、無效說之對立。採有效說者，主要係從維護交易安全之觀點出發，認為公司收買股份之行為既已完成，僅是董事應負民事賠償責任而已，其行為本身仍屬有效；採無效說者，主張公司法基於資本維持原則而禁止公司買回自己股份，則違反該規定而買回自己股份之行為，係違反法律之禁止規定，其買回行為應屬無效。本書認為，違法買回自己股份，係違反法律禁止規定之行為，原則上應採無效說。但在上市、上櫃等公開交易市場，一般係以第三人名義，為自己之計算而取得股份，倘其出賣人係屬善意，則若不承認交易有效，恐將危及市場交易秩序，引發違約交割風潮。此際，應例外承認其為有效，以兼顧交易安全[2]。

五、附帶說明者，董事違反公司法第167條第1項規定，使公司買回自己股份，係屬違法行為，依55年修正之公司法，應負刑事責任，得處一年以下有期徒刑、拘役或科四千元以下罰金。90年11月12日修正之公司法，將此行為除罪化，董事僅對公司應負損害賠償責任。

---

[2] 學者柯芳枝、劉連煜亦採類似見解。柯芳枝，同註1，頁205；劉連煜，新證券交易法實例研習，新學林書局，97年9月，頁281。

董事爲執行公司業務而行使賄賂，其民事責任爲何？

要點！

- 賄賂是違法行爲，董事應對公司負損害賠償責任。
- 即使行使賄賂，帶來公司獲益，董事也不能主張減免其責任。
- 賄賂行爲被發現時，在公司受損害之範圍內，董事應全部負責。即使無損害，也要賠償賄賂金額。

參考條文

　公司法第23條、民法第180條、刑法第122條。

※相關問題：第100題。

說 明

一、賄賂是違法行爲，董事如對公務員違背職務之行爲，行求、期約或交付賄賂或其他不正利益，除應依刑法第122條第3項違背職務之行賄罪負刑事責任外。民事部分，依公司法第23條第1項規定，公司負責人應忠實執行業務並盡善良管理人之注意義務，如有違反致公司受有損害者，負損害賠償責任。董事犯刑法之違背職務行賄罪，難謂已盡盡善良管理人之注意義務，自應對公司負損害賠償責任。

二、除盡善良管理人之注意義務外，董事對公司亦負有忠實義務，董事處理事務時，必須全心爲公司之利益行事，不得犧牲公司之利益，而圖謀個人或第三人之私利，遇有利害衝突時，應將公司之利益置於自己利益之上。申言之，董事在處理公司事務時，爲謀求公司之最大利益，應竭盡自己之全力，正確、適當、合理地執行公司事務，縱使自己或第三人之利益與公司利益相衝突時，仍應優先考量公司之利益，不得爲與公司利益相反之行爲[1]。惟若行使賄賂，可以爲公司帶來獲利，董事是否可以主張其因善盡忠實義務而違法，從而主張減免其責任？此一問題，若予肯定，則無異鼓勵人民得因追求公司私有利益之目的而不擇手段！本書認爲，應就該董事之「行爲」與「結果」分別而論，就行爲而言，賄賂屬違法行爲，爲法律所禁止，因此董事爲違法行爲，除應自負刑事責任外，亦應對公司負損害賠償責任；就結果而言，爲公司帶來獲利，乃屬董事責任之履行，其獲利仍應歸屬於

---

[1] 王泰銓，公司法新論，三民書局，98年7月，修訂5版，頁153。

公司。換言之，董事行使賄賂，即使為公司帶來獲益，也不能主張減免其責任。唯有如此解釋，才足以維持國家的法律秩序。

三、賄賂行為被發現時，依公司法第23條第1項規定，在公司受損害之範圍內，董事應全部負責。即使公司無任何損害，因其所支付之金錢，係給付目的具有不法性之支出，屬不法原因而給付之情形，基於「任何人不得以自己之不法行為為理由，而主張自己損失之回復」之大原則[2]，我國民法第180條第4款乃規定，當事人不得依不當得利之規定請求返還。所謂不法原因，係指公序良俗之違背及強行法規之違反而言[3]。因此，在公司並無其他損害之情況下，至少因行賄金額無法請求返還，而使公司背負實質之損失，對此，由董事賠償賄賂之金額，應屬合理。

[2] 鄭玉波，民法債編總論，三民書局，87年8月，第16版，頁119。
[3] 王澤鑑，民法債編總論（第二冊不當得利），三民書局，87年9月，頁119。

問題 65 董事過失或無過失之對公司責任，如何區別？

要點！

- 原則上，董事在有故意、過失之際才對公司負任務懈怠責任；例外地，在有特別規定下，也對公司負有無過失責任，其特別規定散見於公司法各處。
- 公司法第193條對於違反章程、法令之責任要件，並未明文規定是過失或無過失，應是如何？又競業禁止違反或利益相反交易時，又如何？
- 善意無過失或惡意過失之舉證責任如何分配？二者在民事訴訟上，關乎訴訟之勝敗。

參考條文

公司法第9條、第13條、第15條、第16條、第23條、第167條、第169條、第183條、第193條、第209條、第210條、第223條、第259條，民法第535條。

※ 相關問題：第27題至第29題、第32題、第42題、第66題。

說　明

一、企業型態種類甚多，隨著種類不同，經營者在法律上的責任也不一，個人企業經營者法之責任，法律並無特別規定，適用債務不履行責任以及侵權行為責任之民法一般規定。公司組織之董事與公司間屬於委任關係，並受有報酬，依公司法第23條第1項及民法第535條規定，應以善良管理人之注意來執行業務，故原則上，董事在有故意、過失之際才對公司負任務懈怠責任，因而致公司受有損害時，則應負損害賠償責任。

二、股份有限公司之經營者董事責任之規定特別詳細又嚴格，董事除一般責任適用公司法第23條之責任規定外，第193條又有特別規定，當董事會之決議違反法令章程及股東會之決議，致公司受損害時，參與決議之董事，對於公司亦應負賠償之責；但經表示異議之董事，有紀錄或書面聲明可證者，免其責任。依此而規定之個別責任，散見於公司法各處，例如公司應收之股款未實際繳納或發還股東或任由股東收回（公司法§9）、轉投資超過限制（公司法§13）、公司資金貸與不符合規定（公司法§15）、違法保證（公司法§16）、股份禁止收回，收買或收質違反責任（公司法§167第5項）、股東名簿備置責任（公司法§169第3項）、股東會議事錄之作成與保存責任（公司法§183）、競業禁止（公司法§209）、章程簿冊之備置責任（公司法§210）、虧損之報告及破產之聲請責任（公司法§211）、利益相反行為（公司法§223）、募集公司債款未用於規定（含經核准變更）事項（公司法§259）等等皆是，不勝枚舉。因此，董事原則上，在有故意、過失之際才對公司負任務懈怠責任，惟

在有特別規定下，例外地也有無過失責任之情形，例如：公司貸款行為之連帶責任、競業禁止違反之責任、利益相反行為違反之責任，以及違法分派股利之連帶責任。

三、上述公司法第193條違反章程、法令及股東會決議之責任要件，是過失或是無過失，條文中並未明文規定。按公司之業務執行是董事會之權限，也是義務，業務執行之決定以及實行，董事會應全程負責。因此，參與決議之董事，係因其於董事會為業務執行之決定時，未盡其善良管理人之注意，而為違反章程、法令及股東會決議之決定，屬於任務懈怠之責任，自應負賠償之責，而表示異議之董事，則在董事會做是項決定時，已盡其應盡注意之義務，自當免其責任，故此種違反章程、法令之責任，為董事任務懈怠之責任，仍應以董事有過失為其構成要件。

四、應強調的是，基於本能上的限制，董事會本身只是會議體，無法親自實行其業務執行之決定（董事會決議事項），故僅能對外委任。同時，董事會既然是委任者，對於受任者之實行，是否正當或正確，則負有監視義務，而能實際行使監視者，乃各個董事，因此監視義務會自然落在各個董事身上，故對於業務執行之實行的監視任務，董事若有懈怠，仍然會有責任發生。此種監視任務懈怠之責任，並不限於參與董事會決議之董事，更不是只有表示贊成決議之董事才要負此責任，而是包括未出席或出席但表示異議在內的所有的董事，均應負此監視之義務，且監視任務懈怠之發生，出自於作為或不作為均有可能。

五、董事對公司如負有過失責任時，公司僅須舉證董事之行為與公司損失間具有相當因果關係存在始足，而行為之董事舉證無任務懈怠或無故意、過失則可免責。惟如董事係負無過失之責任時，公

司只須舉證董事有競業或利益相反之事實及公司所遭受之損害額即足。常言道：「舉證責任之所在，即敗訴之所在」，善意無過失或惡意過失之舉證責任，二者在民事訴訟上，關乎訴訟之勝敗。

問題 66 董事會決議贊成，但未在議事錄簽名之董事，其責任如何？

要點！

- 任務懈怠行爲之該當董事，當然要負行爲人責任，但不僅如此，對該行爲贊成、放過或不爲有效阻止之董事，亦有過失，也有責任。
- 決議贊成，贊成有過失之董事也要負責任。
- 在董事會決議記錄沒有簽名之董事，被舉證表決時是贊成時，也要同樣要負責。
- 棄權或缺席董事，明知議案內容該反對，卻不出席表示反對時，有推定監督義務懈怠之可能，而須負責任。

參考條文

公司法第193條，民法第272條。

※相關問題：第14題、第28題、第65題。

說　明

一、現行公司法股份有限公司之董事，已非公司之機關，僅是業務執行機關董事會之構成員之一，除非另有特別個別委任之外，其法定任務，唯有出席董事會行使表決權與業務執行之監視，董事無權也無義務，獨自實行業務執行；對業務執公司受損害之結果，因無義務、無行為，當然就無責任，而有董事免責任之說法出現。然而，公司法明定董事會之決議，致公司受損害時，參與決議之董事，對於公司負賠償之責（公司法§19II），此為董事參與決議之任務懈怠責任。

二、由於公司業務執行權所在之董事會，受限於會議體之組織性質，只能用開會以決議方式，對業務執行作決定，決定後之業務執行務必委外實行。如果實行之受任者依董事會決議內容，善意且忠實去實行，縱使業務執行結果失敗，而致公司受有損失，實行者因無疏失，自然無責可歸；可是，當發生失敗原因是源自於決定的失誤，決定者或決策者之責任就該發生，公司法第193條即做如是規定，此乃由於董事執行決議之任務時，應本著忠實義務以及善管注意義務，作出正當且正確之決定，否則責任即會發生。又此條項是行為責任化之規定，表示異議之董事，即非決定者，在有明確證明下，當然能享免責。

三、董事於董事會決議時如有任務懈怠之行為，當然要負行為人責任，不僅如此，對於該行為贊成、放過或不為有效阻止之有過失董事也有責任。在董事會決議中，如有違反法令章程及股東會之決議，致公司受損害時，參與決議之董事，對於公司應負賠償之責。所以，贊成決議之董事，即有過失，也要負責任。

四、至於在董事會決議中贊成，但未在議事錄簽名之董事責任，原則上並不因爲簽名（具公示上之意義）而減輕或免除其應負之責任。除非自己主張並未有出席董事會之事實，否則只要被認定其有出席董事會並於決議時表示贊成之事證，就應負其贊成之過失責任。該未於董事會議事錄簽名之董事或許主張，係因決議後始發現該決議有問題，故不於議事錄上簽名（通常董事在會議開始前即會簽到，此時可能會將已簽名之處塗銷），惟本書認爲，董事在會議決議中所表示贊成，屬於意思表示行爲，既已行爲完成發生法律效力，如認爲該意思表示有瑕疵時，即應依民法規定認爲其法律效力或行使撤銷權，以不簽名方式難以實現撤銷其贊成行爲所發生之法律效力。

五、另外，縱使董事明知議案內容該反對而不出席反對時，是否可主張未出席董事會之決議而免責？ 國內也有學者認爲[1]，未出席之董事，如未於事後合理期間提出異議，將推定其意見與多數董事之意見一致，而不能免除公司法第193條第2項之責任，本書則認爲未出席董事既然未參與董事會決議，而以推定方式追究其參與決議的責任，實有不當，惟其明知議案內容或決議不妥，即應本其董事監視之義務，於決議前或決議後提出意見，供董事會討論參考，如消極不作爲，則仍應負監視之任務懈怠責任。另董事雖然出席董事會，但於表決時以棄權方式放過（通常是礙於董事間情誼而不願意當面反對），由於其在董事會爲決議時，即負有忠實義務及善管注意義務，該反對而不爲反對，即有過失，須負懈怠之責任。

---

[1] 劉連煜，現代公司法，新學林，102年9月，增訂9版，頁377。

六、至於參與（贊同）決議之多數董事間，是否同負連帶責任，由於
公司法第193條第2項並無「連帶」之明文規定，如依民法第272
條規定，除債務人對債權人明示外，連帶債務之成立，以法律有
規定者為限，故不宜遽認渠等應負連帶責任。不過，以現行公司
法以董事會為公司之執行機關，其權限已擴大，而董事會既以多
數決作為決議依據並為公司之意思表示，本身即有連帶關係，宜
以明文規定應對公司負連帶責任，較為周延。

董事發現違反行爲時，如何盡其監視義務之方法？

要點！

- 董事發現其他董事有違法行爲時，對該行爲進行阻止糾正之必要。
- 違法行爲阻止糾正方法：1.透過董事會方法；2.促使監察人發動監察權方法；3.透過股東會方法。
- 各種方法之說明。

參考條文

公司法第199條、第200條、第218條之2。

※相關問題：第14題、第65題。

說　明

一、現行公司法制度，董事會爲業務執行機關（經營權專有者），惟因董事會爲會議體，其意思決定雖可由其構成員（董事）合議決定之，但其決定之實行，則受自身本質上之限制，無法親自實行，不得不將自己的實行職務委任他人爲之。當受任人執行受託任務時，董事會對受託人的行爲要負起善良管理人之注意義務，具體內容就是盡監督義務。不管是董事長或者業務執行擔當董事，其從事業務執行之實行行爲是基於董事會的權限與責任之下授權委任，此等實行行爲必然受董事會之監督，而董事會的監督義務仍由董事會構成員之各董事，進行監視職責，此乃發生董事之監視義務。

二、董事監視義務之履行，具體而言，即是發現其他董事有違法行爲時，對該行爲進行阻止糾正之必要。董事阻止糾正其他董事有違法行爲之方法，大致可利用下列三種方式爲之：

（一）透過董事會方法。由於董事乃董事會之成員，而非業務執行機關，自難以董事個人身分即行決定予以制止或變更其執行方式，其意見須經董會討論並決議後，始能成爲法人意思行爲之依據，故，如董事發現有違法之行爲時，爲阻止糾正其他董事有違法行爲，除爲爭取時效可以口頭或書面告知該董事外，仍須將此意見提出餘董事會中討論，爲必要之措施。董事爲監視公司業務之執行，在董事會爲決定前，董事可利用參與會議討論及決議之方式，對於其他董事有違法之行爲，於討論時以陳述方式，指出其違法之處，供董事會其他成員於表決時

之參考依據。如董事會依表決方式以決定業務之執行，出席之董事除對於違法之議案可表示反對意見（投不贊成票）外，如該議案依多數決通過，未出席之董事亦應以書面聲明異議，提醒該違法行為之不當，以發揮事前監視之功能。而在董事會決定之實行或其他已委任個別董事之業務執行，董事負有監視義務，將發現事實在董事會中提出報告，經由董事會之決定，對該違法行為加以阻止或糾正，以盡董事監視義務。惟董事間基於都是一家人（同為董事會成員關係），在現實環境中，欲實行此種方法，有其困難或不可期待之處。

（二）促使監察人發動監察權方法。監察人為股東會選任之公司監察機關，除應監督公司業務之執行外，並得隨時調查公司業務及財務狀況、查核簿冊文件，請求董事會或經理人提出報告，且得代表公司委託律師、會計師審核前揭之事務（公司法§218）。同時，監察人得列席董事會陳述意見，對於董事會或董事執行業務有違反法令、章程或股東會決議之行為，應即通知董事會或董事停止其行為（公司法§218-2）。因此，公司法對於監察人在業務執行上，明文賦予監察及其實行工具之積極權限，且其係外部（對於董事會而言）、獨立（個別監察人得獨自行使）之機關，相較於個別董事（基於董事會成員之監視義務）之消極權限，更能發揮對董事違法行為之阻止糾正效果。故董事如發現其他董事有違法行為時，

促使監察人發動監察權，是為積極又有效之方法[1]；但在國內董事會（長）能掌控監察人之選任情況下，往往被束之高閣。

（三）透過股東會方法。按董事係由股東會選任，亦得由股東會之決議，隨時解任（公司法§199）；又董事執行業務，有重大損害公司之行為或違反法令或章程之重大事項，股東會未為決議將其解任時，得由持有已發行股份總數百分之三以上股份之股東，於股東會後三十日內，訴請法院裁判之（公司法§200）。董事如發現其他董事之重大違法事項時，當可於董事會中提案召集股東臨時會，由股東會針對此重大違法行為，透過股東會決議方式，解任該行為之董事，並得對其提起請求損害賠償之訴訟。此種方法係釜底抽薪之方式，通常在董事違法事證明確且重大情況下，股東基於本身權益之保障，較為可行之計，惟召開股東會仍須透過董事會，且其召集程序繁瑣，不具時效性，是其缺點。

---

[1] 誠如上述，公司法本賦予監察人有積極助主動的力量，當監察人發現董事會或董事執行業務有違反法令、章程或股東會決議之行為時，不待其他董事或人員舉發，即本於職權主動積極通知董事會或董事停止其行為。

董事爲違反法令或章程行爲，其責任如何？

要點！

- 董事違反法令或章程造成公司損失應負行爲之責任不在話下。
- 責任要件之問題，其主觀要件是故意、無過失抑或故意無重大過失。
- 舉證責任是原告抑或被告？

參考條文

公司法第9條、第13條、第15條、第16條、第167條、第169條、第148條、第183條、第193條、第209條、第210條、第211條、第223條、第232條、第233條、第259條。

※相關問題：第33題至第37題、第60題、第65題。

說　明

一、公司法第193條特別規定事違反法令或章程，造成公司損失應
　　負行為之責任，是為董事之個別責任，諸如公司應收之股款未
　　實際繳納或發還股東或任由股東收回（公司法§9）、轉投資
　　超過限制（公司法§13）、公司資金貸與不符合規定（公司
　　法§15）、違法保證（公司法§16）、股份禁止收回，收買
　　或收質違反責任（公司法§167第5項）、股東名簿備置責任
　　（公司法§169III）、股東會議事錄之作成與保存責任（公司
　　法§183）、競業禁止（公司法§209）、章程簿冊之備置責
　　任（公司法§210）、虧損之報告及破產之聲請責任（公司法
　　§211）、利益相反行為（公司法§223）、募集公司債款未用
　　於規定（含經核准變更）　事項（公司法§259）等等，散見公司
　　法各處，不勝枚舉。董事違反法令或章程造成公司損失應負行為
　　之責任不在話下，問題為其主觀要件是故意、無過失抑或故意無
　　重大過失，僅擇重要數項分述如下：

（一）公司貸款行為之責任

　　　公司資金除有特別規定之情形外，不得貸與股東或任何他人
　　（公司法§15I）。蓋公司之資金貸出後，除無積極利益外，迫
　　使公司程受資金回收困難之高風險，無謂受害者多，因此公司法
　　作嚴禁規定，縱有董事會或股東會許可，也不容許。此時，董事
　　違反規定，應與借用人負連帶返還責任，如公司受有損害者，
　　亦應由其負損害賠償責任（公司法§15II）。此處董事所負連帶
　　返還責任，是一種無過失責任；至於對公司之損害賠償責任，

則是過失責任，爲現時通說之見解。又貸款行爲是業務執行之一，屬於董事會權限，此時董事之責任是出自於董事之不當決議參與，或對貸款應爲阻止而不爲之任務懈怠責任，則是過失責任。

（二）違法分派股利之責任

公司法第232條第1項及第2項分別規定，公司非彌補虧損及依本法規定提出法定盈餘公積後，不得分派股息及紅利；公司無盈餘時，不得分派股息及紅利。公司無盈餘而強行分派股息及紅利，其財源必是出自公司資本金，形成公司將資本金發還給股東，使公司資本空虛，股份有限公司最爲禁忌事項之一，必須嚴格禁絕。又公司有盈餘也不能馬上分派，必須優先彌補虧損，提出法定盈餘公積後，才能分派股息及紅利，此是爲確保公司資金充實之要求所作規定。違反該規定之分派時效力如何，公司法並未明定，僅提及公司之債權人得請求退還（公司法§233）。無盈餘之違法分派，是股份有限公司特質所不能見容，分派絕對無效，是一致之見解。既是無效，股東所領取之股息及紅利，成爲不當得利之所得，有義務返還公司，公司有請求返還之權利；但是，公司既然存心違法分派，要公司自己回收，恐有不便或不惟之嫌疑，爲確保公司資金充足，我國公司法第233條乃明文規定，授與資本問題深切關係之公司債權人代位請求權，向股東請求返還公司，恢復資本原狀。

但是，最重要的問題是董事責任，公司法僅對違法分派之董事課以刑事責任，民事責任如何？則隻字未提。綜觀諸外國學

說或立法，均課以董事應與股東負連帶負責返還，該還返責任又都解爲無過失責任。我國公司法第148條之規定，課以發起人連帶認繳義務，其目的不外積極維護資本充足，又與前述違法貸款（公司法§151I）相比，一是公司資金放貸，一是公司資本金發還，何者對公司更不利，答案很明確，違法貸款之董事要負無過失責任，違法分派股利之董事負同等責任，無可厚非。從發起人連帶認繳義務之立法目的，以及違法貸款與違法分派股利兩制度平衡之考量，違法分派股利之董事課以無過失還返之連帶責任，理所當然。

（三）利益相反行爲違反之責任

　　至於利益相反行爲違反之責任，我國公司法只規定行爲之代表人指定爲監察人（公司法§223）外，並無其他規定。利益相反行爲如由監察人爲代表，即是適法行爲，當監察人代表行爲結果致公司受有損害時，行使該行爲之監察人有責任外，參與該行爲決定之董事也要負責，此時董事責任是任務懈怠之過失責任，董事舉證無任務懈怠或無故意、過失則可免責。惟如公司之損害發生，並非監察人爲代表所爲，而是董事違法爲自己或他人與公司進行之利益相反行爲所致，該董事之行爲是無權代表行爲，其行爲結果是無效，對方之董事負有回復原狀之義務，此義務之履行，公司還有損失時，該董事應負責賠償予公司，此賠償責任不考量故意、過失之要件，亦以無過失責任處理之。

（四）競業禁止違反之責任

　　關於公司法第209條第5項公司對違反競業禁止之董事，在一年內可選擇行使歸入權，公司證明董事之競業事實，再經股東會決議行使歸入權，將此決議通知董事，歸入權即已行使。其效果是，歸入權之行使並非法律關係之繼受，公司行使歸入權後，原先董事競業行為之法律關係，其當事人仍然存在於競業董事與其行為相對人之間，僅是公司對於董事行使歸入權後，公司得片面對競業董事主張其因該競業行為所取得之利益與支出，均歸屬於公司，也就是說，董事為競業行為之所得（所發生之法律關係）視為（歸屬於）公司之所得。歸入權是為保護公司之商機，本身不是損害賠償請求權，並不以董事故意或過失與否，而以無過失為責任要件。而公司對違反競業禁止之董事，除行使歸入權外，如該筆商機交易造成公司之損失時，仍得於侵權行為時效期間內均可行使損害賠償請求權。

二、學說或立法主張：公司之損害是董事如不為競業時，公司所應得之利益或因競業而逸失之利益，損害額之算出，極為困難；舉證不成，損害賠償即無法行使，為此競業行為董事或他人之所得利益，推定為公司之損害，以資公司便利行使，此見解應受肯定。另公司法第209條第5項條文出現「將該行為之所得視為公司之所得」之文詞，多數都解說為「將該行為之所得利益視為公司之逸失利益」，正與上述推定見解相吻合。但是，該條項是對歸入權之規定，非對損害賠償之規定，不可混同錯亂。公司行使歸入權後殘留之損害，仍然可向違法董事請求賠償。

董事對公司之行為，可提起之訴訟有哪些？

要點！

- 董事得因請求報酬（請參考第44題），對公司提起給付之訴外，對於任期中遭公司股東會無正當理由之解任行為（請參考第8題及第9題），亦得提起損害賠償之訴。
- 另依董事職務性質，單獨可提起之訴訟：1.有關公司組織行為無效之訴；2.股東會決議撤銷不存在、無效確認之訴。
- 各種訴訟制度之說明。

參考條文

　　公司法第161條、第189條、第191條、第199條、第200條、第218條之2。

※相關問題：第8題、第9題、第44題。

說　明

一、董事與公司間存有委任關係，董事得向公司請求報酬（請參考第44題），如公司不為給付，自可對公司提起給付之訴；又為保障董事能安穩地執行公司業務，而採董事任期制，如股東會於董事任期中無正當理由將其解任時，董事得向公司請求賠償因此所受之損害（公司法§199，並請參考第8題及第9題）。此兩項為董事基於自身之權益，而對公司之行為所提起之訴訟，較為普遍易見。

二、由於目前公司法之股份有限公司董事為董事會之成員之一，並非個別之業務執行機關，因此董事對於公司業務之執行事務，除非經由股東會或董事會之委任外，原則上並無法單獨代表公司提起訴訟之權限。然而，董事參與董事會之決議與受個別委任擔當公司業務之執行，亦得透過董事會之決議對股東會提出議案，對於公司組織行為與股東會決議知之甚詳，特別是股東會或董事會有不存在或無效之行為，例如有關公司組織行為之無效以及股東會決議撤銷不存在、無效，若對公司有所影響，而股東會或董事會又怠於主張時，雖然公司法並無明文規定，但這些不存在或無效的事實，本為任何人均得主張，為維護公司權益起見，自應允許董事可提起訴訟之權限。茲分述如下：

（一）有關公司組織行為無效之訴

　　董事經股東會選任後，依規定須經董事會選任董事長或常務董事，若有人未經此程序即自稱為董事長或常務董事，對內召開及主持董事會，對外代表公司或向主關機關為公司變更登記，而

公司或各董事任由其行為繼續存在，使公司最主要之業務執行組織體為非法機關，對於公司或其他善意第三人權益影響甚鉅。

又公司非經設立登記或發行新股變更登記後，不得發行股票（公司法§161），如違反此規定發行股票者，其股票無效。但公司果真違法發行之股票，股東或其相對交易人並不知此違法事實存在，亦無法依外觀判斷得知，影響股票流通與市場交易安全。

類似上述情況，公司組織行為因不存在或因違法而無效，提起無效確認之訴，提訴權人也沒有限制，只要認定有訴訟利益之人即可提訴。董事基於董事會或為公司經營成員之利益也可提起訴訟，被告是公司。無效確認之訴，原告勝訴判決確定，其判決效力不限於原告與公司訴訟當事人間發生效力，對第三人也發生效力（對世效力）。

（二）股東會決議撤銷不存在、無效確認之訴

股東會之召開或決議之事實不存在，偽裝有決議作成議事錄（屬於決議物理上之不存在）時，或者形式上股東會決議是存在，但召集程序瑕疵顯著重大（例如一部分的股東集會逕自作決議、沒有董事會決議而董事長逕行召集之股東會所作的決議，或是召集通知時，絕大股東未受通知），法律上無法承認股東會決議之存在之情形，決議不存在，自始不生效力，其不存在，任何人對任何人、任何時間、任何方法都能主張。董事可以公司為被告，提起決議不存在確認之訴，若原告勝訴並獲確定，判決效力及於其他第三人，即對世效力之發生。

股東會決議內容違反法令或章程者無效（公司法§191）。無效的原因是決議內容之瑕疵，而非決議過程之瑕疵，該決議是當然無效。因此「任何時間」、「任何人」、「對任何人」、「任何方法」都可以主張無效。董事認為有確定股東會決議無效之必要時，得以公司為被告提起決議無效確認之訴，判決效力可及於所有人。

問題 **70** 董事對公司責任，在什麼時候消滅？

要點！

- 董事對公司責任之消滅有兩種，股東同意責任免除以及消滅時效。
- 股東會責任免除之同意有全部免除以及部分免除，我國公司法沒有明文規定，解釋是否可行。
- 消滅時效期間是10年。

參考條文

公司法第214條、第231條，民法第197條、第343條，日本會社法第424條、第425條。

※相關問題：第27題、第28題、第65題。

說　明

　　董事對公司責任之消滅，除原委任關係終止，而隨董事辭職或任期屆滿時消滅外，尚有股東同意責任免除以及消滅時效兩種情況，前者是公司積極主動之法律行為，後者是公司消極不行使權利所形成之法律效果，分別說明如下：

一、股東同意責任免除

　　董事責任之免除，其性質就是民法之債務免除，公司法除第231條規定，各項表冊經股東會決議承認後，視為公司已解除董事及監察人之責任（但董事或監察人有不法行為者除外），針對全體董事（監察人）年度經營與監督則人之免除外，對於董事不法行為應負責任或是個別董事責任之免除，並沒有特別規定，應適用民法之一般規定。

　　依民法第343條規定「債權人向債務人表示免除其債務之意思者，債之關係消滅」，此為民法債務免除之制度，債權人一方的意思表示（單獨行為），即可發生債務免除與債權消滅法律效果，且債權人對於債務全額或僅就其中一部分之債務免除，都可以自由決定作為。原則上，將董事對公司所負擔之責任，全部或部分之免除，在法理上應屬可行。

　　然而實際運作時，首先會遭遇到公司對董事責任之免除權限，是歸屬公司哪個機關的問題，究竟是董事會抑或股東會？或有爭論。從事務性質上來看，董事的責任可否免除，免除到何種程度，本來是業務執行之一部分，為董事會之專屬權限，當然由董事會決定。又從權利性質來看，本來董事會之業務執行是受公司實質所有者股東之委託而來，董事因業務執行而發生對公司之責任，該責任應否免除之判

斷，應當是股東會決定，才是正道。

　　這二種見解，各有所本，似難能有結論。再者，無論是由董事會決定或是由股東會決定，亦各有各的困難點存在，實行起來並不順暢。例如由董事會決定時，董事與董事間是同事關係，相互關照與庇護，彼此互免董事責任，乃人之常情，如此董事責任之免除將濫行，公司法對董事課以嚴格責任之立法目的被掏空或虛無化；反之，如由股東會來決定，通常是採多數決或特別決議方法決定之，在國內股份有限公司大股東控制股東會情況下，也容易輕放董事的責任，且這種制度也與股東代表訴訟制度發生重大矛盾現象。為保護股東經濟上的利益及對董事的監督等權益，公司法第214條規定股東代表訴訟權，為少數股東權之一，凡持有已發行股份總數百分之三以上之股東即可行使，如果股東會多數決可以免除董事責任，則由百分之三以上股東權之代表訴訟來追究董事責任之方法，幾乎無法實施。

　　以上提及的各種實際問題，現行法令並無規範，而從解釋論也是措手無策，只能期待立法之處置。尤其是近來股東權益意識之抬頭，股東代表訴訟追究董事責任之案件可能性大增，且企業規模擴大，所涉及經濟利益龐大，董事被請求賠償之金額鉅大，遠超乎董事的負擔能力範圍。如此，可能讓董事經營事業常擔憂因而被訴，事事小心保守，將造成經濟活動萎縮，並不利於社會、公司及股東。故為改善董事責任制度之更合理、更完整，各國立法例對董事責任之免除，均作明文規定，我國公司法對此問題顯然因疏忽而落後，各界需求殷切下，宜早日立法，以健全董事責任制度。至於未來立法之方向，循公司法第231條之脈絡，對董事責任之免除權限宜明訂由股東會決議為之，此種方式即可參考日本法（我國公司法立法主要參考對象之一）之制度。

有鑑於上述實際問題之難解，日本會社法對於董事責任免除之制度，迭有變動，僅簡略介紹如下：

（一）全體股東同意之免除

日本會社法第424條明文規定，公司非經全體股東同意，不得免除董事之責任，又規定得以免除之責任，僅限於董事對公司任務懈怠而發生之責任，一般侵權行為責任等排除適用。而全體股東同意之「同意」，不限於決議方式取得，個別向股東徵求同意方式亦可。這是日本法向來之規定，但由於取得全體股東同意之要件過於嚴苛，很難適用，特別是公開發行或上市櫃之大規模公司，欲達到成立之條件，可能性近乎於零。為求更實際、更合理之制度，近來日本會社法新制定數種配套制度，以求改善。

（二）股東會特別決議之免除

上述全體股東同意之外，股東會特別決議對董事執行業務是善意且無重大過失之任務懈怠而發生之責任，扣除法定最低責任限額之外之責任，可以予以免除，亦即股東會特別決議免除部分責任制度。最低責任限額之計算是，以董事一年內從公司受取之報酬以及其他職務執行對價之總額為一基數，代表董事（長）為6年份、董事為4年份、獨立董事為2年份，並須加上董事就任後行使或讓渡新股預約權（認股權）所獲利之數額，超過此最低責任限額以外之責任，得以股東會特別決議方式給予免除。當股東會討論為決議時，董事須將責任原因事實、損害賠償額與最低責任限額及其計算之根據、責任免除之理由，以及免除金額向股東會報告（會社法§425II），且向股東會

提出責任免除議案前，必須經監察人委員會全體委員之同意（同條III）。一部分責任免除決議後，該董事從公司受取退休慰問金等財產上利益，或新股預約權（認股權）行使或讓渡時，必須經股東會承認（同條V）。

（三）根據章程規定，董事過半數同意或董事會決議之責任免除──事前責任免除方法

同樣是限於董事對公司任務懈怠而發生之責任，且是善意無重大過失之條件下，衡量責任原因事實內容及免責原因、該董事之職務執行狀況，以及其他情事，認爲有特別必要時，與前述（會社法§425I）規定同樣之免除額爲限度，由過半數董事同意或董事會決議，得免除一部分責任，其內容則須規定在章程中。過半數董事之同意或董事會決議通過免除責任時，公司應將責任原因事實內容、免責原因，以及免責金額公告，並設定股東異議制度，在一定間內，如持有股東表決權總數百分之三以上之股東提出異議時，就不得免除該董事之責任。

（四）根據章程規定對獨立董事責任之免除

公司與獨立董事之間，對獨立董事之職務執行爲善意，且無重大過失時，該獨立董事應負之責任，以契約事先約定金額或是較高額的2年份報酬額爲限度之賠償責任，並須規定在章程中。向股東會提出此章程規定之議案，須經監察人全體或監察委員全體同意，當獨立董事變更身分爲執行業務董事或公司使用人（如總經理、經理等其他職員）等，而喪失獨立董事身分時，此契約即失效。獨立董事適用此規

定免責時，應將責任原因事實內容、賠償額、責任限度額及其計算根據、責任限定契約內容、契約訂定理由，以及責任免除額等，向股東會提出報告。

二、消滅時效

　　董事對公司之責任，不論係任務懈怠或一般侵權行為而發生責任，公司對於董事之損害賠償請求權，依民法第197條第1項規定，自請求權人知有損害及賠償義務人時起2年間，或自有侵權行為時起逾10年不行使者，損害賠償請求權因而消滅。因此，公司對於董事之責任追究，如怠於行使損害賠償請求權，則董事對公司之責任，可能因時效經過而歸於消滅；惟如係因董事之侵權行為所生，且董事受有利益，致公司受損害時，雖於請求權消滅時效完成後，公司仍可依民法第197條第2項關於消滅不當得利之規定，請求返還其所受之利益。

問題 **71** 股東代表訴訟是怎麼樣的一個制度？

要點！

• 股東代表訴訟是股東為公司對公司負有損害賠償責任之公司董事、監察人提起訴訟之制度。

• 代表訴訟提起之要件。

• 代表訴訟判決效力。

參考條文

公司法第213條，民法第214條。

※相關問題：第68題。

說 明

一、依我國公司法制度設計，公司與董事間訴訟，除法律另有規定外，由監察人代表公司，股東會亦得另選任代表公司為訴訟之人（公司法§213）。然而，因監察人與董事職務上接觸頻繁關係密切，許多中小企業，董事、監察人常為親朋，礙於情面或利益相關，欲使監察人代表公司進行訴追，常難期待其迅速進行，甚而於訴訟中不為積極主張等情，因而損害公司及股東之利益。所謂股東代表訴訟是指董事（或監察人）對公司應負責任，而公司怠於訴追時，由股東實質上立於公司代表機關之地位，為公司提起追究董事（或監察人）責任之訴訟。

二、依公司法第214條規定，繼續一年以上，持有已發行股份總數百分之三以上之股東，得以書面請求監察人為公司對董事提起訴訟。監察人自有股東之請求日起，三十日內不提起訴訟時，請求之股東，得為公司提起訴訟。股東提起訴訟時，法院因被告之申請，得命起訴之股東，提供相當之擔保；如因敗訴，致公司受有損害，起訴之股東，對於公司負賠償之責。而股東代表訴訟提起之要件如下：

　（一）提起訴訟之股東須繼續一年以上，持有已發行股份總數百分之三以上。

　（二）須踐行先行程序，即股東提起代表訴訟前，須「以書面請求監察人為公司對董事提訴訟」及「監察人自有前項之請求之日30日內不提起訴訟時」，蓋依公司法之規定，公司與董事（或監察人）責任之訴訟，應由監察人或股東會選任之人為之，此為原則性之規定，股東個人

　　並非公司之代表機關，欲超越該原則性規定代表公司提
　　出訴訟，自應先向監察人請求，監察人於期限內怠於起
　　訴，股東因此取得代表公司之資格。

（三）提供擔保，得為公司提起訴訟股東提起訴訟時，法院因
　　被告之申請，得命起訴之股東，提供相當之擔保。此項
　　規定之理由有二：一在防止股東濫行訴訟或干擾公司營
　　運，甚或藉代表訴訟謀取不當利益；另一方面，在於確
　　保因訴訟對被告董事產生損害賠償時，被告董事的損害
　　賠償請求權得以實現。

三、股東代表訴訟，原告為繼續一年以上，持有已發行股份總數百
　　分之三以上之股東，被告則為對公司應負責任之董事（或監察
　　人），訴訟標的為「董事（或監察人）對公司應負之責任」，原
　　告股東係立於公司代表機關之地位，為公司提起訴訟，其判決之
　　效力及於公司及全體股東。

問題 **72** 股東代表訴訟的手續爲何？

要點！

- 原則上股東應於訴訟提起前，請求公司提起訴訟。
- 裁判費用之計算。
- 訴訟提起迅即告知公司。
- 公司以及其他股東可以訴訟參加。
- 被告之申請，有可能會被命令提供擔保。

參考條文

　　公司法第214條，民事訴訟法第65條、第67條、第77條之13、第77條之14。

※相關問題：第71題、第75題、第77題。

說　明

一、股東爲公司股份之持有人，然基於公司組織特性及公司所有與經營分離原則，追究董事（或監察人）之權利原屬於公司，應由公司之代表人向法院提出訴訟，股東個人並非公司之代表機關，欲代表公司行使權利，應俟公司怠於行使權利，公司法第214條即規定股東須「以書面請求監察人爲公司對董事提訴訟」及「監察人自有前項之請求之日30日內不提起訴訟時」方得提起股東代表訴訟。

二、我國有關訴訟費用額之核定，因財產權而起訴者，依民事訴訟法第77條之13規定依起訴標的金額累進計算，因非財產權起訴者依同法第77條之14第1項，固定徵收裁判費新臺幣三千元。股東代表訴訟之裁判費並未另行規定，則依民事訴訟法規定，按訴訟標的金額或價額徵收裁判費。然股東代表訴訟之訴訟標的金額，一般而言可能頗爲龐大，如按通常民事財產權訴訟徵收裁判費，其金額往往並非一般股東所能或所願意承擔。茲再討論如下：

　　（一）股東代表訴訟裁判費之收取，造成股東提起訴訟之成本負擔，亦屬股東是否藉由股東代表訴訟制度維護公司或股東自己權益之誘因，尤其是公開發行股票之公司。

　　（二）日本於1993年修改商法，將股東代表訴訟視爲非財產請求權訴訟，一律按8200日元收費，因此，日本股東代表訴訟繫屬地方法院及高等法院的數量不斷增加，1993年修正前爲31件，1993年爲86件，1994年爲135件，1995年爲162件，1996年爲163件，1997年增加到187件，

1998年為200件，1999年為220件，2000年為206件，2001年為189件，2002年為163件，由股東代表訴訟案件增加情形可知徵收裁判費方式確實影響股東代表訴訟之提起意願。或有以為將股東代表訴訟規定為非財產訴訟，有違公平原則。

（三）本書以為，股東代表訴訟與其他財產訴訟尚存在不同之處，即代表訴訟的勝訴利益是直接給付於公司而非原告股東，因而有必要對代表訴訟為特別規定之必要，將股東代表訴訟明定為「非財產權訴訟」，使原告股東依2003年修正通過之我國民事訴訟法第77條之14第4項規定，僅需繳納定額之裁判費計新臺幣3千元，以鼓勵股東積極提起股東代表訴訟。

三、股東代表訴訟之訴訟標的為「董事（或監察人）對公司應負之責任」，原屬於公司權利，而股東代表訴訟判決之效力及於公司，判決結果將影響公司權利，使其受有利益或不利益，為保障公司權益，股東提起後自應立即告知公司，使公司得決定是否加入訴訟或為其他參加及提出攻擊防禦。惟我國公司法並無明文規定股東之告知義務，依民事訴訟法第65條第1項規定當事人「得」於訴訟繫屬中，將訴訟告知於因自己敗訴而有法律上利害關係之第三人；同法第67條之1第1項規定，訴訟之結果，於第三人有法律上利害關係者，法院「得」於第一審或第二審言詞辯論終結前相當時期，將訴訟事件及進行程度以書面通知該第三人。前述訴訟法上規定亦僅規定「得」告知而非「應」告知，就此原屬公司權利例外由股東提起之情形，對公司及全體股東保障尚有不足，應可參考日本會社法第849條第3款規定「股東提起

追究責任等訴訟時，應立即向股份有限公司為訴訟告知。」，使股東於提起股東代表訴訟後有立即告知公司之義務，雖尚無法律明文，惟股東代表訴訟之效力既及於公司及股東，此類訴訟應限縮法官裁量權，而認有職權主動為訴訟告知之義務。

四、公司及全體股東受股東代表訴訟判決效力所及，於法律上或事實上將因該訴訟之內容或結果，受有利益或不利益，當應保障其於訴訟中之權利，使其得以訴訟參加之方式加入訴訟，於訴訟程序中主張權利，民事訴訟法上訴訟參加大致可分為輔助參加、共同訴訟輔助參加及共同訴訟參加三種，我國公司法中對公司及其他股東是否可參加股東代表訴訟、如何參加，則未有著墨，參考日本會社法第849條第1、2項，其認股東或股份有限公司，得為共同訴訟人，或為輔助當事人之一方而參加追究責任等訴訟。參加之對象不限於提起訴訟之原告方（起訴股東）亦包括被告（被訴董事、監察人），惟若因股東或公司參加訴訟將不當遲延訴訟程序或明顯對法院造成過大負擔時，法院得不准許其參加。另股份有限公司為輔助董事（監察委員除外）、執行人、清算人或歷任前開職務之人，而參加追究責任等訴訟時，應依下列各款股份有限公司的區分，取得各款規定之人之同意：①設有監察人之公司監察人（在有兩以上監察人的情況，各監察人之同意）；②設有委員會之公司各監察委員。即公司參加被告一方時，須經公司監察人或監察委員之同意。

五、得為公司提起訴訟股東提起訴訟時，法院因被告之申請，得命起訴之股東，提供相當之擔保。此項規定之理由有二，一在防止股東濫行訴訟或干擾公司營運，甚或藉代表訴訟謀取不當利益；另一方面，在於確保因訴訟對被告董事產生損害賠償時，被告董事

的損害賠償請求權得以實現。

六、代表訴訟之原告股東勝訴時，訴訟費用（起訴裁判費及法院調
　　查、勘查等費用）是由敗訴被告董事負擔。除此之外之其他訴
　　訟費用（如訴訟之調查費用、旅費等）以及律師報酬等相當金
　　額，依我國民事訴訟費用核定，律師費用之酬金，除於第三審
　　法院採強制律師代理主義下，故認屬訴訟之必要費用，第一、
　　二審律師酬金則不屬之。另有關事實調查費用、原告股東之旅費
　　及膳食交通費用，實務上一般亦認非屬必要費用，故此部分如何
　　請求？是否屬公司法第215條第2項之損害？解釋尚有疑義。參
　　考日本會社法第852條認提起股東代表訴訟所支出之必要費用，
　　可向公司請求，我國尚無此規定，對起訴股東保護即有不周，且
　　亦大大降低股東提起代表訴訟之意願。蓋勝訴判決之利益歸屬
　　於公司，費用負擔當亦一併屬於公司，就此有參考日本立法之
　　必要。原告股東敗訴時，訴訟費用、訴訟必要費用及律師報酬
　　等，全數由敗訴之原告股東負擔。

問題 *73* 股東對董事可訴追之責任範圍為何？

要點！

• 股東代表訴訟是對董事之賠償責任，股東代表訴追之制度。

• 現任董事不在話下，已退任董事，以及其繼承人也可對其訴追。

• 董事就任前是公司員工，在員工時期對公司發生之債務可否訴追？又董事與公司間所發生之債務是否也可以代表訴訟追究？

參考條文

　　公司法第193條、第212條、第214條，民法第1148條，日本會社法第423條。

※相關問題：第68題、第71題。

說 明

一、股東代表訴訟是股東代表公司對董事（或監察人）應負之賠償責任，訴追的一種制度。股東在代表訴訟程序中，得為公司向董事行使請求權的範圍為何？依我國公司法第193條規定董事會執行業務，應依照「法令章程及股東會之決議」。董事會之決議，違反「法令章程及股東會之決議」，致公司受損害時，參與決議之董事，對於公司負賠償之責，並未對責任內容為列舉規定，而公司法第214條規定「…股東得以書面請求監察人為公司對董事提起訴訟」、「前項股東得為公司提起訴訟…」，依法條文義觀之，對股東提起代表訴訟之範圍並未設限，只要是公司得以董事為被告之任何訴訟，股東皆得提起代表訴訟。

二、股東提起代表訴訟之範圍，是否應有限定，我國實務及學說上，對此問題仍缺乏廣泛之討論，就此借鏡日本之學說及實務上的探討，日本主要有全額債務說及限定債務說二種：

（一）全額債務說，此說認為除舊商法第266條（現行日本會社法第423條）之損害賠償責任及第280條之13所規定之資本充實責任外，尚包括董事對於公司之契約上債務，即董事對於公司負擔一切債務或責任，均可藉由代表訴訟追訴上開責任。

（二）限定債務說認代表訴訟所追究之責任，應重其發生之原因，董事對公司之一切債務，並非必然發生董事之責任，代表訴訟之對象限於董事之損害賠償責任，交易上債務應不包含在內。

（三）現行日本會社法第847條第1項規定，提出訴訟類型為提

起責任追究之訴、或提出第120條第3項之利益返還請求之訴、或依第212條第1項或第285條第1項規定提出給付訴訟，即除了怠於職務之損害賠償責任（如日本公司法§423、§53、§486I）以外，關於利益返還之訴（日本會社法§120III），只限於有關設立當時的實物出資的價額填補責任（日本會社法§52）、違法分配責任（日本會社法§462、§464、§465）、責任免除之限制（日本會社法§424、§55、§462第3項、§465第2項、§486第4項），只有這些責任可用股東代表訴訟追究責任。

（四）惟日本最高裁判所則有判決（日本最高裁判所平成21年3月10日判決）認契約上債務亦屬股東代表訴訟之對象。

三、我國公司法第212條及214條有關對董事提起訴訟僅於條文中規定「對董事提起訴訟」，而未說明對董事提起訴訟之範圍，然董事責任及義務之產生，植基於其以董事身分所為「執行公司業務」之行為，除此之外，如董事以其個人身皆與公司為契約上交易行為，於交易完成後，若涉及債務不履行，既為交易之對造，就該交易之履行責任，當非屬其以董事身分對公司應盡之忠實義務規範範圍，亦非「執行公司業務」之行為，不在股東代表訴訟追究範圍內。至於對該債務不履行行為怠於請求或追究時，如因該怠於請求或追究而損害公司，此時股東當可就怠於請求或追究之董事提起訴訟，故應認股東代表訴訟之追究範圍，仍應限於董事因「執行公司業務」，依公司法或公司法相關法令所衍生出之義務與責任。

四、現任董事不在話下，已退任董事，以及其繼承人也可對其訴追。對董事（或監察人）之賠償責任之追究，於卸任董事（或監察

人）職位後，就其於任職中所發生之損害賠償責任，不因卸任董事（或監察人）職位而免除，公司仍可追究，則股東當然亦仍可對其提起代表訴訟。董事（或監察人）死亡後，依我國民法第1148條第1項繼承人自繼承開始時，承受被繼承人財產上之一切權利、義務。則董事（或監察人）對公司之賠償責任不因董事（或監察人）而受有影響。惟我國民法關於繼承人對被繼承人之債務責任範圍於98年6月10修正改以因繼承所得遺產為限，故股東雖得對董事（或監察人）之繼承人提起代表訴訟，然繼承人所負責任範圍以繼承所得遺產為限。

五、如果董事就任前是公司員工，在員工時期對公司發生之債務可否訴追？又董事與公司間所發生之債務是否也可以代表訴訟追究？

如前所述，股東代表訴訟之對象限於董事（或監察人）以董事（監察人）身分所為「執行公司業務」之行為，及因此依公司法或公司法相關法令所衍生出之義務與責任，若僅為一般交易責任，乃其立於個人身份與公司為法律行為，不宜以股東代表訴訟追究。董事就任前是公司員工，在員工時期對公司發生之債務，並非其以董事身分為公司執行業務，不宜以股東代表訴訟追究。

74 被告董事對於不當的代位訴訟，應如何對抗？

要點！

- 被告董事得釋明提訴股東依據顯屬虛構事實提起訴訟，按公司法第214條第2項中段向法院聲請命原告供擔保，以防阻止濫訴的發生。
- 或者揭穿原告起訴的不法意圖，請求法院裁定駁回訴訟。
- 或者在被告董事勝訴時對主張顯屬虛構事實的敗訴股東按公司法第215條第1項請求損害賠償。

參考條文

公司法第214條第2項、第215條民，民法第148條。

※相關問題：第71題、第78題。

說　明

一、依公司法214條第2項，法院得依被告董事的聲請命起訴股東提
　　供擔保。關於受擔保利益人究竟爲公司或者被告董事，學說上有
　　所爭議。本書自訴訟當事人及聲請主體的角度，認爲被告董事始
　　爲受擔保利益之人。而對於法院命供擔保之要件爲何，法條則隻
　　字未提，謹討論如下：

　　（一）供擔保即在避免損害無法獲得滿足，而受擔保利益人即
　　　　　被告董事，依公司法第215條第1項對提訴股東即有損害
　　　　　賠償請求權，故本書以爲公司法第214條第2項中段的供
　　　　　擔保即在保全被告董事的公司法第215條第1項的賠償請
　　　　　求權。是以只有在被告董事可以釋明其具有公司法215
　　　　　條第1項賠償請求權的前提下，始有受擔保利益保障之必
　　　　　要。若無法釋明被告董事對於提訴股東損害賠償請求權
　　　　　之存在，也就沒有必要給予特別的保障。

　　（二）而查其要件，分別爲「敗訴的股東」以及「依據顯屬虛
　　　　　構的事實」。敗訴與否，由於在法院判決前，皆無定
　　　　　論，自不宜成爲供擔保判斷的要件。故能成爲供擔保要
　　　　　件者，僅剩「依據事實顯屬虛構」。如此一來，此供擔
　　　　　保不僅能保全被告董事上述權利（公司法第215條第1
　　　　　項），亦能提高無所依據的股東濫訴的成本，達到遏阻
　　　　　濫訴的效果。

二、另外自日本司法實務界發展出來的股東代位訴訟濫用制度，我國
　　可以自民法第148條權利濫用禁止中找到依據。而對於濫用與否
　　的判斷依據，就必須回到股東代位訴訟的功能做討論。如果重在

回復公司資產，如果對公司只造成顯微侵害的案件提訴就有濫用之可能；如果重在糾正業務經營，則對於董事違法情節輕微的案件提訴就有構成濫用之可能。但無論採哪種見解，若提訴股東若是出於詐害公司債權或者圖謀私利而提起代位訴訟者，均屬於股東代位訴訟的濫用。然另有一種情形是提訴股東確實有為公司訴追責任的意願，只是其動機出於競選下任董事或者個人政治好惡、生態環保理念……等，則不會當然構成股東代位訴訟的濫用，兩種情形的差別之處在於，提訴股東到底有沒有替公司落實責任訴追的意願，若僅是圖謀私利或詐害公司債權，則因欠缺這種意願，構成股東代位訴訟濫用；若具有此種意願，儘管有其私利動機時，則不當然構成股東代位訴訟濫用。

三、董事在獲得勝訴判決後，得依公司法215條第1項對依據顯屬虛構事實的敗訴股東請求損害賠償，其性質屬於侵權行為，該賠償請求權的詳細介紹，請參閱問題第79題。

問題 75 代位訴訟中，公司的地位如何？

要點！

- 公司在股東代位訴訟中，可以選擇參加提訴股東方或者被告董事方，參加類型都屬於民事訴訟法第62條的獨立從參加。若公司欲合法訴訟參加被告董事方，需主張法律利害關係（參加利益）之所在。

- 公司也可以選擇中立不參加訴訟，但須受到判決效力所及且不得提起第三人撤銷之訴，只有在具有再審事由時，可以提起再審。

- 在實體法上，股東得依公司法第210條向公司行使查閱權，同時在訴訟法上，公司也可能受證人義務所拘束，而有書證提示的義務。

參考條文

公司法第202條、第210條、第212條、第213條、第214條，民事訴訟法第62條、第65條、第67條之1、第344條、第348條、第401條、第507條之1。

※相關問題：第71題。

說 明

一、雖名為股東代表訴訟，但從我國實務到學說見解，均認為實為代位訴訟。而因為公司才是真正的權利義務主體，所以公司對於該訴訟有法律上利害關係並沒有疑議。按民事訴訟法第65條及第67條之1，提訴股東和法院都得對公司為訴訟告知。雖依公司法第214條第1項少數股東需先向監察人為書面請求，但最後股東究竟提起股東代位訴訟與否，尚未確定。所以有必要透過訴訟告知，讓公司知悉訴訟的進行。但因我國民事訴訟法未將訴訟告知列為法定義務，僅是賦予法院或者當事人訴訟告知的權限而已，所以在未踐行訴訟告知的情況下，最多只能說未盡事前程序保障，而得讓公司主張民事訴訟法第507條之1的第三人撤銷訴訟。

二、至於應否對於其他股東為訴訟告知，涉及到其他股東參加利益的判斷。基於股東乃是公司實質所有人立場，最多也只能解釋出股東對該訴訟具有的經濟利益，而經濟利益無法成為民事訴訟法上的法律利害關係，自難以此認為股東具有參加利益。但因為本書主張提訴股東是代表其他股東提起股東代位訴訟[1]，所以按民事訴訟法第401條第2項的規定判決效力會及於其他股東。故本書以其他股東會受判決效力所及解釋參加利益之所在，而有受訴訟告知的權利。另一方面，對於股東為訴訟告知的手續繁雜，或者可由最熟悉股東資訊的公司為之，也可以考慮透過公告的方式為之，然此問題有待修法加以解決。

---

[1] 股東代位訴訟的雙重性質，提訴股東是代表全體股東去代位公司行使其對董事得責任追訴權。提訴股東和其他股東的關係是代表；而提訴股東和公司之間的關係屬於代位。

三、股東代位訴訟中，因股東主張者為公司之債權，若其敗訴勢必對真正債權人（即公司）產生影響，是以承認公司對於原告方（即股東方）具有參加利益，並無爭議。問題出在公司得否加入被告方（即董事方）。因股東所主張者為公司的債權，若允許公司得參加被告方，則可能導致原告股東敗訴，致公司喪失此訴追的機會，據此難以承認公司對被告方的參加利益；但基於保障公司商譽或者對抗股東濫訴的立場，似乎又有承認公司訴訟參加被告董事的必要。關於此問題因為我國公司法沒有同日本會社法有股東代位訴訟參加的特別規定，所以到底能不能參加，還是必須回到民事訴訟法上，對於參加利益的判斷。公司若只主張事實上或情感上的經濟利益，仍舊無法為訴訟參加。

四、至於由公司何機關進行訴訟參加，亦有討論之必要。因訴訟行為非公司法第223條規範內容，且自公司法第213條的授權客體[2]，也無法得到監察人為訴追董事責任的當然法定機關。據此難以認為監察人為股東代位訴訟中，公司訴訟參加時之法定代表機關。然自公司法第212條和第202條規定，均能導出股東會或者董事會的董事責任訴追權，舉重以明輕下，兩機關也應該有決定訴訟參加的權限，若由股東會決定參加訴訟，則訴訟參加代表人按公司法第213條規定處理；若由董事會決定參加訴訟，則由公司法定代表機關董事長代位參加訴訟。

五、當然，公司也可保持中立而不參加任何訴訟，但須注意的是，因為已經賦予公司事前程序保障，故公司縱使一副置身事外貌，仍會受到判決效力所及，且無法主張民事訴訟法第507條之1事

---

[2] 股東會亦得選任監察人以外之人授權。

後程序保障，頂多在具備再審事由的情況下，提起再審之訴而已。

六、關於公司在股東代位訴訟中，所負的書證開示義務，主要可分為實體法和訴訟法兩大部分做討論。實體法依據主要在於公司法第210條的規定；而訴訟法的規定主要在於民事訴訟法第348條準用第344條的第三人書證開示義務的解釋。股東若要按公司法第210條主張章程簿冊查閱權，必須說明利害關係。何謂利害關係，難以解釋。立法例多以正當理由作為帳簿閱覽權的界限，只要股東是為了維護自己的經濟利益而有查閱帳簿的必要，就可以認為具有正當理由。若以民事訴訟法348條準用344條第三人書證開示義務，要求公司提出書證，此時公司就是基於證人的地位受到證人義務的要求，至於可以要求公司提出書證到怎麼樣的程度，這就是民事訴訟法證人義務處理的問題了。

問題 **76** 公司在代位訴訟中，能對董事給予什麼支援？

要點！

• 公司對被告董事之支援，首要方法是參加被告之方之訴訟。

• 公司在不參加訴訟，或參加提訴股東方時，並不得給予被告董事逾越證人義務的援助，如：資金、人力（包含顧問律師在內）等。

參考條文

公司法第210條，民事訴訟法第58條、第62條。

※相關問題：第72題、第75題。

說　明

一、同前問題所討論的，在我國公司法未對股東代位訴訟的訴訟參加做出特別規定的情況下，公司能否訴訟參加被告董事方的訴訟，端視公司主張的參加利益為何？而單憑事實上的利害關係，是絕對無法訴訟參加被告董事方（參閱問題第75題）。若公司得主張合法的參加利益，參加訴訟的類型屬於受判決效力所及的獨立從參加（民事訴訟法62條）。

二、若公司選擇參加原告股東方，則因為受判決效力所及，參加類型屬於民事訴訟法62條的獨立從參加，準用民事訴訟法56條不得為不利於提訴股東方的相歧異行為，同時也禁止公司提供對被告董事有利資源。若公司選擇不參加訴訟，就表示公司立場中立。如此之下，自不許公司表面中立，卻任意對任何一方提供任何超越證人義務或者公司法210條以外的實質援助，否則明顯和其立場有違。

問題 77 代位訴訟得否和解？如何和解？

要點！

- 法律既無禁止股東代位訴訟的和解，自不應禁止股東代位訴訟的和解，否則形同法律強迫人民爭訟。
- 股東代位訴訟的和解，在未給予公司程序保障的前提下，和解效力不應該及於公司，但如果因可歸責於公司事由，在賦予公司程序保障後，公司在一定期間內不表示意見時，和解效力應該及於公司。

參考條文

　　民法第184條，民事訴訟法377條、第380條。

　　※相關問題：第71題、第75題。

說　明

一、股東代位訴訟與一般訴訟相同，除非法有明文，否則訴訟當事人
　　應皆得以和解。然而，持反對見解者乃是認為，若允許董事與
　　股東和解，則容易造成股東代位訴訟制度，淪為股東謀求私利的
　　工具，背離股東代位訴訟之制度目的。但是，對於謀取私利的
　　股東，公司得透過參加訴訟，來制約提訴股東（參照問題第76
　　題），或者立法增訂再審事由，以推翻詐害訴訟之確定判決，以
　　及訴請提訴股東與被告董事之不法和解，對於公司所造成的損害
　　負賠償責任（民法§184I後段），也能夠撤銷或者在具有無效瑕
　　疵的和解（民事訴訟法§380）下，另行起訴。如果單單僅禁止
　　提訴股東和被告董事成立和解，強迫已無意願續行訴訟的股東繼
　　續訴訟，在民事訴訟法辯論主義下，判決結果對於公司而言，也
　　不一定比較有利。且和解所能帶來的程序成本的節省，也應該成
　　為當事人衡量訴訟進行與否的依據之一，並沒有理由阻止股東代
　　位訴訟的和解。否則就是法律強迫無爭訟意願的當事人進行爭
　　訟。

二、公司才是股東代位訴訟的實質所有人，自然有必要在股東代位訴
　　訟和解時，給予公司陳述意見的機會，故理論上，法院應對公司
　　為和解告知。在對公司為和解告知後，若公司表示不同意該和解
　　案，公司即不受該和解效力所及；若公司受和解告知後，一段時
　　間內，不表示異議時，基於對自己行為負責任，既已賦予程序保
　　障，即應該受到該和解效力所及。

問題 **78** 被告董事勝訴或敗訴的權利義務如何？

要點！

- 勝訴董事按公司法第215條第1項可向提訴股東請求損害賠償，且訴訟所支出費用按民法第546條可向公司請求償還訴訟費用。
- 敗訴董事依判決向公司支付損害賠償。

參考條文

公司法第214條第2項中段、第215條，民法第184條、第546條。

※相關問題：第71題、第76題、第79題。

說　明

一、公司法第215條第1項損害賠償之性質

　　依公司法第215條第1項，勝訴董事得對主張顯屬虛構事實的敗訴股東請求損害賠償。其性質屬於侵權行為，依其受害的客體不同而分別適用民法第184條不同規定。

　　至於顯屬虛構事實的判斷標準，本書認為應採客觀判斷[1]。因被告董事受侵害的客體不同，而有可能適用民法第184條第1項前段規定，按該規定性質屬於過失責任，若要求提訴股東必須認識到其所主張的事實顯屬虛構，則形同提高提訴股東的歸責程度，達到故意層級，將變相將公司法215條第1項為故意之損害賠償責任。

二、至於被告董事能不能請求公司補償支出的訴訟費用，端視該訴訟費用是否為委任關係下，受任人因業務執行所支出的必要費用。在董事的敗訴情況時，即表示董事須對該事件對公司負責，很難認為這場訴訟的進行，屬於委任關係下所必要；但在董事勝訴時，則可認為此訴訟，源自正當業務執行所生的紛爭，且進行該訴訟屬於必要的範圍，自得按民法第546條向公司主張補償所支出的訴訟費用。

三、若董事敗訴，股東代位訴訟的訴之聲明就是向公司為給付，所以公司可以執行該代位訴訟的判決名義，並沒有問題。

---

[1] 只要是一般人認為顯屬虛構即可，至於當事人認識與否均非所問。

問題 79 提訴股東勝訴或敗訴，對公司之權利義務關係如何？

要點！

- 股東既有權為公司提起訴訟，即非屬於無因管理，故縱使提訴股東勝訴，也無法向公司主張無因管理之費用，形成公司坐享其成，提訴股東完全吸收整個訴訟成本的結局，故有立法解決勝訴股東對公司的訴訟費用請求權的必要。
- 敗訴股東依公司法第214條第2項後段有對為公司賠償損害之義務，性質上屬於法定責任，無過失責任。此種法定責任對於提訴股東而言，實在嚴苛，也有必要加以立法解決。

參考條文

公司法第214條第2項後段、民法第172條。

※相關問題：第71題、第75題、第78題。

說　明

一、日本會社法明文規定，勝訴股東得向公司請求支出的訴訟費用，而我國並未有此明文，是以我國法制下勝訴股東得否向公司主張訴訟費用，關鍵在於無因管理的成立與否？按我國民法第172條條文規定，從文義上雖看似強調在管理人無義務的存在，實指無法律上之權源而為他人管理事務。而公司法第214條明文賦予少數股東代位訴訟的權限，所以無法成立無因管理。既無法成立無因管理，我國法又沒有特別規定賦予勝訴股東的訴訟費用請求權，最後提訴股東必須吸收整個股東代位訴訟的成本，形成權利義務的嚴重失衡，有待立法加以解決。

二、按公司法第214條第2項後段的規定，敗訴股東對公司因敗訴所受之損害，必負賠償責任。其性質為法定責任，只要是因為敗訴所造成的公司損害，即需按此規定負責，至於故意過失與否，則非所問。這種無過失責任的損害賠償規定，對於提訴股東要求過苛。參考日本會社法規定，提訴股東需有惡意始須對公司負損害賠償責任，或許可以成為我國修法的參考。

除了代位訴訟以外，股東有無其他方式，可訴追董事責任？

要點！

- 股東對董事會違法行為的事前防止請求權，乃是透過凍結董事會的業務執行權達到制止公司為特定行為的目的。這種制止請求權效力就端視董事會業務執行權範圍而認定，至於是否為董事會所為的決議，則非所問。
- 股東會也得透過決議解任董事或者以提早改選的方式解任全體董事，若有重大損害公司或者違法或違反章程的重大情事時，持股百分之三的股東也可以選擇訴請法院裁判解任之。

參考條文

　　公司法第194條、第199條、第199條之1、第200條，民事訴訟法第532條、第538條。

※相關問題：第9題、第23題、第71題、第72題、第74題。

說　明

一、我國公司法第194條明文規定，董事會決議違反法令或章程時，繼續持有一年以上的股東得請求董事會停止其行為。此為事前違法行為阻止請求權，訴訟上或訴訟外均有所適用，只是董事會並不一定要按照請求股東之意向而停止特定行為，所以透過訴訟之方式，達到拘束公司是最具實益的方式。

二、從訴訟結構來看，因為公司法第194條並未與第214條相同，有為公司提起訴訟之文字用語，所以原告是股東，性質上也不是代位訴訟。而董事會是公司的機關，公司機關是不具有當事人能力，無法成為被告。故此時訴訟當事人應為股東和公司，而由董事長為公司的代位人。

三、就供擔保面而言，日本會社法有準用供擔保制度的規定，而我國得否透過類推股東代位訴訟的制度，作出相同解釋，討論如下：

（一）首先，日本會社法的供擔保是建立股東惡意的情況，但我國股東代位訴訟的供擔保，只能建立在被告的損害賠償（公司法§215I）之上，參閱問題第75題。

（二）而請求違法行為停止之訴的被告是公司，所以公司才是享有受擔保利益之人，故衡量的是公司（被告）在此消極不作為之訴中，可能受到的損害。要件則參考公司法第215條第1項的規定，「依據顯屬虛構事實」和「敗訴股東」，但在聲請供擔保階段，何方勝訴、敗訴尚未確定，故要件只會有依據顯屬虛構的事實。是以被告公司只要釋明「依據顯屬虛構事實」的要件即可。

（三）其次，有關制止請求權與假處分之行使，判決只有在確定後，才能產生拘束公司爲特定行爲的效力。相對的，在判決確定前，公司並不受股東意思的拘束。爲了能夠即時制止不法行爲的發生，假處分的發動有其必要。但公司法第194條規定，只表彰股東有要求公司不作爲的請求權，並沒有當然承認股東有聲請假處分的權利，所以其保全程序的要件，還是要回到民事訴訟法第532條或第538條規定來判斷。在聲請假處分或定暫時狀態的假處分時，所適用供擔保制度，也純粹是民事訴訟法的問題，和先前所討論的股東制止請求權，類推適用股東代位訴訟的供擔保性質上有所不同。

（四）其他特殊爭議問題之探討：

1. 經董事會之決議通過，已授權董事（長）實行。由於公司法第194條僅規定適用於董事會，若董事會已經決議而委託董事長代爲實行時，是否仍有適用。本書以爲，業務執行權專屬董事會，而其他如經理人或者董事長等輔助人，都是在輔助董事會完成業務執行，所以只要能夠在訴訟上，凍結住董事會的業務執行權，其他受託完成的輔助人，不管是董事長或者經理人，也當然受到限制。公司法第194條之所以明文董事會，只是因爲董事會才是眞正的業務執行機關，也是業務執行權的源頭。

2. 董事會未爲決議，而授權由他人決策或全權處理。在董事會未爲決議，完全將該事務的決策和實行權委由他人時，是否也有適用？自條文觀察，似乎公司法第

194條規定，是在制止不法的董事會決議，而無法適用。但因爲其他輔助人是代替董事會所做的決定，性質上同於董事會做成的決議，所以也在事前制止的範圍裡。惟本書認爲，公司法第194條的規範對象之所以限制於董事會的會議，一者爲董事會才是業務執行權的源頭，二者爲董事會是會議體，往往透過決議方式爲之，但只要是董事會的業務執行權範圍所及之處，都是違法行爲制止請求權的範圍，至於決議與否則非所問。

3. 未經董事會決議或者授權處理，董事長逕爲交易。在董事會未決議也未授權的情況下，董事長逕自爲業務執行行爲時，是否有所適用？此涉及董事長的固有代表權以及董事會業務執行權的運作與互動。但無論如何，董事長的代表權是固有的，並不屬於董事會的業務執行權的一環，故縱使透過違法行爲制止請求權，凍結董事會的業務執行權，仍舊沒有辦法處理董事長濫用代表權的問題，兩種權限分屬不同機關，是不同層次的問題，所以無法以該制度制止董事長的交易行爲。至於這種行爲的效力如何，請參閱問題第23題。

4. 失格的董事組成的董事會。失格董事組成的董事會根本不是董事會，無法以公司法第194條規定處理。這時可依定暫時狀態的假處分，對爭執狀態中的董事擔當人，主張停止其行爲，使其無法行使董事職權。

5. 失格的董事長。董事長的行爲，除非爭執的是業務執行權的問題，如董事會做出一個違法決議，授權董事

長爲之，或者授權董事長爲業務執行的決策時，董事長做出一個錯誤的決定，這時候才能以凍結業務執行權的方式，制止董事長爲特定行爲。否則，無論董事長失格與否，這屬於代表權問題的層次，不是公司法第194條規定所能處理的問題。但是，仍舊可以透過爭執董事長的合法性問題，以定暫時狀態的假處分達到制止的目的。

6. 議案已執行完成。若該違法議案，已經依董事會之決議執行完畢，事前違法制止請求權，就沒有發動的空間，反應在訴訟上，就是欠缺訴之利益了。這時候要考慮的，就是事後責任追究，股東會就循公司法第212條規範之路徑追究責任。而少數股東可以選擇的，則是同法第214條所規範之代位公司提起訴訟，請參閱問題第72題。

四、透過股東解任董事方式有三，分別爲公司法第199條和第199條之1以及第200條之規定，其效力有所不同。前兩者乃是透過決議的方式直接或間接解任董事，性質上屬於決議解任；後者則是透過法院裁判的方式解任董事，屬於裁判解任。決議解任如果進入爭訟，主要爭執點在當事人，到底還是不是某公司的董事，法院只能依據股東會決議的效力確認其地位，其判決並沒有形成董事、監察人地位的效力；但裁判解任乃是透過法院的裁判直接形成董事地位的變動，屬於形成之訴，董事的地位端視法院的判決。也因爲決議解任和裁判解任的本質不同，所以董事解任的時間點，也有所差異，如果是決議解任，則法院的判決只是在確定董事地位形成與消滅，原則上在股東會決議發生效力時，董事就

已經解任；但是，裁判解任則是透過判決形成董事地位，所以須到判決確定後才會產生解任董事的效力，而沒有溯及既往的效力。

問題 81 董事對第三人責任為何？

要點！

- 董事在公司業務執行時是公司之機關，不具人格，致他人受有損害時，該損害行為之主體是公司，公司該負責任，原則上董事不負責任。
- 公司法23條2項規定對他人之損害應與公司連帶賠償之責，該規定之說明。
- 公司法第23條第2項與民法28條規定之比較說明。
- 董事對第三人責任有：1.公司法第23條第2項之任務懈怠之情況與2.特別規定（如虛偽記載、登記等）之情況，兩者責任要件，舉證責任之不同之說明。
- 一般董事與董事長對第三人責任之差異。

參考條文

公司法第8條、第23條、第193條，民法第28條、第184條至第193條之3。

※相關問題：第82題、第83題、第84題。

說　明

一、董事在公司業務執行時是公司之機關，不具人格，致他人受有損害時，該損害行為之主體是公司，公司該負責任，原則上董事不負責任。所謂公司乃以營利為目的，依公司法組織、登記、成立之社團法人。公司既係法人，則其本身為權利之主體而有權利能力，得獨立從事交易。惟因公司無自然人之自然實體，其對外為行為時，由其代表機關代表之，公司之代表機關，於其權限範圍內，代表公司與第三人所為之行為，在法律上視為公司本身之行為，法律效果當然歸屬於公司，故董事在執行公司業務時是公司之機關，因而致他人受有損害時，該損害行為之主體是公司，公司該負責任，原則上董事不負責任。

二、如前所述，公司負責人在公司業務執行時是公司之機關，不具人格，因執行業務造成他人損害，原則上應由公司負責，惟為防止公司負責人濫用其權限致侵害公司權益，同時為保障受害人之求償權，在公司負責人執行業務因而致他人受有損害時，公司法第23條第2項規定，要求公司負責人應與公司負連帶賠償之責。

三、公司法第23條第2項之成立要件為：

　　（一）須為公司負責人之行為。具有代表公司之權限之負責人，對其違背法令之行為依公司法第23條負連帶責任，自屬當然。根據我國公司法第8條規定，公司負責人並非均具有代表公司之權限，如股份有限公司除董事長以外之董事並無代表權，依法亦屬公司負責人，蓋因其參加董事會決議決策過程，除經表示異議，且有紀錄或書面聲明可證者，免其責任（公司法§193II），否則亦應與

代表公司之負責人，同負損害賠償之責。

（二）須係因執行業務而發生。執行業務，應作廣義解釋，凡處理有關公司之事務者，均屬之。且不以因積極執行業務而生之損害為限，如依法律規定，負有執行之義務而怠於執行所加於他人損害，亦屬之。

（三）是否須具備侵權行為之要件？公司法第23條第2項之性質，究為特別侵權行為責任或者法定之特別責任，實務及學者均有不同意見。採特別侵權行為責任說者，認須具備民法侵權行為之要件，行為係出於故意過失，始足該當適用本條。採法定之特別責任說，認公司法第23條第2項為法律之特別規定，董事與公司間存在違法行為＝任務懈怠行為（即執行業務有過意或重大過失），第三人僅需就該任務懈怠行為與第三人之損害有相當因果關係之事實舉證，即足以肯定對第三人之賠償責任。（參照問題第82題）

四、公司法第23條第2項與民法28條規定之比較說明：

公司法第23條第2項之性質，學說上分為特殊侵權行為責任說及法定特別責任說（參照第82題），則依所採學說不同分別說明如下：

（一）特殊侵權行為責任說

民法之侵權行為可分為：一般侵權行為及特殊侵權行為兩種，前者指的是民法第184條之規定，後者則如民法第185條至第193條之3之規定，民法第28條乃就法人之侵權行為所為之特

別規定，亦屬特殊侵權行為之一種，特殊侵權行為若有構成要件不完整之處，應以一般侵權行為要件補充之。

公司法第23條第2項與民法第28條之規定大致相同，惟並非完全一致，其不同之處包括規範主體：公司法第23條第2項規範主體為「公司負責人」，民法28條規範主體為「法人」；行為主體：前者為「公司負責人」之行為，後者為「董事或其他有代表權之人」之行為；違法態樣：前者為「違反法令致他人受有損害」，後者為「因執行職務所加於他人之損害」。該二法條雖略有不同，然均在規定公司或法人對於其執行機關因執行職務使他人受損害時，公司或法人須與行為人同負侵權行為之賠償責任，二個條文之規定重覆有疊床架屋之嫌。

在此說下，公司法第23條第2項與民法第28條如何適用？如就公司法第23條第2項採特殊侵權行為責任說，依特別法優於普通法之法理，公司法第23條第2項應優先於民法28條適用。

（二）法定特別責任說

民法第28條「因執行職務所加於他人之損害」與公司法第23條第2項「對於公司業務之執行……致他人受有損害」兩條文之表現，顯然前者 是職務執行直接加害他人之職務上侵權行為，後者是職務執行之任務懈怠致使他人受損害之特別責任之規定。又民法第28條是侵權行為人董事之責任，追加公司責任，而公司法第23條第2項正好相反，為公司責任之上再追加董事責任，兩者則認性質與責任連帶之構造均不相同，兩者儼然為不同之規定。

五、董事對第三人責任有公司法第23條第2項之任務懈怠之情況與特別規定（如虛偽記載、登記等）之情況，兩者責任要件、舉證責任不同，說明如下：

（一）公司法第23條第2項採特殊侵權行為責任說下，認應具備侵權行為要件，亦即該責任之成立以公司負責人執行時，有故意或過失為必要。故第三人均需舉證公司負責人係出於故意或過失。

（二）公司法第23條第2項採法定特別責任說下，只要在董事與公司間存在違法行為＝任務懈怠行為（即執行業務有過意或重大過失），第三人僅需對該任務懈怠行為與第三人之損害有相當因果關係之事實舉證，即足以肯定對第三人之賠償責任。而特別規定（如虛偽記載、登記等）之情況，第三人仍須對董事為特別規定（如虛偽記載、登記等）之行為時，有故意過失負舉證責任。

六、我國公司法制在90年公司法修改以前，存在著董事個人為獨立業務執行機關，以及董事長代表機關。同年的修法導入美國制度中董事會為業務執行機關的設計，董事的地位變成董事會構成的一分子而已，更具體的說，董事已不是公司的機關，而董事會從董事中選出董事長，行使公司代表行為，現行公司法股份有限公司之董事，已非公司之機關，僅是業務執行機關董事會之構成員之一，除非另有特別個別委任之外，其法定任務，唯有出席董事會行使表決權與業務執行之決議，董事無權也無義務獨自實行業務執行；然公司業務執行之權利依法屬董事會，則董事就其於董事會中所為決策行為仍應負責，此見公司法第23條第2項規定責任主體為「公司負責人」，同法第8條規定，公司負責人在有限

公司、股份有限公司為董事，董事為業務執行機關董事會之構成員之一，作成董事會決議之一份子，就其決議產生之損害依公司法第193條第2項規定，對公司負賠償責任，則若因依董事會決議執行業務，因而造成第三人損害，依公司法第23條第2項應認參與決議之董事同負責任。而就業務執行部分，雖授權他人（董事長或業務執行擔當董事等），董事負有監督義務（參照第84題），因未能善盡監督義務致第三人受有損害時，仍應負責。

董事對第三人應負責任之範圍為何？

要點！

- 董事故意或過失，直接致他人受損害時，負民法上侵權行為之損害賠償責任（民法184條）。
- 員工被使用人之侵權行為，因對員工之監督懈怠之董事，民法上代理監督者責任會有損害賠償責任發生可能性。
- 公司法23條第2項（公司法之第三人責任）。

參考條文

公司法第8條、第23條，民法第28條、第184條至第193條之3。

※ 相關問題：第81題。

說　明

一、董事故意或過失，直接致他人受損害時，負民法上侵權行為之損
害賠償責任（民法§184）。董事對於公司業務之執行，如有違
反法令致他人受有損害時，對他人應與公司負連帶賠之責（公司
法§23第2項），即所謂董事對第三人責任規定。董事對第三人
之侵權行為責任發生，依我國現行法可能涵攝之條文包含民法第
184條、同法第28條及公司法第23條第2項。多數說以為，民法
第184條為一般侵權行為責任規定，後二者則為侵權行為之特殊
類型，依特別法優先於普通法之原則，在董事職務執行加害到第
三人時，優先適用公司法第23條第2項之規定。然董事為公司執
行職務，執行職務行為公司之行為，非董事個人之行為，則董事
與第三人間之法律關係欠缺直接連結，所謂特別侵權行為則有
斟酌的餘地。細究董事責任不外債務不履行責任與侵權行為責
任，董事與公司間存在委任契約，董事執行業務行為有故意或重
大過失，即構成任務懈怠，因而導致對公司產生債務不履行之責
任；又公司是董事職務執行之直接當事人，職務上懈怠直接加害
於公司，構成職務上侵權行為責任。然董事與第三人之間無契約
關係，即無所謂任務懈怠行為，任務懈怠導致債務不履行責任不
會發生。則董事故意或過失，直接致他人受損害時，此時與一般
侵權行為相同，適用民法第184條規定即可。

二、員工被使用人之侵權行為，因對員工之監督懈怠之董事，民法上
代理監督者責任會有損害賠償責任發生可能性。民法採自己責任
主義下，由侵權行為個人對其侵權行為負責，惟設有特殊侵權行
為類型（民法§185至§195），公司業務利用員工執行，員工

為受僱人身分，而非公司代表機關身份，其所為行為效力不及於公司，就員工因此侵害他人權利，依自己責任主義，公司當無須負責。惟如此解釋下，將使權利、義務失衡，蓋員工乃公司對外履行契約、推行業務之使用人，公司與員工將之僱傭契約雖未曾授權員工為侵權行為，然推行業務之最終受益者仍為公司，則就員工因因執行職務，不法侵害他人之權利者時，除公司可證其在選任員工及監督員工執行，已盡相當之注意或縱加以相當之注意而仍不免發生損害，否則應與員工連帶負損害賠償責任（民法§188I）。且基於衡平原則，因公司為業務執行之受益者，縱公司已證明其善盡監督責任，但被害人因而不能受損害賠償時，法院因被害人的聲請，得斟酌僱用人與被害人之經濟狀況，令僱用人為全部或一部之損害賠償（民法§188II）。

三、公司法第23條第2項之法律性質，學說上分為：

（一）特殊侵權行為責任說，公司法第23條第2項由法條文義上與民法有關侵權行為之法條文字，如侵害他人之權利、他人權利受有損害等雷同，且與民法第28條之規定幾近重覆，自應與民法第28條之權利性質作相同解釋。以其適用範圍廣於民法第28條一點來看，公司法第23條第2項本身當有成為一獨立之特殊侵權行為類型之價值，依蓋公司法第23條第2項規定之行為人為「公司負責人」，而公司法第8條定義之公司負責人明顯廣於民法第28條所規定之「董事及其他有代表之人」，被害人請求損害賠償機會較多，因應社會經濟發展之需要，即有使其成為一獨立之特殊侵權行為類型之價值。另就法定特別責任說之歸責主張（無過失責任主義），侵權行為之社會機

能在調和「行為的自由」及「權益保護，原則上採過失責任主義，若欲採無過失責任主義，當在法條上表明，而公司法第23條第2項之法條文義並未明定採無過失責任主義，是公司法第23條第2項之性質當屬特殊侵權行為責任。

（二）法定之特別責任說，此說認為公司法第23條第2項係規定公司負責人對第三人之法定特別責任，與公司侵權行為無關，鑒於董事行為對公司之利害影響重大之外，對公司以外之第三人也會受到影響，為保護受到影響之第三人，其立法之初即有設制公司負責人對第三人責任之意，以防杜公司負責人肆意濫權。按，董事與第三人間並無契約關係，並無所謂任務懈怠之說，對第三人若須負損害賠償責任，肯定非任務懈怠之債務不履行責任，唯一可能是侵權行為之責任，但董事並無直接加害第三人，侵權行為責任之本加害行為不存在，硬要解釋為侵權行為責任，亦不合宜。既非債務不履行責任，亦非侵權行為責任，唯一可行之策，將其解釋為公司法對股份有限公司董事特別創立之第三人責任。法定特別責任說，將直接損害（董事之任務懈怠行為直接致使他人受有損害時，即職務上侵權行為）或間接損害（董事之任務懈怠行為，致使公司損害，結果導致使他人受損害）兩者全可包含之。依法定特別責任說立場，董事與公司間存在違法行為＝任務懈怠行為（即執行業務有過意或重大過失），該任務懈怠行為與第三人之損害有相當因果關係，即足以肯定對第三人之賠償責任。

（三）前二說區別之實益在於保護之範圍、責任之構成、消滅
　　　時效、及法律行為本質上之不同，我國實務上曾出現不
　　　同意見之判決，多數學者均採特殊侵權行為責任說，然
　　　若採特殊侵權行為責任說，將產生民法第28條、第184
　　　條及公司法第23條重覆規定、疊床架屋，另此說無從說
　　　明董事與第三人間既無契約關係（無任務懈怠行為），
　　　如何使董事就因職務執行之任務懈怠致使他人受損害對
　　　第三人負責？反之，將公司法第23條第2項解釋為特定責
　　　任，與民法第184條侵權行為及民法第28條職務上侵權行
　　　為之規定，不發生牴觸，各個規定之責任內容、法理構
　　　造、責任性質不同，三者之規定易於釐清理順。

問題 *83* 董事應負監視義務之範圍為何？

- 董事對董事長之業務執行負監督責任。
- 董事對其他董事之業務執行，以及員工之業務執行，也負有監督責任。
- 監督監視之業務事項範圍：①董事會決定事項與需經董事會決定事項而有區別否？②大規模公司業務範圍龐大複雜，董事無法全盤看過，可以在其合理範圍內設限。
- 董事監督責任與內部編制制度導入之關係。

參考條文

公司法第218條、上市上櫃公司治理實務守則第30條、上市上櫃公司訂定道德行為準則參考範例第二點、證券交易法第14條之1第1項、公開發行公司建立內部控制制度處理準則第3、4條。

※相關問題：第2題、第13題、第14題、第15題。

說　明

一、董事對董事長之業務執行負監督責任

　　業務執行權所在之董事會，受限於會議體之組織性質，只能用開會以決議方式，對業務執行作決定，決定後之業務執行務必委外實行，董事會將自己的職務委任他人，受任人執行受託任務時，董事會對受託人的行為要負起善管注意義務。對受託人盡善管注意義務，具體內容就是盡監督義務。不管是董事長或者業務執行擔當董事，其從事業務執行之實行行為是基於董事會的權限與責任之下授權委任，此等實行行為必然受董事會之監督，而董事會的監督義務仍由董事會構成員之各董事，進行監視職責，此乃董事之監視義務。

　　董事對其他董事之業務執行以及員工之業務執行也負有監督責任董事長或業務執行擔當董事，就公司業務之推行，無法鉅細彌遺，親力親為，又將其實行再委任補助者（經理、公司幹部員工）時行時亦同，董事對補助者的行為仍負監視義務（參照第14題）。

二、監督監視之業務事項範圍

　　公司業務執行權限屬董事會，受限於會議體之組織性質，董事會之業務執行，除公司法上列舉之應經董事會決議事項（如經理人選任等，詳見第2題）外，有關公司日常業務之執行，則由董事會授權董事長為之。董事於公司法的地位為董事會構成的一分子，對公司業務決策原則上透過於董事會中投票表示意見，而業務之執行雖不能親力親為，然董事長業務執行之權源來自董事會，董事為董事會之構成員，對於受任者之行為，亦負有監視義務。

　　大規模公司業務範圍龐大複雜，董事無法全盤看過，可以在其合理範圍內設限，有鑑於監督管理階層乃董事會原則性功能之一，董事應負有對公司業務與政策作一般性監視義務，惟該監視義務之課予並非期待董事有超乎常人之表現，而是期待董事應參與公司事務之一般性監督、出席董事會及定期檢視財務報表等，於前述過程中若發現疑慮，應即時調查、改正。然關於如何判斷董事已盡監視義務，參考美國德拉瓦州衡平法審理馬克國際公司案時，其判斷董事監督責任之標準在於董事是否本於善意建立有效維持公司之內部監督系統，並本於善意確保該內部監督系統之執行，若是則應認董事已盡到注意義務之基本要求，而由原告來證明董事明知員工違法行為或應知而未知其違法行為。

三、我國實務並未針對董事監視責任範圍及方法為直接之定義，惟於個案表示意見如下：

（一）最高法院98年台上1302號裁判「…然其除未健全銀行內控制度外，甚且利用職務之便及內控疏漏自行以簽呈核發年終獎金予己及其餘董事，是否均未預見花蓮企銀將遭主管機關裁罰？倘其得以預見，能否以內控制度應由合議制之董事會負責，即謂其個人無故意或過失，而無庸負損害賠償責任，殊值斟酌。」；

（二）最高法院101年台上第2037號裁判，認董事或監察人對「…似見斯時林純青、陳彩連、陳昭廷仍任銳普公司董事或監察人。倘銳普公司公告之系爭財務報告及營收資訊（包括94年3月份營運情形）內容確有虛偽或隱匿情事致投資人受有損害情事，依上說明，自應由被上訴人舉證證明免責事實始免負

其賠償責任」；

（三）最高法院98年台上第1333號：「…掄元公司於87年至89年間有漏開統一發票、漏報銷售額、所得結算申報虛列薪資支出、無進貨事實虛報進項稅額、虛列應付帳款、虛增營業成本、短漏報營業收入而逃漏稅捐情事，其財務報表不實、虛偽，爲原審確定之事實，果係如此，則上訴人主張被上訴人分別爲掄元公司之監察人、董事或總經理，負責財務及會計等業務，伊因該不實之財務報表致出售公司股權及股份估價錯誤而受有損害云云，依民法第184條第2項規定訴請被上訴人賠償，是否不足取，即非無探究之餘地。」

四、董事監督責任與內部編制制度導入之關係

有關董事監督責任，於公司法中未有似公司法第218條監察人應監督公司業務之執行之規定，然如前述董事有確保公司機制符合法令之義務，於實務守則或法律命令之中，有關內部控制制度建置規定，常被認爲是董事監督義務的重要內涵，例如：在上市上櫃公司治理實務守則第30條、在上市上櫃公司訂定道德行爲準則參考範例第二點、證券交易法第14條之1第1項、公開發行公司建立內部控制制度處理準則第3、4條，以具體的規定來充實抽象的監督義務的作法，可確立清楚的行爲準則，使董事知悉如何履踐其監督義務，並有效防免因怠於監督所可能產生的賠償責任。

就此層面而言，以法令明文規定內控制度的建置與要求，可以說是一種降低董事責任風險的作法，更可吸引優秀人才擔任獨立董事、健全公司治理的運作機制。

　　然而從另一面向來看，相關法令規定的存在或許將阻礙監督義務概念的發展與闡釋，而使得原僅作爲董事監督義務之重要一環的內控制度，演變成爲董事監督義務之全部—即只要建置、運作內控制度，董事即已盡其監督義務。若係如此，則對於董事的要求，又失之過寬，由前段列舉之我國實務判決可知，董事除建置內部控制制度，亦應確保該制度之執行，方可認董事已盡到監督之基本要求。

問題 **84** 手續違法發放新股之董事責任為何？

要點！

• 手續違法發行新股時，可否提起無效確認訴訟？
• 手續違法發行新股時，致受有損害可否向董事請求賠償？

參考條文

公司法第156條第2項、第278條第2項、第267條、第156條第8項、第240條第1項、第4項、第241條第1項、第167條之2、第262條、第268條之1第1項、第317條之1、第317條之2。

※相關問題：第97題、第98題。

說　明

一、發行新股是公司募集資金管道之一，是公司發行新股最主要之目的在於集資，此為通常之發行新股，此種發行新股，公司之資產及資本必然增加。但公司亦可能因股份交換、盈餘或公積轉增資，或因履行契約之約定，或因與他公司合併或分割，而發行新股，此為特殊支發行新股，而此種係為公司因履行契約所負之義務，此時公司發行新股不當然增加公司之資產。

二、按股份有限公司基於授權資本制特質，將公司發行新股之事務專責由董事會決定，以便適時籌集公司營運資金，其決議方式，應由董事會以三分之二以上出席，及出息董事會過半數同意之決議行之，並其發行新股與認股程序，應依公司法第267條之規定。而就特殊發行新股，例如股份交換、盈餘或公積轉增資、因履行契約之約定、因與他公司合併或分割而發行新股，其決議方式有經董事會三分之二以上董事出席，以出席董事過半數決議行之（如股份交換）；有以由有代表已發行股份總數三分之二以上股東出席之股東會，以出席股東表決權過半數之決議為之；或得以章程訂明定額或比率授權董事會決議辦理者，得以董事會三分之二以上董事出席，及出席董事過半數之決議，並報告股東會（如盈餘或公積轉增資發行新股）。

三、股份有限公司之資本，係分為股份，依規定每股金額應歸一律。但公開發行股票之公司，其股票發行價格之決定方法，得由證券主管機關另定之。股東之出資除現金，得以對公司所有之貨幣債權，或公司所需之技術、商譽抵充之。又股票之發行價格，不得低於票面金額，採票面金額股制度。但為開創企業良好經營環

境，以利企業發行新股、籌集資金，公司法第140條但書規定，公開發行股票之公司，證券管理機關另有規定者，不在此限。讓公開發行股票之公司，於證券管理機關許可之情形，得折價發行，是我國採原則不得折價發行制度。公司發行股票之時期，必須在設立登記或發行新股變更登記後，如有違反，其股票無效，但持有人得向發行股票人請求損害賠償（公司法§161）。公開發行新股經核准後，如發現其申請事項，有違反法令或虛偽情形時，證券管理機關得撤銷其核准。經撤銷核准時，未發行時，停止發行，已發行者，股份持有人，得於撤銷時起，向公司依股票原定發行金額加算法定利息，請求返還；因此所發生之損害，並得請求賠償。（公司法§271）股票發行之方式，目前股票之發行方式可分為「實體發行」及「無實體發行」，實體發行又可分為「一般面額股票」及「單張大面額股票」。

四、手續違反之態樣有：①未經設立登記或發行新股變更登記，發行新股；②股票之發行價格，違反規定，低於票面價格者；③違反限制公開發行具有優先權之特別股者[1]；④違反禁止公開發行新股者；[2]⑤未經董事會決議或無效之董事會決議發行新股者[3]。

五、公司董事違反法令、章程或股東會決議發行新股，致公司受有損害時，董事應負之責任：

---

[1] 公司法第269條規定：公司有下列情形之一者，不得公開發行具有優先權利之特別股：一、最近三年或開業不及三年之開業年度課稅後之平均淨利，不足支付已發行及擬發行支特別股股息者。二、對於已發行之特別股約定股息，未能按期支付者。
[2] 公司法第270條規定：公司有下列情形之一者，不得公開發行新股：一、最近連續二年有虧損者。但依其事業性質，須有較長準備期間或具有健全之營業計畫，確能改善營利能力者，不在此限。二、資產不足抵償債務者。
[3] 公司法第266條第2項規定：公司發行新股時，應由董事會以董事三分之二上之出席，及出席董事過半數同意之決議行之。

（一）董事會執行業務，應依照法令、章程或股東會之決議。董事會之決議，違反前項規定，致公司受損害時，參與決議之董事，對於公司負賠償之責；但經表示異議之董事，有紀錄或書面聲明可證者，免其責任。公司法第193條定有明文。準此，公司董事若有違反法令、章程或股東會之決議發行新股時，對公司則應依上開規定負賠償責任。

（二）另公司負責人[4]對於公司業務之執行，如有違反法令致他人受有損害時，對他人應與公司負連帶賠償之責，公司法第23條第2項定有明文。是發行新股屬公司業務之執行，公司董事違反法令、章程或股東會決議發行新股，致他人受有損害時，除依民法之規定外，得依上開規定規定請求公司董事與公司負連帶賠償之責。

六、手續違法發行新股時，可否提起無效確認訴訟：

（一）按公司設立登記後，已登記之事項有變更而不為變更之登記者，不得以其事項對抗第三人，公司法第12條定有明文，亦即公司法對於公司變更登記係採登記對抗主義，登記與否僅生對抗要件而非生效要件。公司發行新股不論股東之出資種類為現金、對公司所有之貨幣債權，或公司所需之技術出資，倘公司已踐行並符合法令規定之程序（如公司法§266、§267、§156等），即生效力。至於是否向主管機關申請發

4　公司法第8條第1項規定：本法所稱公司負責人，在無限公司、兩合公司為執行業務或代表公司之股東；在有限公司、股份有限公司為董事。

行新股登記，依公司法第12條之規定僅係對抗要件，並非生效要件。又依經濟部82年12月2日商037781號函釋略以：「…發行新股而使認股人與公司發生股東關係之效力，應於認股人繳足股款時發生…」。是如主管機關尚未核准發行新股變更登記，公司之董事會是否得撤銷發行新股之決議，按公司發行新股依公司法第266條之規定，應由董事會以董事三分之二以上之出席，及出席董事過半數同意之決議行之。公司之董事會依同一決議程序撤銷原發行新股之決議，似無不可。[5]

(二) 按「股份有限公司設立董事會之趣旨，在使全體董事經參與董事會會議，互換意見，詳加討論後，決定公司業務執行之方針。因此，公司法第203條、第204條、第205條第3項、第4項、第206條規定董事會之召集程序及決議方式，俾利全體董事出席董事會，及議決公司業務執行之計策。董事會召集程序及決議方式，違反法令或章程時，其所為決議，應屬無效」、「董事會之召集程序有瑕疵時，該董事會之效力如何，公司法雖未明文規定，惟董事會為公司之權力中樞，為充分確認權力之合法、合理運作，及其決定之內容最符合所有董事及股東之權益，應嚴格要求董事會之召集程序、決議內容均須符合法律之規定，如有違反，應認為當然無效」（最高法院99年度台上字第1650號、97年度台上字第925號判決意旨參照）。所謂決議之無效、不成立，與得撤銷間之法律性質迥異，亦即無效者，乃自始、當然、確定無效，謂不成立者，則指自決議之成立過程觀之，顯然違反法令，在法

---

[5] 經濟部經商字第10102427660號。

律上不能認為有股東會召開或有決議成立之情形而言，其既與得撤銷等非但法律性質不同，其瑕疵亦非僅召集程序或決議方法違反法令或章程等情形，即無得適用或類推適用公司法第189條規定受30日除斥期間之限制。

（三）惟股東依無效之董事會決議或違反法律規定發行新股而認股繳納股款，完成認股行為，該認股行為之效力又如何？或公司之董事會決議撤銷發行新股之決議，該次發行新股是否即自始無效？公司法並無明文規定，自應審酌公司法第193條規定，並非當然無效之立法意旨，衡量保護董事會決議之利益及認股人之利益，具體決定之。

（四）是董事會決議無效，不必然導致連結之新股發行亦無效，縱然實務或採發行新股為無效之見解。惟董事會決議乃公司內部事項，外界無由得知，更何況董事會究竟有無召開、有無程序瑕疵，連內部人都有爭執，又如何期待外部投資人及債權人能有所因應。至少邏輯上，當公司未經合法之意思決定機關作成意思決定，董事長即對外代表公司為法律行為，應解為效力未定。但在對股東及交易相對人之保護間，公司法制應有妥善因應，並就不同情形設計不同之法律效果，亦即原則上有效，惟對於惡意之第三人應無受保護之必要，而可主張無效，然於第三人而言，無論善意、惡意，既董事會決議無效者，則第三人自得主張無效而請求返還股款，或提起無效確認之訴，是董事會決議縱有瑕疵時，法院就其連結之外部行為不應立即做出無效判斷，否則對股東、交易相對人，甚至對信賴公司資產狀態而為交易之債權人，均屬不妥。

董事對於員工¹之詐欺等不法行為應負何責任？

要點！

• 董事會對員工有施以守法教育及監督之責任，董事會怠於此措施時，董事應負之責任爲何？

參考條文

公司法第8條、第23條、第192條，民法第188條、第28條。

※相關問題：第81題至第83題。

1　我國經濟部認爲，公司法上所稱「員工」，除了董事、監察人非屬員工外（參見經濟部93年11月8日經商字第09302194190號函），其餘人員是否屬員工，宜由公司自行認定，若有爭議，則屬司法機關認事用法之問題。

說　明

一、按員工應忠心努力，並依企業主之要求執行其職務，此乃一般企業主對員工最基本，亦爲最重要之要求，對於品行及操守不良之員工，並應該藉由相當內部控管機制加以監督，用以防弊。董事爲公司之負責人，其應忠實執行業務並盡善良管理人注意義務，如有違反致公司受有損害者，負損害賠償責任（公司法§8I、§23I）。又公司法第23條第2項規定，公司負責人對於公司業務之執行，如有違反法令致他人受有損害時，對他人應與公司負連帶賠償之責任。是董事對應負監督責任之員工，於執行職務時有詐欺侵權行爲者，除依公司法應與公司負連帶責任外，尚有民法、證券交易法相關規定之責任。

二、董事會對員工有施以守法教育及監督之責任，董事會怠於此措施時，董事應負之責任爲何？

（一）員工之雇用之最終應負責任者爲董事會，董事會對員工負有守法教育，並加以監督之責任，故董事會怠於爲此措施時，會有民法上使用人之責任，而其責任則落在董事會各個成員即董事身上。

（二）董事在公司法上有兩種意涵，一者爲代表公司執行業務之公司代表機關之性質，另一者爲機關擔當人之董事性質，前者董事爲公司組織法上之關係，故稱機關董事；後者則爲機關擔當人之自然人或法人與公司間之關係，爲兩權利能力主體間之關係，故稱爲個人董事。依公司法第192條第4項之規定，公司與董事間之關係，除本法另有規定者外，依民法關於委任之規定。從而爲機關擔

當人之董事，其個人與公司間之法律關係為民法委任契約，惟此一委任與一般委任不同之處在於僅於公司法未規定之事項始適用民法關於委任之規定，於公司法有規定之事項則應優先適用公司法之規定。而董事對公司應負善良管理人之注意義務。是董事應否與員工之侵權行為負連帶責任，則觀乎其對該員工是否負有監督責任，如有監督責任之董事，則應負代理監督之責任，類推適用民法關於雇用人之責任，即董事所選任及監督之員工因執行職務不法（例如詐欺）侵害他人之權利者，應由董事與員工連帶負賠償之責。惟得依公司法第193條第2項但書規定，即對於員工之選任為反對之意思表示，有紀錄或書面聲明可證者、或依民法之規定，對於受僱人之選任及監督，已盡相當之注意，或雖加以相當之注意，而其損害仍不免發生者，則不應使董事再負賠償之責任。

（三）公司法第23條第2項規定：「公司負責人對於公司業務之執行，如有違反法令致他人受損害者，對他人應與公司負連帶賠償之責」此為公司侵權行為之規定，通說本條規定之成立要件則為：①須為公司負責人之行為；②須公司負責人因執行公司業務所為之行為；③須公司負責人之行為具備一般侵權行為之要件。而所謂一般侵權行為之要件：①須具備民法第184條之要件，亦即公司負責人因故意或過失不法侵害他人之權利者（民法§184第1項前段）或公司負責人故意以背於善良風俗之方法加損害於他人者（民法§184第1項後段）或公司負責人

違反保護他人之法律，致生損害於他人者，亦負賠償責任，但能證明其行為無過失者，不在此限（民法§184第2項）；[2]②侵權行為所侵害之內容，以私權為限，若是公權受有損害，則不得以此為請求賠償之依據。[3]是依公司法第23條負賠償責任者，必須為公司負責人處理有關公司之事務而言，如是員工[4]之侵權行為，因非公司負責人，則無公司法第23條第2項之適用。

（四）董事會基於其業務執行的固有權限，對於公司業務執行之實行者自握有監督權限，並且在經營與所有分離原則下，股份有限公司出資者對於公司經營權方面之支配權交由專責專業之董事會，自此角度以觀，董事對於員工之詐欺等不法行為應依民法第188條之規定，負其選任及監督之僱用人責任。此為僱用人責任，其成立要件為：

1. 行為人須為受僱人，此非僅限於僱傭契約所稱之受僱人，凡客觀上被他人使用之服勞務而受其監督者，均係受僱人。

2. 須因執行職務，此不僅指受僱人因執行其所受命令，或委託之職務自體，或執行該職務所必要之行為而不

---

[2] 公司法第23條第2項是否仍應以行為人有故意或過失（可歸責性）為其要件？有否定說：公司法第23條所定董事對於第三人之責任，乃基於法律之特別規定，異於一般侵權行為，故就其侵害第三人之權利，原不以該董事有故抑或過失為成立條件，此有最高法院73年度台上字第4345號民事判決資可參照。肯定說：公司法第23條第2項應以公司負責人具備民法侵權行為的主、客觀要件為必要。因此，被害人必須舉證證明公司負責人具有故意或過失，此為通說。

[3] 陳連順，公司法精義，春風得意文化事業有限公司民商法學叢書，101年2月，修訂10版，頁77。

[4] 如為公司之經理人或清算人、股份有限公司之監察人、檢查人、重整人或重整監督人，在執行職務範圍內，亦為公司負責人，此時即有公司法第23條第2項之適用。

法侵害他人之權利者而言，即受僱人之行為，在客觀上足認為與其執行職務有關，而不法侵害他人之權利者，就令其為自己利益所為，亦應包括在內（最高法院42年台上字第1224號判例）。

3. 須受僱人的行為具有故意或過失，成立民法第184條的侵權行為。[5]本條規定的特殊性在於推定僱用人選任及監督的過失，及此項過失與損害間的因果關係。

（五）是董事會對受託人的行為要負起善良管理人注意義務。對受託人善盡善良管理人注意義務，其具體內容就是監督義務。因此，董事會對於委任實行之人，固有監督權限，並也因此要負起監督義務，如有違背，自應就受任人之行為負起全責。

---

5 王澤鑑，民法概要，三民書局，101年9月，第4版，第222頁。

董事對董事長之不法行爲之責任爲何？

要點！

- 董事對董事長之業務執行是否負有監督、監察責任？
- 董事對董事長監督、監察責任是否以董事會決議事項爲限？
- 董事對董事長監督、監察之方法應否經由董事會決議加以糾正或阻止？
- 董事會召集權是董事長專有，但董事可以請求董事長召開，董事長不應請求召開董事會時，董事可否申請主管機關許可召開？或訴請法院召開？

參考條文

　　公司法第8條、第23條、第173條、第193條、第194條、第199條、第200條、第202條、第203條、第218條之1、第218條之2。

※相關問題：第13題至第17題、第21題、第25題、第27題。

說　明

一、董事長是公司法預設的代表機關，而不是股份有限公司的意思作成機關，董事會才是內部意思決定機關，所以董事會的決議，是透過董事長代表機關而對外發生效力，是董事長基於董事會決議之意思而對外表達而發生效力，其所表達者應為董事會之決議，準此，董事對於董事長則有監督、監察責任，且不以董事會決議事項為限，蓋以董事長係為董事會對外代表機關，是其行為縱非為董事會決議事項，然已使人誤以為董事會決議事項，則董事會之各個董事則有陷於負賠償責任之虞，故不以董事會決議事項為限。

二、董事對董事長之不法行為之責任：

（一）按董事會未設常務董事者，應由三分之二以上董事之出席，及出席董事過半數之同意，互選一人為董事長，並得依章程規定，以同一方式互選一人為副董事長。董事長對內為股東會、董事會及常務董事會主席，對外代表公司（公司法§208I、III前段）。公司法第8條第1項規定：「本法所稱公司負責人，……在股份有限公司為董事。」，故董事長依公司法第8條規定，為公司之負責人，依公司法第23條第1項規定：「公司負責人應忠實執行業務並盡善良管理人之注意義務，如有違反致公司受有損害者，負損害賠償責任。」，是董事長應忠實執行業務，如董事長非但不遵守董事會之決議，且為不法行為者，即屬違反公司法第23條之規定，如對公司造成損害，對公司應負賠償責任。

（二）按董事會執行業務，應依照法令章程及股東會之決議。董事會之決議，違反前項規定，致公司受損害時，參與決議之董事，對於公司負賠償之責。此有公司法第193條本書之規定。又公司業務之執行，除本法或章程規定應由股東會決議之事項外，均應由董事會決議行之，公司法第202條亦有明文規定。故董事會之職權，極為廣泛，惟董事會（包括董事長）執行業務，依現行規定，仍應受公司最高意思機關股東會之監督並應依照法令、章程為之，故執行業務之決議，自不得違反法令、章程及股東會之決議，否則，參與決議之董事，對公司應負賠償損害之責，又董事會決議，為違反法令或章程之行為時，繼續一年以上持有股份之股東，得請求董事會停止其行為（公司法§194）[1]。另公司法第218條之1規定：董事發現公司有受重大損害之虞時，應立即向監察人報告。是董事對於董事長不法行為，如能依公司法第193條但書及218條之1規定處理者，應不對董事長不法行為負責，反之，則對公司股東及第三人應負賠償責任。

三、董事對董事長監督、監察之方法應否經由董事會決議加以糾正或阻止：

（一）依公司法第194條規定，董事會決議，為違反法令或章程之行為時，繼續一年以上持有股份之股東，得請求董事會停止其行為。此即董事會違法行為之停止請求權（或

---

[1] 陳連順，公司法精義，春風得意文化事業股份有限公司民商法學叢書，101年2月，修訂10版，頁437。

制止請求權），乃仿日本會社法之規定，採用美國之阻
卻命令制度（injunction）新設之制度。而此制止請求
權，以董事會已爲決議而尚未交由執行董事執行時，始
能請求董事會停止其決議之執行。若董事會已將決議交
由執行董事執行，不論執行董事是否著手執行，則停止
請求權之行使對象，應爲執行董事，如此方易達制止之
實效[2]。至如未經董事會決議而自爲違反法令或章程之行
爲時，此時雖無所謂之董事會決議可言，但不應拘泥於
本條文義而否定本條制止請求權之適用[3]。是董事如兼有
股東身分者，則得依以上規定，加以糾正或阻止董事長
之不法行爲。而股東停止請求權之行使，可以任何方式
爲之，不以訴訟之方式爲之。[4]

（二）監察人受董事報告因董事長不法行爲而公司受有重大損
害之虞者，應依公司法第218條之2第2項規定「董事會
或董事執行業務有違反法令、章程或股東會決議之行違
者，監察人應即通知董事會或董事停止其行爲」之規
定，行使監察人之制止請求權，以糾正或阻止董事長之
不法行爲，以避免或減輕公司之損失。

（三）又公司法第199條前段及第200條分別規定，「董事得
由股東會之決議，隨時解任」及「董事執行業務有重大
損害公司之行爲或違反法令或章程之重大事項，股東會

---

2 柯芳枝，公司法論（下），三民書局，102年3月，修訂9版，頁313至314。
3 曾宛如，董事不法行爲之制止請求權及濫權行爲之處理，臺灣本土法學雜誌，91年10月，第39期，頁153至156。
4 陳連順，同註1，頁448。

未為決議將其解任時，得由繼續一年以上持有已發行股
份總數百分之三以上股份之股東，於股東會後30日內，
訴請法院裁判之」。準此，董事得報開董事會阻止或解
任董事長職務，或報請股東會決議解任董事長之董事職
務，或裁判解任董事長之董事職務。股東會亦得向法院
聲請假處分，禁止董事長執行職務之行為以達阻止該不
法行為。

四、董事會召集權是董事長專有，但董事可以請求董事長召開，董事
　　長不應請求召開董事會時，董事可否申請主管機關許可召開或訴
　　請法院召開：

（一）董事長為董事會之法定代表機關，是董事會召集權是董
　　　事長專有，故董事長之不法行為已經在進行者，董事得
　　　以董事會決議，制止董事長之不法行為，然董事長不召
　　　開董事會時，是否得依公司法第208條之1第1項規定：
　　　「董事會不為或不能行使職權，致公司受有損害之虞
　　　時，法院因利害關係人或檢察官之聲請，得選任一人以
　　　上之臨時管理人，代行董事長及董事會之職權，但不得
　　　為不利於公司之行為。」，由董事（即利害關係人）
　　　向法院聲請選任臨時管理人以代董事長之職務召開董事
　　　會。

（二）是否得依公司法第208條第4項規定，由副董事長或常務
　　　董事、或董事互推之一人代理董事長召開董事會？蓋此
　　　應為董事長不為召開董事會，其係能為而不為，而非請
　　　假或因故不能行使職權之情形，是應無從援用。

（三）另得否援引公司法第173條之規定，由董事記明召開董事

會之事由，請求董事長召開董事會，提出後董事長不為召集者，董事報經主管機關許可，自行召集？或依公司法第203條之規定由「得由五分之一以上當選之董事報經主管機關許可，自行召集之。」？前者係規定股東會，兩者權限各為不同，應無適用之餘地。而後者則為法明文規定在「得選票代表選舉權最多之董事，為在同法第2項、第4項之期限內召集董事會」時，即第1次召集董事會時始有適用，是在此董事應無此自行召集權。

（四）綜上，董事僅能向法院聲請選任臨時管理人以代董事長之職務召開董事會。

董事長放任經營¹致使公司財務惡化之董事責任為何？

要點！

• 董事長放任經營致公司財務惡化，公司債權人無法獲得滿足清償時，債權人可否依公司法第23條第2項之規定向董事長請求賠償？

• 董事長之上述責任，一般董事對董事長放任經營有怠於監督、監察時，有無負連帶責任之可能？

參考條文

公司法第8條、第23條、第202條。

※相關問題：第81題至第83題、第101題、第102題。

---

¹ 有限公司董事或董事長為負責人有執行業務及代表公司之權利義務，如長期不執行公司業務，可參照經濟部95.4.13經商第09502042880號函，經股東三分之二以上同意改選。

說 明

一、董事會係代表股東監督經營階層之代理單位，而董事長乃為董事會成員又身兼經營之職者，是董事就董事長經營公司事務仍有監督之權利、義務，以確保董事長得以忠實履行義務。又我國公司法究竟採取「董事長制」或是「總經理制」，在我國法制與公司實務上，很難釐清。且經理人並不必然就是經營階層之一員，經理人之角色於我國公司法下多被定性成輔助業務執行機關。儘管具有股權分散之特質，目前我國企業界卻普遍存在著經營與所有不分之情況，實可比喻為大股東、董事（長）與董事會、經營階層（含總經理）之三位一體，所謂之治理機關僅係陪襯而已。此即可能涉及企業集團間之利益輸送，而放任經營致公司財務惡化，公司即可能發生財務危機，而使公司債權人求償無門。

二、董事的責任可分為對公司的責任與對第三人的責任。就公司而言，董事應忠實執行業務並盡善良管理人的注意義務，如有違反致公司受有損害時，就須對公司的損害負其賠償責任（公司法§23I）。就第三人而言，依公司法第23條第2項規定，公司負責人對於公司業務的執行，如有違反法令致他人受有損害時，對他人應與公司負連帶賠償的責任。由於董事是屬股份有限公司的負責人（公司法§8I），所以就有公司法第23條的適用。

三、董事長放任經營致公司財務惡化，公司債權人無法獲得滿足清償時，債權人可依公司法第23條第2項之規定向董事長請求賠償：

（一）我國採法人實在說，董事長所為是代表公司，是故原則上公司債權人無法獲得滿足清償時，董事長並無需負連帶清償責任。

（二）惟依公司法第202條規定，公司業務之執行均由董事會行之，而董事長對內為股東會、董事會及常務董事會主席，對外代表公司（公司法§208III），是董事長擁有公司日常業務執行權，且依同法第23條之規定，董事長對公司業務之執行負有「忠實義務」及「善良管理人之注意義務」，董事長如放任經營致財務惡化，公司債權人無法獲得滿足清償之結果與其放任行為間有因果關係者，董事長自應依第23條第2項之規定，對債權人應與公司負連帶賠償之責。

四、董事長之上述責任，一般董事對放任經營有怠於監督、監察時，有無負連帶責任之可能：

（一）董事發現公司有受重大損害之虞時，應立即向監察人報告的義務：由於監察人的權限，在監督公司業務的執行，並得隨時調查公司業務及財務狀況，查核簿冊文件，並得請求董事或經理人提出報告（公司法§218I），所以當董事發現公司有受重大損害之虞時，應立即向監察人報告的義務（公司法§218-1）。由於監察人的權限，在監督公司業務的執行，並得隨時調查公司業務及財務狀況，且依公司法第218條之2第2項規定，監察人對董事會之違法行為負有制止之義務。是董事須主動省察公司各種商業狀況、公司情勢，並為經營策略之調整，其所處地位與民法上之一般受任人自不相同。是故公司法第23條第1項乃以明文規範公司負責人一律負善良管理人之注意義務，不因有償或無償而異。

（二）按公司法第23條第1項所定之「善良管理人」注意義務，

一般認為，善良管理人之注意乃指社會一般誠實、勤勉而有相當經驗之人，所應具備之注意，此乃承襲民法學者之說法。若循上述解釋，善良管理人之注意義務於我國法將注意義務分成三類，用以與抽象輕過失、具體輕過失及重大過失相對，而與善良管理人之注意義務相對者，即是抽象輕過失。但善良管理人義務之實質內涵，實未盡明確，尚欠缺細緻化之操作標準。然英、美法之duty of care，雖與我國善良管理人注意義務雷同，但彼此間仍有不同，舉例言之，在美國法上，董事就公司業務之執行，實際上多交由其下之經理人負責處理，是以按權責相符原則，美國實務就董事之商業決定，在過失程度漸漸傾向達「重大過失」（gross negligence），此舉即將受託義務之認定輔以主觀面之觀察；美國法之注意義務不僅從客觀事實上作定義上之審查，亦著重於主觀意圖上之判斷。析言之，英、美法對於公司負責人應負之注意義務，並非僅如同我國善良注意義務者為一種程度之描述，其乃將義務與個人之地位緊密結合，並且對於不同職位之人，有其不同之期許與規制，對於義務之內涵與適用者皆詳盡探討之，而非單純論斷過失責任之有無，更非得以空泛之標準認定董事行為是否合於社會大眾之期許而增列之「忠實執行職務」，即公司負責人應盡「忠實義務」。「忠實義務」係源於英、美法之受託義務下之忠實義務，其乃為解決公司負責人與公司間所生之利益衝突而形成之法理。此義務要求公司負責人於利益衝突之情形中，須以公司利益為上，並以此為

行爲準則，提供其最廉潔之商業判斷。然本條僅有「忠實義務」之名，卻未規定忠實義務之內涵與適用情況。是故，學者多引用英、美法之概念以填補立法上之空白。我國引進了忠實義務，將之與注意義務並列，但卻未清楚交待其內涵及適用情形，勢必得借助英、美法之概念加以闡釋。[2]。準此，董事有主動省察公司各種商業狀、公司情勢並爲經營策略之調整並監督、監察董事長之行爲，是如有對放任經營有怠於監督、監察時，自應依第23條規定負損害賠償責任，並對第三人應與公司負連帶賠償之責。

2　王文宇，公司法論，元照出版，95年8月，頁120。

對於公司開出無法兌現之票據，董事責任為何？

要點！

- 開票當初，已確知到期日時無法付款，仍然開出票據之董事，對拒付票據之執票人應否負賠償責任？

- 用票時到期日公司有資力支付之狀況，但往後董事任務懈怠或違法行為（如散漫經營，或侵占掏空公司財產業務），致使到期日公司無資力兌現時，董事對受害人應否負賠償責任？

- 開票時到期日公司能不能兌現不確知，董事為票據能夠兌現，合理認真經營，沒有任何怠職情況時，縱使到期日無法兌現，董事可否免去責任，有無經營判斷原則之適用？

※相關問題：第29題至第31題。

說　明

一、公司為法人，與自然人同為權利義務主體，自然享有權利能力。董事為公司之代表機關，於其權限範圍內，代表公司與第三人所為之行為，在法律上視為公司之行為，其法律效果當然歸屬於公司。故董事在權限範圍開出公司之票據，原則上其自不負任何責任。

二、開立票據之初，已確知到期日時無法付款，仍然開出票據之董事，對拒付票據之執票人，應否負賠償責任：

（一）開票行為乃為公司經營行為，是開出票據之董事對拒付票據之執票人原則不負何責任。惟如開票當初，已確知到期日時無法付款，仍然開出票據，則董事對於其所開出票據之執票人，如因此遭拒付者，其應否負賠償責任，則仍需視其就開出該票據時，對於公司營運是否盡「注意義務」及「忠實義務」，亦即經由「經營判斷原則」判斷之。

（二）董事開票當初，雖然已確知到期日時無法付款，惟就其專業之經營判斷，假設董事主觀上並無詐欺債權人者，且其在做經營決策時，已善盡調查之能事，並且基於誠信之判斷，認為所採取之決策是最有利於公司之利益者，而在此追求公司利潤之過程中，必有潛在之風險，果真此潛在風險發生，致票據遭拒付者，債權人無法從公司獲得清償者，因董事已盡善良管理人注意義務，且無侵權行為，僅為民事之債務不履行問題，並依經營判斷法則而生之損害，董事並不負何責任，以勵經營者勇

於認事，以保護公司負責人。

（三）反之，如董事在主觀上有詐欺債權人者，除應負刑事責任外，其行為亦不符經營判斷法則，是應依公司法第23條第2項規定，對執票人應與公司負連帶賠償責任。

三、用票時，到期日公司有資力支付之狀況，但往後董事任務懈怠或違法行為（如散漫經營，或侵占掏空公司財產業務），致使到期日公司無資力兌現時，董事對受害人應否負賠償責任：

（一）公司之財產不但攸關股東權益，亦屬債權人債權之總擔保。是董事於用票時，到期日原有資力支付之狀況，卻因往後董事對其任務有所懈怠或有違法行為（例如散漫經營，或侵占掏空公司財產業務），致使票據到期日公司無資力兌現時，除向公司請求履行債務外，尚得向董事因其未盡善良管理人注意義務、忠實義務之故意或過失侵權行為，負其連帶賠償責任。

（二）蓋因董事確實知悉公司違法經營行為，卻未曾於董事會提出任何詢問，亦未行使其職權執行內部控管及監督，顯係於怠於行使其董事職權，放任一己成為別人之橡皮圖章，此散漫經營，即屬未盡善良管理人之注意義務。或侵占掏空公司財產、業務者，則屬未盡忠實義務，於此則無經營判斷原則之適用。

（三）綜上，董事對受害人應負賠償責任。

四、開票時到期日公司能不能兌現不確知，董事為票據能夠兌現，合理認真經營，沒有任何怠職情況時，縱使到期日無法兌現，董事可否免除責任，有無經營判斷原則之適用：

（一）所謂經營判斷原則，係推定公司經營者（包括董事、經

理人）在作經營決策時，已善盡調查之能事，並且基於
誠信之判斷，認為所採取之決策是最有利於公司之利益
者。在債權人向董事請求負賠償責任時，須先舉證推翻
此推定時，董事始負賠償責任。

（二）本題係董事於開票時到期日公司能不能兌現不確知，董
事為票據能夠兌現，合理認真經營，沒有任何怠職情
況，是董事已盡善良管理人之注意義務及忠實義務，準
此，即有經營判斷原則之適用，董事可據此免除其責
任。

長年交易之對方公司倒閉，董事有無責任？

要點！

- 交易對方公司倒閉，貨款等債權無法回收，連累公司財務惡化，無法獲得滿足清償之公司債權人，對債權回收有惡意或重大過失之董事可否請求賠償？
- 追究董事上述責任時，有無適用經營判斷原則？
- 董事對交易對方公司不謹慎調查，漫然的進行交易，結果對方公司倒閉，貨款無法回收時，董事對公司是否當然對第三人（公司債權人）應負責任？

參考條文

公司法第1條、第23條。

※相關問題：第16題、第28題、第31條、第51題、第81題至第83題。

說　明

一、公司乃以營利爲目的，依照公司法組織登記成立之社團法人（公司法第1條）。是公司成立之目的，既在營利，故公司在存續中，必須透過各項行爲，如對內經營管理，對外行銷交易，方能達到追求利潤、永續發展的目標。而公司之業務執行權是董事會，縱將業務執行之實行委由董事長或總經理（經理），董事會仍然負有監督義務。縱爲公司長年交易之對方公司，在公司業務之經營上，仍有謹愼調查進行交易之必要，即有監督義務，其有違反監督、監視義務者，應有違「善良管理人之注意義務」，自應就受任人之行爲負起全責。

二、交易對方公司倒閉，貨款等債權無法回收，連累公司財務惡化，無法獲得滿足清償之公司債權人，可否對債權回收有惡意或重大過失之董事請求賠償？分析如下：

（一）在資本市場內充斥著形形色色的交易型態，任何交易參與者所重視的必然是交易相對人的各種交易條件信用。公司與第三人之交易，乃在追求公司之最大利益，由於商場上情勢瞬息萬變，交易本身就有風險，不論是記載於交易公司的章程中或是其他的資訊來源，只要有一定的管道可能獲得交易第三人之資訊，且不會付出過大的成本情況下，公司之業務執行者即有搜尋之義務，以盡到交易的注意義務，始能使公司除在追求交易利潤外，更能確保債權之回收。

（二）按公司日常業務繁多，事實上不可能均由董事會決議，故通常均交由執行董事爲之。此時該執行董事自應以善

良管理人之注意義務執行業務，同時對公司並應負忠實義務，否則即應負起損害賠償之責（公司法第23條第1項）。如董事之行為合於受託義務（即法令、章程所定義務）並盡忠實義務及善良管理人注意義務者，其權責已相符，則交易對方公司倒閉、貨款等債權無法回收，連累公司財務惡化，無法獲得滿足清償之公司債權人，則無需負擔責任。反之，董事對債權回收有惡意或重大過失者，對第三人自應依公司法第23條第2項負連帶賠償責任。

二、有關追究董事上述責任時，是否適用經營判斷原則之判斷：

（一）與交易對方公司業務往來，屬於公司業務執行之範疇，對執行業務之董事追究責任時，自然適用經營判斷法則。經營判斷原則應為有利於董事之推定原則，係假設董事所做商業決定係在充分被告知下所為之判斷，並推定董事係善意地相信其決定乃忠於公司之最佳利益。職故，應係在於董事已盡忠實義務、善良管理人之注意義務後，即不應被追究任何責任，縱使是因事後證實經營判斷錯誤，公司發生損失，則仍不可反推公司負責人未盡忠實義務及其善良管理人之注意義務。

（二）按「經營判斷法則並非董事之行為標準，係司法機關審查董事行為（依我國法論即司法機關判斷公司負責人是否負善良管理人注意義務）之基準。並藉此避免事後重加評斷公司負責人之當初所為經營決定。據此我國法院在判斷公司負責人所為之營業行為是否符合「經營判斷法則」，似可採取與美國法院相同之營業標準，即①限

於經營決定；②不具個人利害關係且獨立判斷；④盡注
意義務4.善意；⑤未濫用裁量權。若公司負責人為經營行
為當時若具備此五項經營判斷法則，則可推定其具善良
管理人之注意義務，而無庸對公司及股東負損害賠償責
任。」，此有臺灣臺北地方法院93年度重訴字第144號民
事判決可參。反之，董事雖得以「經營判斷原則」為抗
辯，惟如確有事證證明董事有上述得追究之責任時，則
法院得以未盡注意義務以認定未符經營判斷法則，而令
董事負其賠償責任。

三、董事對交易對方公司不謹慎調查，漫然的進行交易，結果對方公
　　司倒閉，貨款無法回收時，董事對公司是否當然對第三人（公司
　　債權人）應負責任：

　　（一）依民法第26條規定：「法人於法令限制內，有享受權
　　　　　利、負擔義務之能力但專屬於自然人之權利義務，不在
　　　　　此限。」，是我國採法人實在說，公司有行為能力，其
　　　　　代表機關之行為，則視為公司本身之行為，準此，公司
　　　　　代表機關之行為，若構成侵權行為時，自應視為公司之
　　　　　侵權行為，公司應對受害人負損害賠償責任。

　　（二）董事如對交易對方公司，不謹慎調查其信用狀況，而漫
　　　　　然與人進行交易，對方公司倒閉致公司貨款無法回收
　　　　　時，應依公司法第23條第1項對公司負損害賠償責任，自
　　　　　不待言。惟董事對公司是否當然對第三人（即公司債權
　　　　　人）應負責任？應視董事對該交易未盡善良管理人注意
　　　　　義務與債權人間所受損害間，是否有因果關係而定，如
　　　　　因董事之未盡善良管理人之注意義務致公司無法清償債

權人之債務者，則其間有因果關係，債權人應得依同法第2項之規定，請求董事負連帶清償責任。反之，如與債權人所受損害無因果關係者，董事對該債權人即無庸負責，此為權責相符原則。

商品標示偽製、事故情報隱瞞時，董事責任為何？

要點！

- 商品標示偽造或不實之事，獲有情報董事立即努力回收商品，阻止受害擴大，其對公司應否負責任？
- 董事對事態隱瞞或置之不理，致使公司受害時，對公司應否負賠償責任？
- 董事對事態惡化，不積極處置，致使公司倒閉時，除對公司應負賠償責任，對公司債權人應否負賠償責任？
- 違反法令之行為，得否適用經營判斷原則？
- 董事除民事責任外，是否應負刑事責任？

參考條文

　　公司法第1條、第23條，民法第191條之1，消費者保護法第7條。

※相關問題：第31題、第65題、第81題、第82題。

說　明

一、按商品因製造人之生產、製造或加工設計有欠缺，以致發生損害者，製造人對於受損害之人，應依侵權行為之法則，賠償其損害。而依民法第191條之1第2項規定：「前項所稱商品製造人，謂商品之生產、製造、加工業者。其在商品上附加標章或其他文字、符號，足以表彰係其自己所生產、製造、加工者，視為商品製造人」，是關於商品之生產、製造、加工業者係為商品製造人外，如有在商品上附加標章或其他文字、符號，足以表彰係其自己所生產、製造、加工者，法律效果則與商品製造人同。準此，如在商品標示有偽製、事故情報隱瞞之董事，自應負侵權責任，並依公司法第23條第2項之規定，與公司負連帶賠償責任。且此責任因消費者之被害人對於製造人有過失之舉證，並非易事，故採無過失責任，或採中間責任，製造商欲免責需由其負無過失之舉證責任。如涉有刑事，仍應負刑事責任。

二、商品標示偽造或不實之事，獲有情報董事立即努力回收商品，阻止受害擴大，其對公司應否負責任：

　　（一）按消費者保護法第7條第1項規定：「從事設計、生產、製造商品或提供服務之企業經營者應確保其提供之商品或服務，無安全或衛生上之危險。」，第2項規定：「商品或服務具有違害消費者生命、身體、健康、財產之可能者，應於明顯處為警告標示或緊急處理危險之方法。」第3項規定：「企業經營者違反前2項規定，致生損害於消費者或第三人時，應負連帶賠償責任。但企業經營者能證明其無過失者，法院得減輕其賠償責任。」

是關於此，我國民法係採無過失責任。即令企業經營者能證明其無過失者，亦僅得減輕其責任而已。

（二）是故，公司發生商品標示偽造或不實之情事者，經營之董事，縱無故意或過失，且於獲有情報時，立即努力回收商品，阻止受害擴大，其對第三人即消費者，仍應與公司負連帶賠償責任，惟得舉證證明無過失而減輕其責任。

（三）至對公司應否負責任，仍須端視其有無盡「忠實義務」、「善良管理人之注意義務」為判斷，如未盡上開義務者，縱其獲有情報時，立即努力回收商品，阻止受害擴大，其仍使公司受有損害者，自應對公司負賠償責任。反之，如已盡上開義務，仍不免發生該結果者，其在公司營運之監督、控管部分仍屬有所疏忽或懈怠，其對公司仍應負賠償責任。而非經營之董事，其如能舉證證明其控管、監督公司之經營無故意、過失者，應得以免其責任。

三、董事對事態隱瞞或置之不理，致使公司受害時，對公司應否負賠償責任：

（一）董事雖對商品標示偽造或不實之情事不知情，惟如已知商品標示有偽造或不實之情事者，即應為努力回收商品，阻止受害擴大之作為義務，卻將事態隱瞞或置之不理，其行徑將使公司受害擴大及嚴重化，是董事「將事態隱瞞或置之不理」之消極不作為，實已生損害之結果，其與積極作為效果同，仍應依公司法第23條第1項之規定，對公司負損害賠償責任。

（二）上述仍以可歸責之董事，始負損害賠償責任為原則，雖
　　　董事有監督、監視代表業務執行之董事、董事長、總經
　　　理之義務，惟如其已盡監督、監視之能事，仍無法發覺
　　　上開情事（即無過失）者，應無科予賠償責任，以免責
　　　任過苛。

四、董事對事態惡化不積極處置，致使公司倒閉時，除對公司應負賠
　　償責任，對公司債權人應否負賠償責任：

（一）董事對事態惡化不積極處置，致使公司倒閉時，除致生
　　　公司受損害外，對公司債權人之債權無法獲得清償時，
　　　債權人亦受有損害，董事自應依公司法第23條第2項之規
　　　定，與公司負連帶賠償之責。

（二）按違反義務人要負損害賠償責任，而此義務乃公司法第
　　　23條所賦予之忠實義務與善良管理人之注意義務，是
　　　董事對商標示偽造或不實之情事不積極處置，致事態惡
　　　化，甚至使公司倒閉，致公司債權人之債權無法獲得清
　　　償者，此乃債務不履行損害賠償責任，此為契約的保
　　　護義務，為信賴利益損害賠償請求權，公司董事有違反
　　　義務行為，其有可歸責性，有因果關係，其違反情況
　　　為「惡意」或「重大過失」（對事態惡化不不積極處
　　　置），故公司董事對公司債權人應負賠償責任。

五、董事違反法令之行為，得否適用經營判斷原則：

（一）經營判斷法則之建構目的，主要係權衡公司董事經營上
　　　之風險，以調和其所應負擔之責任而存在。是經營判斷
　　　法則之適用，應以公司董事之業務執行涉及到經營風
　　　險，方有須權衡其責任減輕之問題。而董事如有違反法

令之行為者，除非原告股東或債權人可以提出實證推翻被告董事有不適用經營判斷原則之情事，否則董事仍受有經營判斷法則之保護傘保護。是縱公司董事違反法令之行為，在未經法院判認無適用經營判斷原則之餘地前，仍得主張適用經營判斷原則而否決其應負之責任。

（二）在司法審查中，就經營判斷法則採取多樣之適切基準，僅有負責人或董事採取合理之行動，始受到經營判斷法則之保護，即其無利害衝突之情勢、善盡取得情報之責任、基於誠實等，皆受到經營判斷原則之保護。在經營判斷原則下，董事注意義務之滿足並不以其判斷結果或內容，實際上是否對公司帶來最佳利益為依據，只要董事在無利益衝突下，取得為作出經營判斷事項所需之適切資訊，並於其所認為符合公司最佳利益的情況下，作出經營判斷即可。縱令其後，此以經營判斷結果致公司虧損，亦不能謂相關董事違反其注意義務。以免事後諸葛，以保護公司負責人或董事決策之自由。

（三）綜上，董事之違反法令行為，雖可主張經營判斷原則以免其責任，然在法院審查上，其違反法令顯已未盡善良管理人之注意義務而判認無經營判斷原則之適用。

六、董事除民事責任外，是否應負刑事責任：

（一）公司為法人，除法律另有規定外，不得為普通刑法上犯罪之主體。因此除特別刑法有明文規定外，法人並無犯罪能力。是對於公司違法行為之刑事處罰，僅以公司負責人為處罰對象，是董事除民事責任外，如涉有違法行為而有處罰規定者，應另負刑事責任。

（二）案例：臺灣彰化地方法院100年度矚易字第1號刑事判決
　　　（塑化劑案件）

　　1.公司負責人將具有毒性且非合法之物質-塑化劑
　　　DNOP、DEHP製成起雲劑，冒充合格之食品添加物起
　　　雲劑，致公司因其代表人、其他從業人員執行業務，
　　　連續犯食品衛生管理法第34條第1項之違反食品衛生
　　　管理規定致危害人體健康而被科罰金，此乃為特別法
　　　之法人處罰之規定，是法人之刑事責任僅有罰金之處
　　　罰。

　　2.公司負責人之詐欺、違反食品衛生管理法之違法行
　　　為，經法院判處有期徒刑。而在民事賠償方面，則與
　　　公司負連帶賠償責任。

（三）是以董事違反法令之行為，除民事責任外，如有違法行
　　　為，則應另負刑事責任。

問題 **91** 業務災害發生時，董事應否負責？

要點！

- 董事對自己分擔管理之工廠、旅館等設施，是否對火災等災難負有對策方案以及實施之責任？
- 董事是否有提供安全環境給員工之責任？
- 火災發生損害時，董事對公司及對第三人之責任為何？
- 火災發生損害時，董事有無刑事責任？

參考條文

　　公司法第23條，民法第148條、第184條、第191條。

※相關問題：第65題、第67題、第96題、第101題、第102題。

說　明

一、董事對於公司之經營，有提供安全環境給員工之責任，對於自己有分擔管理、監督之工廠、旅館等設施，負有火災等災難對策及實施之責任。故如未提供上開條件，致火災發生損害，對公司以及第三人應負賠償責任，如致人死、傷者，應另負刑事之過失致人於死或過失傷害之責任。

二、董事對自己分擔管理之工廠、旅館等設施，是否對火災等災難負有對策方案以及實施之責任：

（一）因董事所分擔管理之工廠、旅館等設置或管理有欠缺有故意或過失，致勞工或債權人（使用公司設備，例如使用旅館設施）傷亡時，董事應負民法第184條第1項之侵權行為損害賠償責任，而公司所有人則應負民法第191條工作物所有人之侵權行為損害賠償責任。但公司所有人對於防止損害之發生，已盡相當之注意者，不在此限。

（二）我國為防止職業災害，保障勞工安全與健康，公布有「勞工安全衛生法」（現改為職業安全衛生法）課予雇主注意勞工安全與衛生之義務。且依民法第148條第2項規定：「行使權利，履行義務，應依誠實及信用方法。」之規定觀之，在解釋上亦應認為雇用人對受僱人生命身體之安全，負有保護安全之照顧義務。若雇用人怠於保護照顧受僱人之安全者，受僱人亦得依據契約不履行之規定請求損害賠償。同理，在旅館使用設施之債權人，董事亦負有保護安全之照顧義務，若旅館之執行業務董事有怠於保護照顧債權人生命身體之安全者，債

權人亦得依據契約不履行之規定請求損害賠償。

（三）前者請求權人尚需舉證證明董事有故意或過失行爲，而後者則應由加害人負無過失證明之責，對請求權較爲有利。

（四）董事對於自己分擔管理之工廠、旅館等設施，對火災等災難負有對策方案以及實施之責任。

三、董事是否有提供安全環境給員工之責任：

（一）按勞務權利人在勞務給付性質所許可之範圍內，爲保護勞務義務人生命及健康免遭危險，就其實施勞務之處所、設備及工具，應有適當之設施與維持，是董事對自己分擔管理之工廠、旅館等設施有提供安全環境給員工之責任，此亦有職業安全衛生法第6條規定：雇主對於列舉事項應有符合規定之必要安全衛生設備及措施。

（二）如有違反，致員工死、傷者，如前已述，應負損害賠償責任。

四、火災發生損害時，董事對公司及對第三人之責任爲何：

（一）就工廠、旅館之設施及管理如無欠缺者，僅由公司負民法第191條工作物所有人之侵權行爲損害賠償責任，但公司所有人得舉證證明對於防止損害之發生，已盡相當之注意者，則得免責。

（二）反之，如就工廠、旅館之設施及管理有欠缺者，公司及管理之董事應連帶負賠償責任（其責任爲如前已述之侵權行爲及契約責任），且董事應依公司法第23條第1項、第2項對公司、第三人負賠償責任。

五、火災發生損害時，董事有無刑事責任：

（一）火災發生損害時，董事有無刑事責任，乃以刑法或特別
　　　法（例如職業安全衛生法）之規定爲斷，董事對於火災
　　　之發生有故意或過失之行爲致人死、傷，即有業務過失
　　　致死罪或業務過失傷害（或重傷罪責）；或違反義務行
　　　爲而構成特別法之構成要件而符合處罰規定之刑事責
　　　任。

（二）反之，董事如無故意或過失者，則應無業務過失致死、
　　　業務過失傷害等犯行，惟關於義務之違反，縱無故意或過
　　　失，仍應受特別法規定之處罰。

問題 92 掛名董事之責任為何？

要點！

- 掛名董事是湊足法定人數而被選認為董事，實際上不參加公司業務執行之意思決定，原本就沒有任董事之意思，僅是名義上的董事。
- 掛名董事之義務與責任，與其他董事之責任是否一樣？

參考條文

公司法第8條、第23條、第162條、第192條、第218條之1、第257條。

※相關問題：第27題至第30題、第104題。

說　明

一、我國公司法關於公司之規定，第1條即開宗明義稱謂以營利為目的，依照公司法組織、登記、成立之社團法人。因此公司係為法人組織，其並無法如自然人一樣自己為各種法律行為，因此須透過自然人來代表公司為各種法律行為，也因此公司法乃股東、董事人數之規定。我國公司法第192條即規定公司董事會，設置董事不得少於3人，由股東會就有行為能力之人選認之。是為湊足法定人數而被選任為董事，實際上不參加公司業務執行之意思決定，其原本就沒有參與公司事務執行之意思，而實際上亦未曾參與，在我國家族公司往往會將妻兒或親友名義登記為形式上之董事，此存在中小企業已司空見慣，甚至大型公司存有掛名董事亦比比皆是。連代表公司之「董事長」，在我國亦常見僅為名義上之代表人，其並不實際經營公司業務，但基於公司業務上之需求及便利，大多將個人之印章留在公司，由實際經營公司之人使用該印章，然是否因此掛名董事或董事長即無庸負擔法律責任？非也，以下即介紹掛名董事應負之責任。

二、掛名董事應負之責任：

「公司負責人應忠實執行業務並盡善良管理人之注意義務，如有違反致公司受有損害者，負損害賠償責任。」公司法第23條第1項定有明文，此項規定規範了公司負責人之忠實義務，其請求主體依上述文義，應僅限於公司，析言之，公司負責人係對公司（股東全體）負忠實義務，而非針對股東個人。惟公司掛名董事，因公司設立之初，公法上或私法上均有登記，在公司法上即規定有義務與責任。

（一）刑事責任

　　我國刑法係以行為人為處罰對象，是原則上僅有自然人始為刑法所欲規範之對象，是掛名董事既未參與任何公司事務之行為，原則上不會有刑事責任。而在特別刑法有特別規定，就公司之違法行為科處罰金外，掛名董事長，因其個人實際上未為刑法上之犯罪行為，或未對公司之犯罪行為進行指示或未對公司之犯罪行為進行指示或監督，即非行為人，即非處罰對象，而應由實際之行為人受刑事處罰。

（二）民事責任

　　董事之義務有：①執行業務之忠實義務及注意義務（公司法§23第1項）；②基於委任關係所生之義務（民法委任之規定）；③報告損害之義務（公司法§218之1）；④於公司證券簽名或蓋章之義務（公司法§162第1項、§257第1項）；⑤申報持股之義務；⑥股份設定或解除職權之通知、申報義務；⑦不為競業行為之義務等。是以董事之責任，有對公司之責任、對第三人之責任、對股東之責任及與監察人之連帶責任等。故即使掛名董事事先約定不負一切責任，其因已登記為公司董事，其即無法逃避公司法上規定之董事責任。

（三）行政責任

　　掛名董事，其在公司登記時，已在相關文件用印並表示願任公司董事者，依公司法第8條第1項之規定其屬公司負責人，是在行政法規，如連同公司負責人均有處罰規定，例如稅捐稽徵法

即規定公司欠稅達一定金額時，會限制公司負責人出境，此時縱
爲掛名董事亦會成爲限制出境之對象。

三、掛名董事之義務與責任，與其他董事之責任一樣：

掛名董事或非常勤董事，其對公司之責任與其他董事沒有兩
樣，對公司也負善良管理人之注意義務與忠實義務，對董事長
以及經理人等之業務執行者應負監督之責任，縱以「光是掛
名」、「單純的名義使用」之理由，即使加上事先約定不負一切
責任之理由，也無法逃避公司法上規定之董事責任，此種紛爭
判決甚多，此時不僅會被公司追究責任，第三人（即公司債權
人）也有可能追究其董事責任。

四、案例介紹（最高法院89年度台上字第2749號民事判決）：

（一）事實

　　　本件原告A公司起訴主張，被告B公司自69年7月1日起至
71年底止，於其生產之膠帶商品上仿冒伊經註冊之兩個
商標並將該商標圖樣使用於該商品之廣告及說明書上，
而以不正當之競爭方法行銷仿冒品於市場，侵害伊之商
標專用權，致伊生產之該2商標膠帶滯銷，受有4800萬元
以上之損害，B公司因此受有同額之不當利得，自應返還
不當得利與A公司，B公司負責人即甲、乙、丙等3人，
爰依公司法第23條規定，與B公司負連帶損害責任，求命
與B公司連帶給付A公司1,591萬4,776元。

（二）丙主張伊僅係掛名董事，並不參與B公司業務之執行，不
負公司法第23條之賠償責任。

（三）最高法院之見解

　　　按公司法第23條規定：「公司負責人對於公司業務之

執行，如有違法法令致他人受有損害時，對他人應與公司負連帶賠償之責。」所謂公司業務之執行，自係指公司負責人處理有關公司之事務，且必以公司負有賠償之責，始有公司負責人與公司負連帶賠償責任之可言。就此部分經最高法院發回臺灣高等法院後，高等法院乃舉最高法院62年度台上字第2號判例所示「…公司法第23條所謂公司負責人，對公司業務之執行，如有違反法令致他人受損害時，對他人應與公司連帶負賠償責任云云，仍以違反法令致他人私權受有損害，為責任發生要件」之意旨，而認丙部分，A公司未提出證據證明丙有違反法令致A公司受有損害情事，則丙既無違反法令致A公司受有損害之事實，即無庸依公司法第23條負損害賠償責任。是實務乃採掛名董事因無執行公司業務，無庸依公司法第23條負損害賠償責任。此即依據在公司之職位以及與公司之關係，掛名董事或非常勤董事之監視、監督義務違反，非屬惡意、重大過失或損害發生間之因果關係不存在而無須負責任之例。

問題 93　財務表冊虛偽記載時，董事責任為何？

要點！

- 董事為虛偽、不實之記載、登記、公告致第三人受損害應負賠償責任。
- 虛偽記載之責任是無過失責任？並且董事長要負舉證責任證明自己無過失責任，縱為輕過失責任也要負責？
- 應記載事項係屬於「重要之事項」而不記載或漏未記載時，亦歸為虛偽記載範圍。

參考條文

　　司法第8條、第23條、第162條、第192條、第218條之1、第228條、第230條、第231條、第257條，證券交易法第20條之1。

※相關問題：第98題。

說　明

一、按公司法第228條第1項之規定，每年會計年度終了，「董事會」應編造左列表冊，於股東常會開會30日前交監察人查核。第3項則規定，第1項表冊，監察人得請求董事會提前交付查核。是營業報告書、財務報表、盈餘分派或虧損撥補之議案之編造係爲董事會，董事會應正確、眞實編造前開表冊，其如有虛偽、不實記載、登記、公告致公司或第三人受損害，董事自應負損害賠償責任。

二、董事爲虛偽、不實之記載、登記、公告致第三人受損害應負賠償責任：

（一）會計表冊之承認：①董事會應將其所造具之各項表冊，提出於股東常會請求承認（公司法§230前段）；②經股東會決議承認後，除董事或監察人有不法行爲外，視爲公司已解除董事及監察人之責任（公司法§231）。此即所謂責任之解除，乃係股東會決議承認之附帶效果，故股東會毋須另爲解除之決議。責任解除之範圍，應限於向股東會常會提出之會計表冊所揭事項或自表冊所得知悉之事項。以保護公司及股東之權益。惟董事或監察人如有不法行爲者，則其責任即不因經股東會承認而解除，以免董監心存僥倖，致侵害公司或股東之權益。

（二）依證券交易法第20條之1規定，針對財報不實情形，除就其賠償責任人之範圍明訂包括發行人及其負責人、曾在財務報告或財務業務文件上簽名或蓋章之發行人之職員以及會計師外，就其責任規範，更依身分不同而有責任

　　　　　　輕重之差別規定，其中對於發行人、發行人之董事長、
　　　　　　總經理採取結果責任，縱無故意或過失亦要求負賠償責
　　　　　　任。

　　（三）故公司財務報告如有虛偽或隱匿情形，董事長、總經理
　　　　　　即使是無心、無意的過失，也不能舉證免責，且須依結
　　　　　　果主義，應負無過失民事賠償責任，亦即只要財報不實
　　　　　　確定，當投資人提出民事賠償告訴，投資人在不需舉證
　　　　　　這些人確實知情下，董事長和總經理都要負起連帶賠償
　　　　　　責任。

三、董事對於會計表冊虛偽記載之責任為何，並且董事要負舉證責任
　　證明自己無過失責任，縱為輕過失責任也要負責：會計表冊虛偽
　　記載，除可能涉犯刑事責任外，於損害賠償之民事責任，應需有
　　故意或過失者始負賠償責任，是經股東會決議承認後之責任之解
　　除，乃將不法行為除外，即以虛偽記載者，其不因經股東會決議
　　承認而解除責任。董事如欲求免責，則應舉證證明自己並無過
　　失，始能免其責任。

四、應記載事項係屬於「重要之事項」而不記載或漏未記載時，亦歸
　　為虛偽記載範圍：

　　（一）查會計表冊乃是紀錄公司商業活動真實財務狀況與其經
　　　　　　營成果之相關資訊，並進而將此等完整揭露並公正表達
　　　　　　之重要制度，是公司之會計實為公司之核心問題。

　　（二）按股份有限公司於股東有限責任原則之下，公司之財產
　　　　　　乃公司債務之唯一擔保，為保障債權人之權益，使債權
　　　　　　人得以評估公司之財務體質與償債能力，要求公司會計
　　　　　　之確實與透明，自屬必要。且為保障未參與公司經營之

股東族群，亦應制定一套完整之會計規範，以避免公司
經營階層挪用公款，中飽私囊，侵害股東權益。

（三）是應記載事項屬「重要之事項」而不記載或漏未記載
時，亦屬虛偽記載範圍，以保護公司未執行業務之股東
群及公司債權人。

問題 *94* 董事對第三人責任之時效、過失相抵適用原則各為何？

要點！

- 董事對第三人之損害賠償額算定時，受害第三人對於損害發生存在過失時，過失相抵之原則適用，判斷過失程度可否為適當之減額？
- 損害賠償從請求時起發生遲延損害金之計算以年利率5%？該損害賠償請求權時效為10年？
- 受害第三人可向董事請求公司法上責任或民法上侵權責任，自由認選，但任意要件有無分別？

參考條文

公司法第8條、第9條，民法第125條、第197條、第203條、第213條、第214條、第215條、第217條。

※相關問題：第81題、第82題。

說 明

一、董事對第三人責任範圍

　　公司法所稱公司負責人，在有限公司、股份有限公司為董事，為公司法第8條第1項所明定。是董事對第三人責任，同公司負責人之規定。是其對第三人責任範圍有：

（一）公司負責人對於公司業務之執行，如有違反法令致他人受有損害時，對他人應與公司負連帶賠償之責（公司法§23第2項）。

（二）應收股款股東未實際繳納，而以申請文件表明收足，或或股東雖已繳納而於登記後將股款發還股東，或任由股東收回者，公司負責人應與各該股東連帶賠償公司或第三人因此所受之損害（公司法§9第1項、第2項）。

二、時效

（一）最高法院95年度台上字第1953號判決：

　　公司法第23條規定，公司負責人對於公司業務之執行，如有違反法令致他人受有損害時，對他人應與公司負連帶賠償責任。此所定連帶賠償責任，乃係基於法律之特別規定，並非侵權行為上之責任，故其請求權之消滅時效，應適用民法第125條之規定，即為15年之時效。（法定特別責任說）。

（二）最高法院43年台上字第634號、62年台上字第2號、65年台上字第3031號判例等：

　　判例意旨均採特別侵權行為責任說，此說主張民法之侵權行為可分為一般侵權行為（民法§184）及特別侵權行為（民法

§185至§191之3），而公司法第23條及民法第28條即屬特別侵權行為，須另具一般侵權行為之要件。也就是公司負責人須具有故意或過失之要件（此為通說）。準此，公司法第9條第2項者，亦屬公司負責人對公司業務之執行，違反法令致他人受有損害者，是其請求權時效應同第23條，其請求權之消滅時效應適用民法第197條之規定，即自請求權人知有損害及賠償義務人時起二年間不行使而消滅；自有侵權行為時起，逾十年者亦同。

（三）綜上，公司法第23條第2項之法律性質，應以採特殊的侵權行為責任說為當。是以，關於公司侵權責任之法律適用，公司法第23條第2項為民法第28條之特別規定，應優先適用。至其構成要件規定不完整之處，應依一般侵權行為要件（民法§184第1項前段）予以補充。因此，公司之侵權行為仍應具備一般侵權行為之要件，亦即在主觀要件上，仍須公司負責人具有故意或過失為必要。又其損害賠償請求權之消滅時效期間，應適用民法第197條第1項有關侵權行為之短期時效規定。[1]

三、依民法第213條第2項之規定，因回復原狀而應給付金錢者，自損害發生時起，加給利息。另同法第214條、第215條明定：應回復原狀者，如經債權人定相當期限催告後，逾期不為回復時，債權人得請求以金錢賠償其損害；不能回復原狀或回復原狀顯有重大困難者，應以金錢賠償其損害。又應付利息之債務，其利率未經約定，亦無法律可據者，週年利率為百分之五，此為民法第203條法定利率之規定。是上開回復原狀而應給付金錢者、

---

[1] 林大洋，臺灣法學雜誌，2011年5月1日，175期，頁85。

經債權人定相當期限催告後，逾期不為回復時、不能回復原狀或回復原狀顯有重大困難者等情形，均得請求週年利率百分之五之法定利息，其性質應屬遲延利息。

四、過失相抵

（一）過失相抵制度，自羅馬法以來，即為各國法制所採用。我國民法第217條亦規定：「損害之發生或擴大，被害人與有過失者，法院得減輕賠償金額或免除之。重大之損害原因，為債務人所不及知，而被害人不預促其注意或怠於避免或減少損害者，為與有過失。前2項之規定，於被害人之代理人或使用人與有過失者，準用之。」此乃依據衡平觀念及誠實信用原則，於被害人與加害人雙方行為共同成立同一損害，或損害發生後，因被害人之過失行為，使損害擴大者，法院於定損害賠償額時，得斟酌被害人之過失，減輕賠償義務人之賠償金額或免除其責任，學說上稱為過失相抵。惟所謂過失相抵之真義，係就賠償義務人之過失與賠償權利人之過失，互相比較，以定責任之有無及其範圍，並非兩者互相抵銷。因過失相抵，致賠償義務人免除責任，並非因果關係中斷，而係加害人之行為雖與損害之間，有相當因果關係，成為損害之原因，不過因有債權人之過失，免其責任而已。[2]

（二）公司法第23條第2項之要件：①須為公司負責人之行為；②須公司負責人因執行公司業務所為之行為；③須公司公司負責人之行為具備一般侵權行為之要件。是其仍屬侵權行為，是

---

[2] 曾隆興，詳解損害賠償法，三民書局，100年4月，修訂3版，頁647。

其損害賠償，原則上係應回復他方損害發生前之原狀，自有民法第217條過失相抵之適用。

（三）在董事對第三人之損害賠償額算定時，受害第三人對於損害發生存在過失時，有過失相抵原則之適用，判斷過失程度，就賠償權利人本身之過失致有損害發生或範圍擴大者，就此部分則屬賠償權利人應負擔之損害，董事對第三人之損害應無負擔之義務，是此部分則屬董事可以免責部分。

問題 **95** **公司對董事能否懲戒處分？**

要點！

• 勞動契約本質之由來，使用者（資方）有維持企業秩序權利，員工（勞方）有維持企業秩序之義務，基此公司制定規則課以破壞秩序之員工以懲戒處分，董事與公司間關係是委任契約非勞動契約，也即董事非員工職員。

• 懲戒處分之本質，是在維持企業秩序，董事雖非員工，但仍然是企業組織之一員，維持企業秩序無法減免，故直接適用或有猶疑，類推適用也無不可，但是從對於董事懲戒處分之種類及對董事懲戒處分認定機構之觀點來看，內部監視實際能否發生作用，在現行制度下，仍有疑問。臺灣證券交易所股份有限公司訂定上市上櫃公司訂定道德行為準則參考範例，可供參考。在日本及我國公司法上，也有作為行政管理的外部監視條文。

參考條文

　　公司法第273條、第387條，上市上櫃公司訂定道德行為準則參考範例，日本會社法第976條。

說　明

一、勞動契約本質之由來，使用者（資方）有維持企業秩序權利，員工（勞方）有維持企業秩序之義務，基此公司制定規則課以破壞秩序之員工以懲戒處分，董事與公司間關係是委任契約非勞動契約，也即董事非員工職員。

二、懲戒處分之本質是在維持企業秩序，董事雖非員工，但仍然是企業組織之一員，維持企業秩序無法減免，故直接適用或有猶疑，類推適用也無不可。臺灣證券交易所股份有限公司於93年11月11日訂定發布上市上櫃公司訂定道德行為準則參考範例，全文5點；並自公告日起實施，即有提到董事懲戒的部分，可供參考：

其規範目的為導引我國上市上櫃公司董事之行為符合道德標準，並使公司之利害關係人更加瞭解公司道德標準，各公司確有訂定道德行為準則之必要。其重要事項如下：

（一）防止利益衝突：個人利益介入或可能介入公司整體利益時即產生利害衝突，例如，當公司董事、監察人或經理人無法以客觀及有效率的方式處理公務時，或是基於其在公司擔任之職位而使得其自身、配偶、父母、子女或三親等以內之親屬獲致不當利益。公司應特別注意與前述人員所屬之關係企業資金貸與或為其提供保證、重大資產交易、進（銷）貨往來之情事。公司應該制定防止利益衝突之政策，並提供適當管道供董事、監察人或經理人主動說明其與公司有無潛在之利益衝突。

（二）避免圖私利之機會：公司應避免董事、監察人或經理人

為下列事項：①透過使用公司財產、資訊或藉由職務之便而有圖私利之機會；②透過使用公司財產、資訊或藉由職務之便以獲取私利；③與公司競爭。當公司有獲利機會時，董事、監察人或經理人有責任增加公司所能獲取之正當合法利益。

（三）保密責任。

（四）公平交易：董事、監察人或經理人應公平對待公司進（銷）貨客戶、競爭對手及員工，不得透過操縱、隱匿、濫用其基於職務所獲悉之資訊、對重要事項做不實陳述或其他不公平之交易方式而獲取不當利益。

（五）保護並適當使用公司資產。

（六）遵循法令規章。

（七）鼓勵呈報任何非法或違反道德行為準則之行為。

（八）懲戒措施：董事、監察人或經理人有違反道德行為準則之情形時，公司應依據其於道德行為準則訂定之懲戒措施處理之，且即時於公開資訊觀測站揭露違反道德行為準則人員之職稱、姓名、違反日期、違反事由、違反準則及處理情形等資訊。公司並宜制定相關申訴制度，提供違反道德行為準則者救濟之途徑。

（九）豁免適用之程序：公司所訂定之道德行為準則中須規定，豁免董事、監察人或經理人遵循公司之道德行為準則，必須經由董事會決議通過，且即時於公開資訊觀測站揭露允許豁免人員之職稱、姓名、董事會通過豁免之日期、豁免適用之期間、豁免適用之原因及豁免適用之準則等資訊，俾利股東評估董事會所為之決議是否適

當，以抑制任意或可疑的豁免遵循準則之情形發生，並確保任何豁免遵循準則之情形均有適當的控管機制，以保護公司。

（十）揭露方式：各上市上櫃公司應於年報、公開說明書及公開資訊觀測站揭露其所訂定之道德行為準則，修正時亦同。

三、對於董事能否為懲戒處分，本書認為，雖形式上可以對董事為懲戒處分，並制訂相關規則，但實務上對董事懲戒處分，有下列之問題可資研究：

（一）對董事懲戒處分之種類：董事由股東會選任，故一般懲戒處分如剝奪董事之身分或權利，無疑侵犯到股東會之權利，鑑於董事身分之特殊性，本書認為對於董事之懲戒處分，僅適於減少董事報酬的部分。惟此種懲戒，可能對董事本身不痛不癢，難收懲戒之效。

（二）對董事懲戒處分之認定機構：本書認為此部分有現實上之困難，一般職員事實上不太可能敢對董事為懲戒處分。如果利用股東會懲戒，一來緩不濟急，二來能當選董事，通常持股較多，不易通過懲戒，縱有關利益衝突時有迴避之規定，但董事以他人名義持股之情況比比皆是，事實上亦不易察覺。如委由董事會其他成員認定，則可能發生兩種情形，一者徇私，官官相護，使懲戒規定形同虛設，二者，意見不同，派閥不同者，以懲戒作為鬥爭之工具。若委由客觀第三者作為懲戒委託，如客觀第三者如係董事會選任，則亦難避免發生上開情事之疑問。故對於董事懲戒處分，尚有上開之難題應先行解

決之處，方有懲戒之實效。

（三）以上係就公司內部監視而言，就公司外部監視而言，日本會社法第976條就董事違反行政管理之部分，亦科以行政上之罰鍰。例如：①違反登記義務；②違反公告或通知業務；③違反開示義務；④拒絕書類的閱覽；⑤妨害調查；⑥虛偽陳述、隱匿事實；⑦不為記載或虛偽記載；⑧違反帳簿、書類之備置義務；⑨違反說明義務；⑩違反母公司股份取得之禁止；⑪股份違法消除；⑫股份違反拍賣、賣出；⑬股份違法發行；⑭股份違法發行遲延；⑮股份不記載或虛偽記載；⑯違反股份喪失登錄消去義務；⑰股東名簿違反記載；⑱違反股東大會召集義務；⑲違反股東提案權尊重義務；⑳違反公司外監察人選任義務；㉑不提出監察人選任議案；㉒違反董事等選任手續；㉓違反競業交易之報告義務；㉔違反常務監察人選任義務；㉕違反準備金計算義務；㉖違法組織再編；㉗違反破產手續申請義務；㉘不當設定受理異議期間；㉙違反債務清償限制；㉚債務清償前違法分配；㉛違反清算股份有限公司之行為之限制；㉜違反保全處分命令；㉝違反公司債管理人選定義務；㉞與外國公司不當繼續交易；㉟違反電子公告調查申請義務。

四、就我國公司法行政上的外部監視部分，例如就代表公司之董事，違反公司登記或認許之申請期限時，公司法第387條亦課有罰鍰之規定。而違反公司法第273條，代表公司之董事不備置認股書者，依同條第5項之規定，由證券主管機關處以罰鍰，亦為外部監視之案例。

問題 **96** 董事有什麼刑事責任？

要點！

• 公司法上董事的刑事責任，大略可分為：

1. 侵害公司財產之罪責，如背信罪、違法分紅罪、股款繳納不實罪。

2. 其他之罪責，如偽造文書罪、賄賂罪。

參考條文

公司法第9條，刑法第214條。

※相關問題：第97題、第98題、第99題、第100題。

說　明

一、公司作假帳（例如博達案），內線交易等，不勝枚舉。本書受限
　　於研究內容，擬探討之董事刑事責任如下：

　　（一）新股發行時公司事業內容有虛偽廣告之董事刑事責任。
　　　　　（討論詐欺，偽造文書罪，詳如第98題討論）

　　（二）做假帳違法分配紅利時之董事刑事責任。（討論違法分
　　　　　紅罪，詳如第99題討論）

　　（三）收取交易對方賄賂（好處）董事會有什麼情事責任。
　　　　　（討論背信罪及日本法制上之董事賄賂罪，詳如第100題
　　　　　討論）

　　（四）對協助股東會順利開會成功之職業股東給好處，董事會
　　　　　有什麼刑事責任。（討論背信罪及日本法制上之利益供
　　　　　與罪，詳如第101題討論）

二、本題先就股款繳納不實罪討論。股款繳納不實，可能涉及到之法
　　律條文為公司法第9條[1]及刑法第214條[2]規定，最高法院96年度第
　　5次刑事庭會議認為：

　　公司法第9條第4項修正為「公司之設立或其他登記事項有偽

---

[1] 公司法第9條規定：

　公司應收之股款，股東並未實際繳納，而以申請文件表明收足，或股東雖已繳納而於登記後
　將股款發還股東，或任由股東收回者，公司負責人各處5年以下有期徒刑、拘役或科或併科新
　臺幣50萬元以上250萬元以下罰金。

　有前項情事時，公司負責人應與各該股東連帶賠償公司或第三人因此所受之損害。

　第1項裁判確定後，由檢察機關通知中央主管機關撤銷或廢止其登記。但裁判確定前，已為補
　正或經主管機關限期補正已補正者，不在此限。公司之設立或其他登記事項有偽造、變造文
　書，經裁判確定後，由檢察機關通知中央主管機關撤銷或廢止其登記。

[2] 刑法第214條規定：明知為不實之事項，而使公務員登載於職務上所掌之公文書，足以生損害
　於公眾或他人者，處3年以下有期徒刑、拘役或500元以下罰金。

造、變造文書，經裁判確定後，由檢察機關通知中央主管機關撤銷或廢止其登記。」依修正後規定觀之，除縮小第7條之範圍外，並將「公司申請設立、變更登記之資本額」事項，改由會計師負責查核簽證，及將應派員檢查等相關規定刪除。至於修正後公司法第388條雖仍規定「主管機關對於公司登記之申請，認為有違反本法或不合法定程式者，應令其改正，非俟改正合法後，不予登記。」然僅形式上審查其是否「違反本法」或「不合法定程式」而已，倘其申請形式上合法，即應准予登記，不再為實質之審查。且公司之設立或其他登記事項如涉及偽造、變造文書時，須經裁判確定後，始撤銷或廢止其登記。則行為人於公司法修正後辦理公司登記事項，如有明知為不實之事項，而使公務員登載於職務上所掌之公文書，足以生損害於公眾或他人者，即有刑法第214條之適用。

臺灣高等法院88年6月刑事法律問題研究認為：如A外國公司臺灣分公司總經理甲及各單位主管乙、丙、丁、戊共計5人，為謀取得A公司之行銷業務營利，乃共同籌組B行銷有限公司，而以乙1人登記董事，為公司負責人，由甲出資聘請會計師辦理B公司設立登記事宜，股東並未實際繳納股款，僅由會計師先取得銀行存款新臺幣100萬元證明書作為申請文件，表明收足每股1萬元每人20股之證明，經向主管機關申請許可設立登記，並開始營業後，經A公司發覺檢舉，則甲、丙、丁、戊4人與乙有共同犯意聯絡，雖依公司法第8條第1項規定，在有限公司之公司負責人僅乙1人，惟甲、丙、丁、戊仍應按刑法第31條第1項規定，認係以自己參與犯罪之意思共同犯罪，均應按公司法第9條第3項論處。故董事縱非負責人，亦可能違反此規定。

新股發行時，公司事業内容有虛偽廣告，董事刑事責任為何？

要點！

- 新股發行或公司債發行時，募集文書或廣告有不實記載時，會構成詐欺罪或偽造文書罪或行使罪或證券交易法第174條之罪。其成立要件
1. 募集之意義：新發行股份時勸誘申請之行為。
2. 重要事項之意義：以一般人認定作為基準。
3. 不實記載之意義：指反於事實。單純的誇大並不認為係虛偽。

參考條文

公司法第273條，證券交易法第31、32、174條，刑法第339條詐欺罪、刑法第210、212、215、220條偽造文書等罪，日本會社法第964條。

※ 相關問題：第96題。

說　明

一、我國公司法並未針對新股發行時公司事業內容有虛偽廣告設立特別之處罰規定，若非證券交易法規定之公開發行公司時，僅能回歸一般刑法論處，依題旨，為虛偽廣告之董事可能涉及之刑事責任如下：

（一）詐欺罪：如董事以不實之廣告手法，致投資人陷於錯誤，交付款項認購新股，該不實之廣告手法即為詐術，自構成刑法第339條第1項之詐欺罪。

（二）偽造文書罪：我國刑法第220條規定：在紙上或物品上之文字、符號、圖畫、照像，依習慣或特約，足以為表示其用意之證明者，關於本章及本章以外各罪，以文書論。錄音、錄影或電磁紀錄，藉機器或電腦之處理所顯示之聲音、影像或符號，足以為表示其用意之證明者，亦同。

是以，若虛偽之廣告如符合文書或準文書之定義，為偽造文書之董事，自有可能構成刑法第210條之偽造私文書罪、第212條之特種文書罪、第215條之業務登載不實罪。惟具體之構成要件，應視行為人具體違反之內容而定。我國刑法已刪除牽連犯之規定，故為行為之董事如同時觸犯上開二罪時，應數罪併罰之。

二、公司公開發行新股時，依我國公司法第273條[1]之規定，董事會

---

[1] 公司公開發行新股時，董事會應備置認股書，載明左列事項，由認股人填寫所認股數、種類、金額及其住所或居所，簽名或蓋章：
一、第129條第1項第1款至第6款及第130條之事項。
二、原定股份總數，或增加資本後股份總數中已發行之數額及其金額。
三、第268條第1第3款至第11款之事項。
四、股款繳納日期。

應備置認股書，若爲公開發行公司時，我國證券交易法第31條[2]
及第174條[3]，就此部分有特別規定之，自應優先適用之。而日本

公司公開發行新股時，除在前項認股書加記證券管理機關核准文號及年、月、日外，並應將
前項各款事項，於證券管理機關核准通知到達後30日內，加記核准文號及年、月、日，公告
並發行之。但營業報告、財產目錄、議事錄、承銷或代銷機構約定事項，得免予公告。

超過前項期限仍須公開發行時，應重行申請。

認股人以現金當場購買無記名股票者，免填第一項之認股書。

代表公司之董事，違反第1項規定，不備置認股書者，由證券管理機關處新臺幣1萬元以上5萬
元以下罰鍰。

[2]　證券交易法第31條：

募集有價證券，應先向認股人或應募人交付公開說明書。

違反前項之規定者，對於善意之相對人因而所受之損害，應負賠償責任。

證券交易法第32條：

前條之公開說明書，其應記載之主要內容有虛僞或隱匿之情事者，左列各款之人，對於善意
之相對人，因而所受之損害，應就其所應負責部分與公司負連帶賠償責任：

一、發行人及其負責人。（2、3、4款略）

前項第1款至第3款之人，除發行人外，對於未經前項第4款之人簽證部分，如能證明已盡相當
之注意，並有正當理由確信其主要內容無虛僞、隱匿情事或對於簽證之意見有正當理由確信
其為真實者，免負賠償責任（後略）。

[3]　有下列情事之一者，處1年以上7年以下有期徒刑，得併科新臺幣2000萬元以下罰金：

一、於依第30條、第44條第1項至第3項、第93條、第165條之1或第165條之2準用第30條規定
之申請事項為虛僞之記載。

二、對有價證券之行情或認募核准之重要事項為虛僞之記載而散布於眾。

三、發行人或其負責人、職員有第32條第1項之情事，而無同條第2項免責事由。

四、發行人、公開收購人或其關係人、證券商或其委託人、證券商同業公會、證券交易所或
第18條所定之事業，對於主管機關命令提之帳簿、表冊、文件或其他參考或報告資料之
內容有虛僞之記載。

五、發行人、公開收購人、證券商、證券商同業公會、證券交易所或第18條所定之事業，於
依法或主管機關基於法律所發布之命令規定之帳簿、表冊、傳票、財務報告或其他有關
業務文件之內容有虛僞之記載。

六、於前款之財務報告上簽章之經理人或會計主管，為財務報告內容虛僞之記載。但經他人
檢舉、主管機關或司法機關進行調查前，已提出更正意見並提供證據向主管機關報告
者，減輕或免除其刑。

七、就發行人或特定有價證券之交易，依據不實之資料，作投資上之判斷，而以報刊、文
書、廣播、電影或其他方法表示之。

八、發行人之董事、經理人或受僱人違反法令、章程或逾越董事會授權之範圍，將公司資金
貸與他人、或為他人以公司資產提供擔保、保證或為票據之背書，致公司遭受重大損
害。

會社法第964條（虛僞文書行使等の罪），就此部分設有專法規定，茲介紹如下：

日本會社法第964條：董事就股份、新股預約權、公司債或新股預約權附公司債擔當募集者，關於公司事業或其他事項記載資料之說明或關於募集廣告或其他關於募集廣告之文書關於重要之事項虛僞記載而行使，處5年以下有期徒刑科或併科500萬元以下罰金。

日本實務及學界就本條之解釋認為：公司對於投資者提供虛僞之投資情報而公開募集增資之情況下，刑法上私文書的無形僞造原則上不罰，詐欺罪之適用也有困難。本條係對於一般投資大眾正確開示股份有限公司之實際狀態而提供資料，保障其是否投資之意思決定避免錯誤[4]。所謂募集係新發行股份時勸誘申請之行為[5]。關於公司事業或其他事項記載資料之說明，例如股份申請書、公司債申請書。關於募集廣告或其他關於募集廣告之文書，例如：意向書、募集勸誘書、推薦文、黑板之揭示亦包含在內[6]。所謂重要之事項係以一般人認定作為基準[7]。所謂虛僞，係指反於事實。單純的誇大並不認為係虛僞[8]。所謂行使係

九、意圖妨礙主管機關檢查或司法機關調查，僞造、變造、湮滅、隱匿、掩飾工作底稿或有關紀錄、文件。

[4] 高松地判昭和37.8.15下級刑集4卷7=8號，頁708；江頭憲治郎、中村直人編著，論點體系：會社法組織再編Ⅱ、外國會社、雜則、罰則〔第803條─第979條〕，第一法規株式會社，平成24年3月10日，頁495。

[5] 落合誠一編，會社法コンメンタール雜則〔3〕/罰則，株式會社商事法務，2011年9月30日，初版，頁115。

[6] 落合誠一，同前註，頁116；江頭憲治郎，同註4，頁496。

[7] 高松地判昭和37.8.15下級刑集4卷7=8號，頁708；落合誠一，同註5，頁116；江頭憲治郎，同註4，頁496。

[8] 落合誠一，同註5，頁116、117。

指交付、郵寄等嗣於對方可得認識之狀態[9]。同一文書在不同之時間、地點對多數人頒布行使之情況，構成包括一罪[10]。虛偽文書行使而成立詐欺罪之情況，日本學者係認為本罪與詐欺罪成立牽連犯[11]。我國刑法因已刪除牽連犯之規定，自應數罪併罰。

---

[9]　落合誠一，同註5，頁117；江頭憲治郎，同註4，頁496。

[10]　高松地判昭和37.8.15下級刑集4卷7=8號，頁708；東京地判昭和51.12.24金判524號，頁32東京時計製造事件；落合誠一，同註5，頁117、118。

[11]　落合誠一，同註5，頁118。

 問題 **98** 做假帳違法分配紅利時，董事刑事責任爲何？

要點！

- 違法分配紅利，違反公司法上的資本維持原則，公司法上有違法分紅罪。
- 違法分配紅利也構成背信罪，作假帳部分，可能違反商業會計法第71條。
- 日本法制也有相類似之規定。

參考條文

　　公司法第232條、第233條，商業會計法第71條，日本會社法第963條。

※相關問題：第59題。

說　明

一、資本維持：公司無盈餘而強行分派股息及紅利，其財源必是出自公司資本金，形成公司將資本金發還給股東，使公司資本空虛，股份有限公司最爲禁忌事項之一，違反資本充實原則，必須嚴格禁絕。又公司由盈餘也不能馬上分派，必須優先彌補虧損，提出法定盈餘公積後，才能分派股息及紅利，此是爲確保公司資本充實之要求所作規定。違反該規定資分派時效力如何，公司法並未明定，僅提及公司之債權人得請求返還（公司法§233）。無盈餘之違法分派，是股份有限公司特質所不能見容，分派絕對無效，是一致見解。既是無效，股東所領取之股利及紅利，成爲不當得利之所得，有義務返還公司，公司有請求返還之權利；但是公司既然存心違法分配，要公司自己回收，恐有不便或不爲之嫌疑，爲確保公司資金充足，我國公司法第233條乃明文規定，授與資本問題深切關係之公司債權人代位請求權，向股東請求返還公司，恢復資本原狀。且應課以董事應與股東負連帶負責返還，該返還義務應解爲無過失責任。

二、就違法分派股息及紅利部分，我國公司法第232條規定：公司非彌補虧損及依本法規定提出法定盈餘公積後，不得分派股息及紅利；公司無盈餘時，不得分派股息及紅利；公司負責人違反規定分派股息及紅利時，各處1年以下有期徒刑、拘役或科或併科新臺幣六萬元以下罰金。

三、就作假帳部分，董事如違法做假帳分配紅利或股息，自可能違反公司法第232條第3項及商業會計法第71條[1]。同時構成時，自應

---

[1] 商業負責人、主辦及經辦會計人員或依法受託代他人處理會計事務之人員有下列情事之一

數罪併罰。

四、日本會社法對此有專法之規定，其於第963條第5項第2款規定：
董事違反法令章程而違法分配股息及紅利（剩餘金）處5年以下
有期徒刑科或併科500萬元以下罰金。日本法關於危害公司財
產之罪，共規定有4種類型：①對法院、股東大會為虛偽陳述；
②自己股份之取得；③違法分配；④公司目的範圍外的投機交
易。本條係抽象危險犯，為本條所定之行為，就算對於公司財產
具體之危險尚未發生，也成立本罪，如此解釋係因為危害公司財
產罪從其本質解釋。本罪係特別背信罪的補充規定。如果同時成
立則不成立本罪。從而檢察官就本罪與特別背信罪同時成立之
情況下，可能因為較易舉證之情形就本罪提起公訴[2]。本罪具體
的情況例如超過剩餘金分配的可能額度而違反法律規定分配或重
大手續的違反。若是利益計算過低（所謂逆粉飾）而低分配之情
況，不會有危害社會財產之情形而不構成本罪，又股東優待制
度，係基於股東身分而供與一定利益之制度，係為促進自家公司
產品販賣即或社會禮儀而為，除為規避分配規定之目的之特殊情
況外，不成立本罪[3]。

者，處5年以下有期徒刑、拘役或科或併科新臺幣60萬元以下罰金：

一、以明知為不實之事項，而填製會計憑證或記入帳冊。

二、故意使應保存之會計憑證、會計帳簿報表滅失毀損。

三、偽造或變造會計憑證、會計帳簿報表內容或毀損其頁數。

四、故意遺漏會計事項不為記錄，致使財務報表發生不實之結果。

五、其他利用不正當方法，致使會計事項或財務報表發生不實之結果。

[2] 最大判平成15.4.23刑集57.4.467參照，落合誠一，會社法コンメンタール雜則〔3〕／罰則，
株式會社商事法物，2011年9月30日，初版，頁101。

[3] 落合誠一，同前註，頁107、108；江頭憲治郎，論點體系：會社法組織再編Ⅱ、外國會社、
雜則、罰則〔第803條—第979條〕，第一法規株式會社，平成24年3月10日，頁492。

收取交易對方賄賂（好處），董事會有什麼刑事責任？

要點！

• 我公司法上沒有收受賄賂罪之規定，在證券交易法第172條、
  第173條，僅就證券交易所的董事等相關職員，收受賄賂的部
  分有相關規定，但日本會社法967條有特別賄賂罪之規定，收
  取好處影響公司業務時會犯背信罪之可能，日本會社法第960
  條規定董事之特別背信罪。

參考條文

　　刑法第342條，證券交易法第172條、第173條，日本會社法第
960、967條。

※相關問題：第64題。

說　明

一、我國並未就董事收受賄賂如同公務員收賄般設有特別之刑事規定，故應回歸一般刑法，視其有無因收取對方賄賂而造成公司損害而違反背信罪之規定。刑法第342條第1項規定：為他人處理事務，意圖為自己或第三人不法之利益，或損害本人之利益，而為違背其任務之行為，致生損害於本人之財產或其他利益者，處5年以下有期徒刑、拘役或科或併科1000元以下罰金。惟收受賄賂本身，並非背信罪之構成要件，亦即，縱未收受賄賂，惟為損害本人之利益，而為違背任務之行為，至生損害於本人者，亦構成之。反之，如收受賄賂，而未為違背任務之行為，而為生損害於本人者，亦不構成背信罪。我國證券交易法第172條[1]及第173條[2]，僅對證券交易所之董事、監察人及受僱人有特別之規定，可供參考。

二、而日本會社法第960條[3]、第962條[4]，就董事之背信罪及董事之收賄罪設有特別之規定，董事等有特別身分關係之人所為之背信

---

[1] 證券交易法第172條：證券交易所之董事、監察人或受僱人，對於職務上之行為，要求期約或收受不正利益者，處5年以下有期徒刑、拘役或科或併科新臺幣240萬元以下罰金。

前項人員對於違背職務之行為，要求期約或收受不正利益者，處7年以下有期徒刑，得併科新臺幣300萬元以下罰金。

犯前2項之罪者，所收受之財物沒收之；如全部或一部不能沒收時，追徵其價額。

[2] 證券交易法第173條：

對於前條人員關於違背職務之行為，行求期約或交付不正利益者，處3年以下有期徒刑、拘役或科或併科新臺幣180萬元以下罰金。

犯前項之罪而自首者，得免除其刑。

[3] 日本會社法第960條：（董事的特別背信罪）

董事意圖為自己或第三人之利益，加損害於股份有限公司，而為違背任務之行為，造成股份有限公司財產上之損害時，處10年以下有期徒刑，科或併科1000萬元以下罰金。

[4] 日本會社法第962條：前2條之罪之未遂犯，罰之。

行為，鑑於其職責之重要，所以刑度較刑法所定之一般背信罪重，係刑法背信罪（日本刑法247條，5年以下有期徒刑或50萬元以下罰金）加重其刑的特別規定，以股份有限公司董事為主體的不真正身分犯[5]。背信係違反與本人（被害人）間得信任關係而造成財產權之侵害[6]。所謂董事，基於罪刑法定主義，應不包含登記簿上董事或事實上之董事[7]。任務違背行為之意義係指作為誠實之事務處理者違反法期待之行為。不限於法律行為，亦包含事實行為[8]。以公司之資金賄賂，作為股東大會之決議也成立侵占罪[9]。必須認識自己之行為違背任務[10]，關於此點，與通常之故意相同，不需要確定之認識[11]，未必之認識（容認）也有此判例[12]對於同一對手方一連串任務違背的行為認為係包括一罪[13]。董事之身分，係以為任務違背之行為時點為基準作為判斷，繼續為違背任務行為之情況下，其行為全體作為一個行為評價，就算行為途中辭任董事，基於其行為本罪仍然成立。未違背任務之行為時係董事，而造成損害發生時已經董事退任，仍成立本罪，如董事受假處分職務停止執行之期間就不該當董事身

5　落合誠一，會社法コンメンタール雜則〔3〕／罰則，株式會社商事法物，2011年9月30日，初版，頁59；江頭憲治郎，論點體系：會社法組織再編Ⅱ、外國會社、雜則、罰則〔第803條—第979條〕，第一法規株式會社，平成24年3月10日，頁478。

6　落合誠一，同註5，頁59、60。

7　大阪高判平成4.9.29判時1471號，頁155；判決登記簿上之董事，實際上僅係營業課長，未經股東大會選任之被告無罪；落合誠一，同註5，頁63。

8　落合誠一，同註5，頁67、68。

9　大判明治45.7.4刑錄18輯，頁1009；落合誠一，同註5，頁68。

10　大判大正3.3.4刑錄20輯，頁119。

11　最判昭和43.4.26刑集22卷4號，頁301。

12　大判大正13.11.11刑集3卷，頁788；落合誠一，同註5，頁76。

13　最判昭57.4.22；落合誠一，同註5，頁89。

分，不構成本罪主體[14]。

三、又日本會社法第967條[15]規定董事的收賄罪，係昭和13年商法罰則整備時新設。本罪與危害公司財產之犯罪一樣，係對公司財產之犯罪。立法之目的在於保護董事職務之公正[16]。本罪政府原案於貴族院修正時，追加不正關說之要件，收受之利益限於財產上之利益，因為股份有限公司之活動公益性不能與公務等同視之，故比公務員之賄賂罪更限定其範圍，係妥當之立法政策[17]。關於職務，係指財產上之利益與收受財產上利益之人職務上有對價關係，亦即財產上之利益作為該職務行為之對價。所謂職務，係指伴隨該公司董事之地位，作為其權限事項處理之一切職務[18]。其範圍包含法令、章程及公司內規則，並非僅有具體之明示，亦包含依該規定旨趣導出之事理。屬於該當董事一般之權限即可，並非現實具體擔任之事務亦構成[19]。就公務員之收賄罪，判例認為並非僅有職務行為，與職務密接關連行為亦包含在職務之解釋[20]，關於本罪之職務也是同樣解釋。所謂職務密接關連行為，係一、從本來職務衍生之行為（例如慣行之擔當職務行為或本來之職務準備行為等）二、利用自己影響力之行為[21]。所

---

[14] 江頭憲治郎，同註4，頁482。
[15] 日本會社法第967條（董事的收賄罪）規定：
董事關於其職務，要求、期約、接受不正關說（日文漢字係請託），收受財產上之利益，處5年以下有期徒刑或500萬元以下罰金。
供與前項利益，或者行求、期約者，處3年以下有期徒刑或300萬元以下之罰金。
[16] 落合誠一，同註5，頁125。
[17] 落合誠一，同註5，頁126。
[18] 最判昭和28.10.27刑集7卷10號，頁1971。
[19] 最判昭和37.5.29刑集16卷5號，頁528；落合誠一，同註5，頁127。
[20] 最決昭和31.7.12刑集10卷7號，頁1058；最大判平成7.2.22刑集49卷2號，頁1。
[21] 落合誠一，同前註5，頁127、128。

謂關說就是關於其職務將來為或不為一定行為之委託[22]。單純將來拜託了這種一般的委託並不構成[23]，並非以明示為必要，默示而依委託之旨趣而表示頁包含在內[24]。所謂不正係指違法，包含違反法令，公司事務處理違反重要之規則情況下亦包含之，裁量權限內之行為一般不能稱作不當，其裁量違反職務上之義務，顯著不當則包含在內。所謂受關說係指受委託承諾[25]。所謂財產上之利益，係指可以換算金錢價值的利益。例如金錢、物品、不動產、債務免除、資金供予[26]保證、擔保提供之信用供與[27]。相對與刑法上賄賂罪不同之處，地位之供與或情慾之滿足本身並不包含在財產上之利益。中元、歲暮、婚喪喜慶上之贈送，符合社交禮儀上社會通念認為相當之情況下不成立本罪[28]。所謂收受係指以自己的意思現實取得財產上之利益。委託者放置之財物有要求返還之意思一時保管不能稱為收受[29]。一旦收受後再返還不影響收受罪之成立。所謂要求係亦要求財產上利益之供與之意思表示，對方可得認識之程度已足，不必要現實上之認識[30]。所謂約束係指供與財產上之利益與收受之合意。就利益供與不必要確定履行期[31]要求、期約、收受一連串的行為而為之之情況下成立

---

[22] 最判昭和27.7.22刑集6卷7號，頁927。

[23] 最判昭和30.3.17刑集9卷3號，頁477。

[24] 東京高判昭和28.7.20高刑集6卷9號，頁1210；東京高判昭和37.1.23高刑集15卷2號，頁100。

[25] 最判昭和29.8.20刑集8卷8號，頁1256；落合誠一，同註5，頁128。

[26] 大判大正7.11.27刑錄24輯，頁1438。

[27] 大判昭和11.10.3刑集15卷，頁1328。

[28] 落合誠一，同註5，頁129。

[29] 大阪高判昭和29.5.29高刑判特28號，頁133；東京高判昭和33.6.21東高刑時報9卷7號，頁176。

[30] 大判昭和11.10.9刑集15卷，頁1281；落合誠一，同註5，頁129。

[31] 大判昭和7.7.1刑集11卷，頁999。

包括一罪[32]。而贈賄罪並無行為主體之限制，只要為不正關說、供與財產上之利益、要求、合意之情況本罪即成立。所謂供與係使對方收受財產上之利益。要求係指催促財產上利益之行為，以口頭催促利益收受已足，不以財產置於對方可得收受之狀態為必要。要求、合意、供與一連串之行為亦認為包括一罪[33]。

---

[32] 落合誠一，同註5，頁129、130。
[33] 仙台高秋田支判昭和29.7.6高刑裁特1卷1號，頁7；落合誠一，同註5，頁130、131。

問題  對協助股東會順利開會成功之職業股東給好處，董事會有什麼刑事責任？

要點！

• 我公司法無規定，日本會社法有贈收賄（日本會社法§968）不法利益供與罪之規定（日本會社法§970）在我公司法上可依解釋或有侵占罪或背信罪之適用可能，我公司法有必要導入日本法規定之必要，當可解決此一問題。

參考條文

日本會社法第968條、第970條。

※相關問題：第99題。

說　明

一、職業股東並非法律上之名詞，我國公司法亦無職業股東定義。本書以學術角度將職業股東定義爲：意圖爲自己或他人獲取不法利益，直接或間接利用行使股東權之機會、方法之人[1]。董事對協助股東會順利開會成功之職業股東給予好處，在我國可能構成背信或侵占罪，在日本則可能構成贈收賄罪或利益供與罪。

二、經營者利用公司資本使職業股東協助或控制股東大會進行，以鼓掌通過，或將提出質疑之一般股東驅逐出場，使股東大會依經營者意願快速（例如才10分鐘即結束）、無事終結，使一般股東無法就公司經營相關事項、決策等提出質詢，則公司經營者可能構成侵占或背信罪，重點應在於行爲人即公司經營者取得資金交付職業股東方式，例如：行爲人取得交付職業股東資金來源係由爲公司保管資金所支付，則其將該資金從保管之狀態交付予職業股東，其主觀上即係易持有爲所有，亦即爲自己不法所有，而處分該財產（交付予職業股東），而處分當時，即係易持有爲所有。如行爲人並非係保管公司資金之人，即與侵占罪持有他人之物要件不符，僅能就背信罪加以討論。例如董事會決議通過之方式迫使一般股東無法發言，而使股東會及早結束情形，行爲人爲公司之董事或相當職位之人，係爲公司處理事務，其交付公司財物行爲，係造成公司財產上損失，且有關公司經營決策等事項，無法於股東大會之際充分討論，以避免經營決策風險，且侵害股東質詢、發言甚至表決權利，使股東大會功能無法發揮，足

---

[1] 邵勇維，職業股東之問題與對策，國立高雄大學法律學系98年學年度碩士論文，頁10。

致生損害於公司，自與背信罪構成要件相符[2]。

三、如公司交付予職業股東款項，並非來自公司款項，例如非董事替公司保管款項，亦非取自公司資金，其款項係由該董事或他人支付予職業股東，既交付該職業股東資金非來自公司資金，自無係替公司保管可能，更毋庸論有何易持有為所有情事，自無構成侵占罪餘地。又該資金並非來自公司款項，形式上公司財產自無因此減少，亦難認定有何加損害於公司，故無法從交付職業股東款項，即認定係公司損失。

四、惟從立法制定股東大會目的觀之，行為人為公司董事或相當職位之人，係為公司處理事務，其支付款項僱請職業股東阻撓一般股東發言之行為，使有關公司經營決策等事項，無法於股東大會之際充分討論，以避免經營決策責任追究，且侵害股東質詢、發言甚至表決權利，足致生損害於公司及公司所有人—全體股東，自與背信罪構成要件相符，然從實務上觀點論之，要具體證明公司因此所受損害，則屬難事，例如：檢察官要如何舉證因董事僱用職業股東，干擾股東大會進行，造成公司議案無法充分討論後而為錯誤決定，所造成公司損失？欲證明該損失，則檢察官須先證明如該議案在股東大會充分討論後，造成公司損益結果，與未充分討論後造成公司損益結果比較，確係會造成公司損失，亦屬難事，僅能就個案事實及掌握之證據認定之。如公司係遭市場派職業股東恐嚇情形，此時公司本身即為受害人，支付財物係遭恐嚇結果，其負責人或職員主觀上並無侵占或背信犯意[3]。本書認為

---

2 邵勇維，同前註，頁66至68。
3 邵勇維，同註1，頁78、79。

　　若針對職業股東行爲，可參考日本利益供與罪及贈收賄罪立法例，於證券交易法及公司法明文規定禁止股東權不正行使贈收賄罪、以及耗費公司資產的利益供與罪，當職業股東要求公司財產利益，或雙方有此約定，即以構成本罪，如此可維護公司資本及股東權行使純潔性，對於我國股東大會功能，有正面幫助。例如至尊盟案件中高興昌鋼鐵股東大會事件（85年高興昌副董事長以公司資金委託至尊盟在股東大會護航，讓其他股東不敢發言），至尊盟與高興昌副董事長即可構成贈收賄罪[4]及利益供與罪[5]、利益受供罪，即可訴追公司資本之不當耗費行爲及維持股東權正當行使[6]。

---

[4]　日本會社法第968條規定：有關贈收賄罪刑事責任方面
　　關於股份有限公司股東大會、公司債權人集會或債權人集會關於發言或議決權之行使事項，受不正之關說（日文漢字爲請託）、收受財產上之利益、或行求或期約者，處5年以下有期徒刑或500萬元以下之罰金。
　　爲前項之供與利益而行求或期約者亦同。
　　犯1、2項之罪者，收受之利益，沒收之。其全部或一部沒收不能之場合，追徵其價額。

[5]　日本會社法第970條規定：有關利益供與罪之刑事責任方面
　　公司負責人或其他股份有限公司之使用人，關於股東權利之行使、於該股份有限公司或其子公司之計算，供與財產上之利益，處3年以下有期徒刑或300萬元以下之罰金。
　　知情而受有前項利益供與或對第三人供與上開利益者，準用之。
　　關於股東權利之行使，於股份有限公司或其子公司之計算，對自己或第三人供與第1項之利益，同項規定之人要求者，準用之。
　　犯前2項之罪者，就其施行對第1項規定之人爲威嚇之行爲，處5年以下有期徒刑或500萬元以下之罰金。
　　犯前3項之罪者，依其情狀，可徒刑與罰金併科。
　　犯第1項之罪自首者，減輕或免除其刑

[6]　邵勇維，同註1，頁202。

問題 **101** # 董事責任減免之必要性？

要點！

- 公司法嚴格的責任規定，輕微的過失也得負擔巨大的賠償金額。
- 導致董事不敢積極從事，經營萎縮現象。
- 就任董事人才難確保。

參考條文

公司法第23條。

※相關問題：第65題至第68題、第81題、第82題、第87題、第99
　　　　　　題、第102題、第103題。

說　明

一、公司法對於董事的注意義務要求較高，依照公司法第23條為善良管理人注意義務，且範圍包含「公司委任之法律行為」以及「法律行為以外之委任」。董事原則上，在有故意、過失之際才對公司負任務懈怠責任（問題第65題參照），任務懈怠行為之該當董事當然要負行為人責任，但不僅如此，對該行為贊成、放過、不為有效阻止之有過失董事也有責任（問題第67題參照）。甚至董事發現其他董事有違法行為時，對該行為有進行阻止糾正之必要（問題第67題參照）。董事違反法令或章程造成公司損害應負損害賠償責任更是不在話下（問題第68題參照）。

二、詳細歸納，董事須負的具體責任如下：

　　（一）公司法部分：

　　　　1.負資本不實責任（公司法§9第2項）。

　　　　2.違法轉投資責任（公司法§13）。

　　　　3.違法放貸公司資金責任（違反公司法§15第2項）。

　　　　4.違法保證責任（公司法§16）。

　　　　5.善良管理人注意義務責任（公司法§23範圍甚為廣泛）。（問題第82題、第83題、第88題參照）

　　　　6.違反股份回籠禁止責任（公司法§167）。

　　　　7.參與決議造成公司損害（公司法§193第2項）。

　　　　8.競業禁止違反之責任（公司法§209）。

　　　　9.利益相反行為違反之責任（無過失責任，公司法§223）。

10. 違法分派股利之責任（公司法§232第1項、第2項）。

11. 主管機關撤銷發行公司債之核准之連帶賠償責任（公司法§251）。

12. 違反變更公司債用途之賠償責任（公司法§259）。

13. 逾期發行新股程序（公司法§276）。

（二）而於證券交易法可能負責之民事賠償責任（當中又以財報不實、公開說明書不實、操縱股價與內線交易為投資人保護中心最主要求償事由。[1]）如下：

1. 證券詐欺責任（證券交易法§20第3項）。

2. 財報不實（證券交易法§20之1）。

3. 公開說明書不實（證券交易法§32）。

4. 公開收購違反（證券交易法§43之2、§43之3）。

5. 操縱市場（證券交易法§155）。

6. 歸入權行使（證券交易法§157）。

7. 內線交易賠償責任（證券交易法§157之1）。

三、目前實務上，公司董事雖憂心其可能負擔責任過重，然而嘆氣接受者亦有之。從而，公司董事可能由於擔憂擔負責任，導致經營策略上過於保守之情形。另由董事之酬勞和可能負擔的責任觀之，責任有過重之情形。特別是獨立董事報酬低，卻需要求專業職務，且任審計委員時，需身兼董事與監察人之忠實義務與善良管理人之注意義務[2]。因此，董事責任之減免成必然趨勢，以期

---

[1] 吳英志，從我國董事責任之現況論董事責任保險與公司補償制度，國立臺灣大學法律學系碩士論文，101年2月，頁23。

[2] 資本市場與企業法制座談會暨學術研討會，法律移植的契機與再思考——忠實義務探討，臺灣法學雜誌，2011年9月，簡祥紋律師發言，頁109。

能吸引更多優秀人才擔任董事。

四、董事責任減免雖成必然之趨勢，仍應輔以適當之配套措施，例如董事責任保險制度（問題第103題參照）、修法方向或可參考日本會社法之減免規定（問題第102參照），以及或可考慮引進公司補償機制。公司補償機制係由公司承諾當公司重要職員或董事因執行職務錯誤遭受訴追受有經濟上損失時，於一定條件下，由公司填補其損失[3]。

五、本書以為董事責任之減免屬於必須行之趨勢，然而應審慎為之。而搭配董事責任保險時須注意公司內部監控機制，以及保險法之相關規範，貫徹責任保險之精神以及損害填補和責任歸屬。並且或可考慮引進公司補償機制，惟須注意與我國法體系之融合，避免遭到有心人濫用，產生「橘越淮而為枳」之情形，而有違原本之美意。

---

[3] 吳英志，同註158，頁126。

日本會社法（§423至§427）有多種董事責任減免規定，其內容為何？

要點！

- 日本會社法減免規定有以下幾種方式：股東會全體同意責任全部免除、股東會決議之減免、章程規定由董事會決議減免、就任時特別契約訂定一定範圍之減免。
- 我公司法無法明文規定，依民法原則解釋債權人之意思減免應當可行，只是減免權究係屬股東會或董事會？
- 股東會決議減免之條件是全體同意或特別決議？

參考條文

日本會社法第423條至第427條。

※相關問題：第99題。

說 明

一、我國公司法並未有董事責任減免的規定。然而由少數股東依據公司法第214條提起訴訟追究空間微乎其微。（最新判決為臺北地方法院101年訴字第3588號判決，確認董事委任法律關係不存在；另據統計，至今臺北地方法院僅12個判決，最高法院僅6個裁定、1個判決，高等法院臺北分院則僅15個裁定、5個判決。）是否有方法能「積極減免」董事責任，可再加以討論。我國與日本民情不同，如我國此種董事責任規範下，弊端仍叢生（例如力霸案蓄意掏空公司、博達掏空案），從而是否適宜採取積極減免董事責任，容有疑義。

二、日本會社法有關公司對於董事責任之減免，有分「事前」和「事後」免除兩種：

（一）事後免除又可分：

1. 由全體股東決議免除（日本會社法§424），僅限於董事對公司任務懈怠而發生之責任，一般侵權行為責任等排除適用。

2. 由股東會特別決議免除（日本會社法§425第2項），係基於執行業務是善意且無重大過失之任務懈怠而發生之責任，扣除法定最低責任限額之外之責任，可以免除。董事須將責任原因事實、損害賠償額與最低責任限額及其計算之根據、責任免除之理由，以及免除金額向股東會報告。

（二）事前免除亦可分：

1. 係依據章程規定，限於董事對公司任務懈怠而發生之

　　　責任，且是善意無重大過失之條件下，衡量責任原因事實內容及免責原因、該董事之職務執行狀況，以及其他情事，認為有特別必要時，扣除法定最低責任限額之外之責任，經過半數董事同意或董事會決議，得免除一部分責任。同時，公司應將責任原因事實內容、免責原因，以及免責金額公告，並設定股東異議制度，在一定間內，如持有股東表決權總數百分之三以上之股東提出異議時，就不得免除該董事之責任。

2. 根據章程規定對獨立董事責任之免除。公司與獨立董事之間，對獨立董事之職務執行為善意，且無重大過失時，該獨立董事應負之責任，以契約事先約定金額或是較高額的2年份報酬額為限度之賠償責任，並須規定在章程中。在執行時，向股東會提出此章程規定之議案，須經監察人全體或監察委員全體同意，當獨立董事變更身分為執行業務董事或公司使用人等，喪失獨立董事身分時，此契約即失效。獨立董事適用此規定免責時，應將責任原因事實內容、賠償額、責任限度額及其算定根據、責任限定契約內容、契約訂定理由，以及責任免除額等，向股東會提出報告。

三、如於我國法制中擬增加積極減免董事責任，似可參考民法第343條，債權人向債務人表示免除其債務之意思者，債之關係消滅。只是減免權究係屬股東會或董事會？董事的責任可否免除，免除到何種程度，性質上本來是業務執行之一，是董事會之專屬權限，由董事會決定乃當然之事。又本來董事會之業務執行是公司實質所有者股東之受託而來，董事因業務執行而發生對

公司之責任，該責任應否免除之判斷，應該是股東會才合乎道理，故應由股東會決定，才是正當。從而此二種見解似認以股東會或董事會決議減免均屬可行，如欲歸一則難有結論。本書審思為避免董事會決議有董事自相包庇情事，似宜以股東會決議為妥。又由於股東會決議放棄追究董事責任，攸關不同意股東之財產權，應採全體股東同意方式為之；但是，如采取「全體股東一致通過方能免責」，則少數的股東如不同意，便可以使多數股東意見不成立，則可能減損「一股一表決權」投票之表決方式，意即少數股東便可把持著決議是否成立的關鍵。如此一來，欲免責董事為使決議能夠成立，似乎不得不設法「說服」不同意之少數股東，是否衍生利益輸送之可能（等同買票），而使公司監督治理之意旨落空，我輩應深思。若權衡可行性而言，則應以特別決議為妥適，而特別決議有侵害不同意之少數股東財產權問題，因該勉則已於章程中訂明，此種不利益之可能性，係投資者於購買股票成為公司股東時，便可以預見。

問題 103　董事責任保險制度爲何？

要點！

- 董事責任保險制度，是董事之業務執行權致使公司或其他人受損害時董事需要賠償損害，爲減輕此負擔，公司或董事加入保險。
- 保險對象區分爲基本契約、股東代表訴訟擔保特約，然而公司對董事之賠償請求並無法投保。
- 董事責任保險是否會導致董事須負責任減輕，而有恣意妄爲之危險？

參考條文

公司法第23條，保險法第29條、第91條。

※相關問題：第101題、第102題。

說　明

一、承問題第101題、第102題所述，董事責任之減免已成必要。然而董事責任減免，對公司股東及債權人而言，似乎較無保障。故必須有個制度在減免董事責任時，來填補公司因此所受損失，即為董事責任保險制度。

二、董事及重要職員責任保險（Directs and Officers Liability Insurance，簡稱D&O）主要起源於英國市場，1950年代方於美國市場出現。由於1929年前後發生的經濟大恐慌，許多公司面臨經營不善倒閉，股市亦大崩盤，投資者叫苦連天，在不斷進行訴訟的困境之後，鑑於市場的迫切需要，D&O保險乃應運而生，成為公司經營及面對未來投資者求償的未雨綢繆工具之一。臺灣地區則於85年間，由美商美國環球產物保險有限公司臺灣分公司引進第一張保單。美國現今的公司法，早已強制公開發行公司之董事成員均須投保D&O保險。而美國公司本身多半並無監察人制度，董事即擔負監督公司治理的角色，所以董事在扮演執行監督公司業務以及公司決策的角色時，負擔的責任十分沉重。我國獨立董事或許亦可採取此種做法，除因無須經過訴訟程序，讓損害填補較為容易外，亦可增加專業人士擔任獨立董事的意願。

三、保險對象區分為基本契約、股東代表訴訟擔保特約二種。基本契約係董事受到第三人請求賠償之責任，即董事勝訴時，爭訟費用由保險人補償，敗訴時董事賠償金等全部由保險補償。美國恩隆假帳案，正是D&O保險實務上一個為人津津樂道的重要案例。該案中原告（投資人）訴請法院禁止恩隆的D&O保險承保公司給付訴訟費等抗辯費用予被告（給付或預付抗辯費用予被

保險人，正是D&O保險的理賠項目之一），企圖使被告在無訴訟抗辯費用支援下舉旗投降；但原告先勝後敗，法院最終仍裁決D&O保險之承保公司應預付抗辯費用予被告。股東代表訴訟擔保特約，係因在股東代表訴訟案中，董事對公司之責任不能投保，基本契約亦無法支付保險金，故而以特約方式，當董事敗訴須對公司作補償時，由保險公司支付補償金之特別約定。通常基本契約部分之保險費是公司負擔，代表訴訟特約部分之保險費是由董事自己負擔，因為代表訴訟敗訴時，是董事自己的責任賠償公司，保險費由公司負擔顯然是矛盾不合理。

四、此尚須討論者，董事責任保險是否會導致董事須負責任減輕，而有恣意妄為之危險？蓋人類社會生活中，因人之行為，使他人財產或精神蒙受不利益，稱為損害。損害賠償之相關法制規範目的，在於回復加害人與被害人間產生之不均衡狀態。因課予加害人不利益之負擔，而對加害人之行為產生制衡作用。董事責任保險是否會造成因董事責任減輕，而使董事之行為，因為有董事責任保險此張防護網，導致無制衡作用，而減損預防抑制效果？如保險費由公司負擔，確實可能對公司不公平。因公司由股東組成，保險費由公司負擔等於變相將費用轉嫁於股東身上。然而，本書以為，如輔以適當之保險契約條款，並且於董事應當負責情形，使保險公司取得代位權，則應可避免抑制董事責任及公司治理之訴追機能破壞。公司購買董事責任保險，以防範選任之董事疏失造成責任，係對於其風險做控管，並無不妥。且公開發行公司牽涉眾多投資人權益，其董事之責任亦較重（證券交易法§20之1），從而或可立法要求公開發行公司之董事強制投保。另外，保險法第29條第2項規定，當要保人或被保險人之

故意行爲所致之損害不賠的原則，使得董事若是蓄意爲之，其擔任要保人時，公司仍然無法取得保險金給付，因此建議由公司爲要保人，所需保費由公司支付（爲公司經營之成本）。在代表訴訟特約部分，或許可以考慮由公司爲要保人，保險費用則由內部之董事薪資扣除，以涵蓋董事故意部分。當董事涉及刑事責任時（例如內線交易等重大經濟犯罪），是否適合由保險人支付聘任律師費用？可以依照保險法第91條規定由公司爲董事先行支付費用，如董事係爲有罪判決，則依保險法第29條但書故意不賠的原則，向該名董事索回。

問題 **104** 掛名董事有何義務與責任？

要點！

- 掛名董事是為湊足法定人數而經合法選任為董事，實際上雖不參加公司業務經營，但仍不改其董事身分與地位，故其所付之義務與責任和一般董事並無差別。

參考條文

　　公司法第23條，民法第535條。

※ 相關問題：第14題、第28題、第29題、第66題、第92題、第101題。

說　明

　　掛名董事是爲了湊足董事之法定人數（公司法§192I）而被選任爲董事，但從頭開始就沒有意思要參加公司業務執行（公司經營）之意思決定，實際上也未曾參與，雙方約定光是掛名或單獨名義使用，公司經營業務一概不參與，一切義務責任也不負之董事，家族公司將妻子或親友名義登爲形式上之董事，是臺灣一直以來之社會習慣作法，現時不僅是中小企業甚至大型公司如此之掛名董事比比皆是。

　　掛名董事或是非常勤董事也同樣，當然，跟其他董事沒有兩樣，對公司也負善管注意義務與以及忠實義務（參閱問題第29題），對董事長以及經理人等之業務執行要負起監視、監督之責任。（參閱問題第14題、第66題）單以「光是掛名」「單純的名義使用」之理由，或即使再加上事先約定不負一切責任之理由，也無法逃避公司法上規定之董事責任（參閱問題第91題及第101題）。

問題 105　表見董事之行為責任為何？公司是否要為其負責？

要點！

- 表見董事就是沒有實質董事的身分，然而其行為讓相對人誤以為其為公司董事，例如股東會選任決議不存在，未獲有董事之合法地位，但其行為時呈現像似董事之外觀，使相對人信賴其外觀而認為其為董事。
- 表見董事僅於其表見行為有責任外，於公司法上並無責任可言。
- 公司於符合依訂條件下，應為表見董事之行為負責。

參考條文

公司法第23條，民法第169條。

※ 相關問題：第26題、第104題。

說　明

一、表見董事本質非董事，與公司間無法律關係，無法直接適用公司法第23條第2項規定，認定其對第三人之責任。（查詢法院判決結果，目前尚未有判決）從而，或可由民法第169條表見代理之法理基礎，使公司爲表見董事之行爲負責。非董事（無權代理人）爲董事行爲（代理行爲），表見董事要件（表件代理要件）具備，行爲結果歸屬於公司（本人）負責。

二、表見行爲之認定，有法的意義（行爲效果歸屬之效力），表見董事之認定，除爲表見行爲認定之用外。別無法的意義（法無特別規定），對公司不發生權利義務關係。

三、本書以爲，或許可由民法第169條表見代理之法理基礎，而使公司對第三人負責。例如，某位表見董事並非董事，卻代表公司爲法律行爲，符合表見代理條件下，公司即應負責。即表見董事之行爲，對第三人由公司先負責，使第三人獲得滿足，然後公司再向該名表見董事（行爲人）求償。而相對人可能應盡注意義務，例如應先查證公司登記，沒有查證的話可能係惡意或是有過失。

問題 **106** # 事實董事是否應負董事之責任？

要點！

- 事實董事非法規定之制度，是理論之法理，外觀狀似董事，持續執行公司業務有時，基於尊重公序（即存事實尊重之理念），該人視為事實董事，其業務執行對公司視為有效之董事行為。

- 修法前理論上事實董事要件：
  1. 董事權限之外觀
  2. 持續業務執行

- 事實董事之責任：修法前適用或類推適用公司法23條第1項對公司任務懈怠之責任，以及第2項任務懈怠致使第三人受損害之賠償責任。惟修法後即為公司法第8條第3項之責任，但僅限於公開發行股票之公司適用。

- 事例之介紹

參考條文

　　公司法第8條第3項、第23條、第192條。

※相關問題：第26題。

說 明

一、事實董事，原非我國法明文存在之制度，係理論所導出之法理，
於我國尚未建立起成熟體系以前，於我國學理操作上多為引用
英、美法見解。英國立法例上，英國2006年公司法（Companies
Act 2006）第250條[1]規定：「無論其名稱為何，董事包括任何居
於董事職位之人。」即英國公司法就董事之判斷上採取實質認
定，不以是否具備董事職稱或頭銜為必要，而將董事概念區分
為「法律上董事（de jure director）」、「幕後董事（shadow
director）」以及「事實董事（de facto director）」三類，通常
又將後二者併稱為「實質董事」。則就事實董事之典型態樣，即
行為人非為公司法定董事，卻對公司業務經營具有相當於董事地
位之實質支配，基於此行為之既存事實，而論以「事實董事」地
位之行為人，課以負董事之責任。

二、我國也因實務發展需求，為遏阻此類對於公司具有直接或間接實
質支配權能之行為人，因其不具備法定董事地位而無須負擔法定
董事責任，而明裡暗裡恣意操縱公司，造成公司重大虧損，致股
東與債權人之權益遭受傷害，更甚對於社會經濟發展穩定具有嚴
重重大影響。101年1月4日總統華總一義字第10000300171號令
修正公布公司法第8條第3項前段，增訂實質董事明文：「公開
發行股票之公司之非董事，而實質上執行董事業務或實質控制公
司之人事、財務或業務經營而實質指揮董事執行業務者，與本

---

[1] CA s.250 Director

In the Companies Acts "director" includes any person occupying the position of director, by whatever name called.

法董事同負民事、刑事及行政罰之責任。」就我國公司法第8條第3項前段以觀，謂「非董事，而實質執行董事業務者」，即屬「事實董事」，以行為人非為公司法定董事而確實有為董事業務權能之執行者即屬之，亦行為人對於公司具有實質支配力，得以非董事地位行使公司法定董事權限行為，此時即可論該行為人應負公司法第8條第3項事實董事之責，不以其是否對外或對內彰顯其係為公司董事地位自詡為必要。蓋於我國公司法實務上，此類對於公司發生直接實質支配力之非董事之人，鮮有自稱為「董事」職稱地位之情形。相反者，實務上反多為故意以其他「非董事」之職稱，藉以規避法定董事責任，為實際從事董事職權所能為之業務執行行為，如坊間通稱之「實際負責人」等是。

三、在英國立法例上，有以行為人是否因該實質支配權能，彰顯其具有相當於董事地位之表現外觀，以及是否使用「董事」之頭銜來為事實董事之判斷[2]，然吾人以為，從公司法第8條第3項法條文字以觀，並不以行為人需為相當董事地位之外觀彰顯行為，作為歸責之條件，自不應擅自增加法所無之要求；又公司法第8條第3項增訂實質董事之目的，係因公司法就負責人認定採形式主義，只要名義上非擔任公司董事，就算所有董事、經理人皆須聽命行事而大權在握，也不會被認定為公司董事而對其違法行為負公司法上負責人責任。實務上，於公司法第8條第3項未增訂前，就此類行為人責任，僅得以民法一般侵權行為責任請求賠償，惟因舉證不易，而造成公司求償困難之困境，始以實質董事

---

[2] See *Secretary of State for Trade and Industry v. Tjolle & Ors [1998] B.C.C 282*。

明文規定以求突破，讓董事之認定，不再依據形式上之名稱，使實際上行使董事職權者，亦負公司負責人之責，以保障公司及投資人權益。

四、是故，非有董事之名而實質執行董事業務之「事實董事」，其行為人以非具有董事地位而對公司具有實質控制權能之行為，本質上即屬民法上一般侵權行為，而為追究其「行為責任」，則行為人是否有以董事地位為外觀彰顯，在所不問，此亦由法條文字及其立法理由即為可知。而以董事地位為外觀之彰顯，讓人發生信賴行為人具有董事地位之信任，此應屬於「表見董事」之問題，二者態樣不同，不可不辨，謹以圖示一與圖示二，以說明事實董事與表見董事之關係，俾供讀者區分之用。

五、事實董事之確立後後，依公司法第8條第3項規定：「與本法董事同負民事、刑事及行政罰之責任」，課予與法定董事相同責任。由於事實董事乃為非董事之人，因其為業務執行之事實而對公司具有實質支配權能，基於行為事實，應認該事實董事對內或對外之業務執行行為，認與法定董事相同。如此，在法無明文前，為類推適用公司法董事之規定[3]，於公司法第8條第3項明文立法後，認「與本法董事同負民事、刑事及行政罰之責任」，應是合情合理。惟補充者是，事實董事仍非公司法下第192條所選任之法定董事，實質董事概念之引進，其著眼點即在於如何除以民法侵權行為規範外，得否以公司法第23條第1項公司負責人業務侵權行為責任相繩處理，其立法精神著重在於「究責」，自當排除權利請求之可能，亦即事實董事（乃於實質董事者亦同）不

---

[3] 臺灣高雄地方法院97年訴字第222號民事判決。

得主張法定董事所得應享有之權利，此乃當然。再者，事實董事著重者在於就其「行為」究責，本質上是為事實董事之「行為責任」，此時除非有表見董事之地位成立，否則應不適用公司法第23條第2項，公司毋庸與事實董事連帶負責。

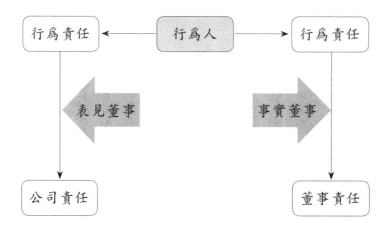

以公司具有可歸責性

圖106-1　事實董事與表見董事之關係（從行為責任面）

資料來源：本書自行繪製。

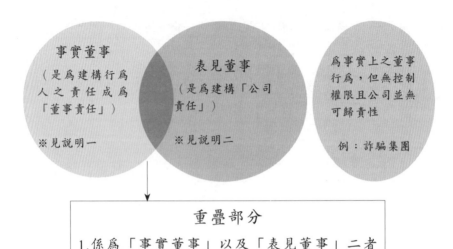

圖106-2　事實董事與表見董事之關係（從構成要件面）

說明：

一、行為人若為事實董事者，應有下述要件：

　　1.行為人對公司具有實質控制權。

　　2.公司是否應對其行為負責，在所不論。

　　3.行為人自應負董事責任。

　　4.行為人必負公司法第23條第1項之責，然公司毋庸就公司法第23條第2項連帶責任。

二、行為人若為表見董事者，應有下述要件：

　　1.行為人就公司有無實質控制權，並非所問。

　　2.公司就行為人之表見事實，具有可歸責性，而由公司負責。

　　3.行為人負有民事責任，然是否應負公司法上董事責任，並不當然。

資料來源：本書自行繪製。

問題 107 主管機關登記簿上記載之董事是否須負董事責任？

要點！

• 主管機關記簿上董事之定義。

• 登記簿上董事責任之理論依據，類推事實董事之理論構成，但因事實董事與登記簿上董事的責任構成不同，難以類推適用。參考公司法第12條不實登記效力及法外觀理論，形成可歸責於登記簿上董事的抗辯限制，使其不得以「其非董事」之事由對抗第三人，落入公司法第23條2項的責任主體範圍中，但仍須符合董事身分以外的其他關於公司法第23條第2項的責任要件。

參考條文

公司法第8條、第12條、第23條第2項。

※相關問題：第81題。

說　明

一、所謂主管機關登記簿上的董事，是指董事已辭任或遭解任，但公司並未依法定期限向主管機關申請變更登記，以致登記簿上仍載有其姓名，產生實際狀況和登記狀態的錯誤情事。

二、由於董事之登記，只是對抗要件，而非生效要件（公司法§12），所以並不影響董事地位的消滅。對其責任之構成有兩種說法：

（一）其一，乃主張以事實董事的責任處理之。然而事實董事責任的基礎，在於控制力的行使，但登記簿上董事光有登記之外觀，卻不一定有干涉公司業務經營，行使其控制力。這兩種特殊董事的型態不同，難以類推事實董事責任的規定，以作為登記簿上董事責任的基礎。

（二）另有主張以公司法第12條規定，作為須依第23條第2項負責的根據。此說法的根源，則是出於公司法第12條所規範制度的基礎，由於公司才是具有擔保登記狀態和真實狀態一致的義務人，而公司登記的外觀也是由公司一手創造的，所以要求公司必須對其登記外觀負責並不為過。而登記簿上的董事，並不是變更登記的義務人，其登記狀態也不是由其所創造，原本並不需負擔任何責任。但是，該已辭任或遭解任之董事，若容許或默認公司登載其姓名為董事，則可考慮依權利外觀理論，要求登記簿上的董事應對第三人負董事責任，而禁止其已非董事之事由，加以抗辯，形成抗辯的限制。此時該登記簿上的董事，就因而落入公司法23條第2項規範之主體，

在符合其他要件後，第三人即可援引該條文，請求登記
簿上的董事負責。至於公司法第23條第2項的要件為何，
請參閱問題第81題。

問題 **108** 獨立董事之義務與責任為何？

要點！

- 獨立董事係指未同時兼任公司經營團隊職務之董事，其需具備一定專業，為確保獨立性，其持股及兼職均有所限制。
- 獨立董事之義務與責任與一般董事仍有差別。
- 獨立董事制度之有效性。

參考條文

　　公司法第23條、第202條、第214條，民法第185條，證券交易法第14條之2。

※相關問題：第28題、第81題。

說　明

一、公司內部監控機制大抵可分為單軌制（one-tier board system）
與雙軌制（two-tier board system）兩種。採取雙軌制國家，公
司除董事會外，另外設置監察人或監察人會為監督機關，負責監
督董事會及管理階層之業務經營。採取單軌制國家，公司並無
監察人或監察人會之設置，由董事扮演監督者角色，以監督由
執行長或總經理所帶領之經營團隊之業務經營。雙軌制下，監
督者（監察人或監察人會）對於經營決策並沒有表決權；單軌
制下，監督者（董事會）對於經營政策之決定，可以行使表決
權。

二、獨立董事源於英、美法之概念，其思想淵源在於其公司內部監控
採行單軌制，係藉由具獨立行使性質之獨立董事，直接參與董
事會之經營和決策，從而希望能達到監督效果。其制度設制之意
旨，為在董事會成員中，設有一部分與公司沒有利害關係之超
然獨立地位者，用以確信公司業務能更有效率與合法健全的執
行。著名美國大法官Holland曾來臺演講指出：「在美國或是臺
灣，有些條文主張要有獨立董事，可以更能保護股東權益，這是
因為獨立董事有兩個功能：第一個會發問、第二個會否決。」獨
立董事與公司內部人事關係並無牽涉，具有別於「公司內部常
識」之觀點，即對「公司內部事情不通曉」，凡事不了解或資訊
不足，會有促使其他（業務執行）董事或經理人等就相關業務之
說明報告機會，藉此促進公司內部資訊情報之透明化，進而實行
確實之監督監視，排除向來內部董事間含糊與包庇性之監視，此
等正是一般人對獨立董事之期待。

三、獨立董事之資格要件，規定於證券交易法第14條之2第2項前段及獨立董事設置辦法中。在職務分擔上，獨立董事與業務執行董事有別，獨立董事不從事實際業務之實行，而專司業務執行之監督監視。證交法第14-3條利用經由董事會決議方式及獨立董事意見之表達，強化獨立董事對重要議案之監督，以保障股東權益。然而現行法制運作上，獨立董事（特別是審計委員會的獨立董事）肩負著雙重責任：一方面，被要求扮演相當於監察人角色，負擔監察人之義務與責任。同時，另一方面，獨立董事也是董事會成員之一，依據公司法第202條規定，亦是公司業務執行機關的一份子，與其他內部董事一樣，仍須就公司業務之執行，擔負起一般董事應負之義務與責任。而當公司經營出現過失，遭到股東或財團法人投資人及期貨交易人保護中心（簡稱投保中心）依據公司法第214條起訴請求賠償時，獨立董事一方面必須就系爭經營過失負責，同時也必須對其未能善盡監督義務導致經營過失，負擔監督不周之責任。如此課加雙重之責任，恐使有志之士畏懼不前，對於公司健全治理並無幫助。「我國在引進單軌制時，並未調整董事會主導業務經營的法律地位，因而獨立董事在身兼經營與監督的雙重角色之下，球員兼裁判問題，比美國法尤有過之。」本書認為，未與我國現有制度進行合適的接軌，即貿然引進，確實使獨立董事之權責劃分不明，身分角色之定位亦有疑義。

四、獨立董事由於其產生方式與一般董事不同，從而可能於董事會中處於「孤立」之狀態。在代理關係之必然、股東追求高報酬之迷思以及經營績效面紗下之真相，目前獨立董事在董事會中的比例仍嫌過低，恐無法發揮成效。此外，應賦予獨立董事得適時

取得資訊及其透明強度，並輔以內部控制制度（internal control system），跳脫機關間互相監督之固有思考模式，由經營階層之董事會制訂一套各階層均應遵行之基本管理制度，依此架構所需之精細技術性流程，則委由各經理階層或管理單位，循逐級擬定之方式，以建置嚴謹內部控制制度，讓獨立董事得據以監督公司業務之運作。

五、依現行法下，獨立董事所負責任之重，已如前述。茲以臺灣臺北地方法院101年金字第8號判決為例，被告之一為獨立董事，並控涉有違反證券交易法第155條第1項第3、4、5款之犯罪行為，被附帶請求民事賠償。法院則以該獨立董事因「有機會聽到炒股商談內容」，而被判命負連帶賠償責任。然而主要依據法條係民法第185條，實際上當選參與經營之內部董事與獨立董事間，在法律上應受之對待，理應有別，不應一視同仁。蓋因立法者期待獨立董事擔任之角色，並非其業務經營手腕（獨立董事之經營能力並非重點），而係以其客觀、公正態度，從事監督內部董事的行為，防範內部董事濫用權限等道德危險行為之發生。亦即，職司監控的獨立董事，其法律責任產生，應在於「監督義務」之懈怠；相對於此，負責業務經營之內部董事，其法律責任在於業務經營時各種忠實、注意義務違反的情事。獨立董事制度推動之首務，應係針對其與內部董事（負責業務經營者）之責任類型與性質予以清楚劃分，並配合公司法制度予以不同規範。

六、綜合上述，目前獨立董事身處之困境：

1. 人選少，擔任意願者少。

2. 獨立董事多為空降部隊，不了解公司內部狀況。

3. 公司有洩密以及客戶名單流失之疑慮，雖現行我國刑法第317

條於簽署保密契約情形下違反會有刑事處罰。然公司所在意者並非事後處罰及求償，而係資訊保密。況且何人洩漏不易證實，獨立董事在董事會參與決議，難避瓜田李下之嫌。

從而以上顧慮之下，恐有公司僅將獨立董事裝飾於董事會中，使獨立董事有花瓶之譏。另就獨立董事設置而言，由於報酬不高（固定收入和三節禮金）沒有紅利分配（亦即成功報酬），卻負和一般董事相同責任，致有志者興趣缺缺。從而立法建議應予調整。並可搭配董事責任保險，以期紓解此種困境。

七、我國移植獨立董事制度僅移植半套，導致實際運行下效能減半，且產生權責無法明確區分之問題，有待修法改進。此外，我國獨立董事制度之規範，本應將獨立董事規定於公司法中，明文規定其權利義務，並於證券交易法準用，而不宜直接規定於證券交易法中（蓋因證券交易法之本旨與目的，係以「發展國民經濟，並保障投資人」，不宜直接規範公司之組織架構，從而應規範於公司法內較爲妥適）。同時，日本將獨立董事和監察人制度，區分公開發行公司與非公開發行公司，公開發行公司有獨立董事，非公開發行公司則稱爲涉外董事，並作不同之規範，以符合開放性與閉鎖性公司之需求，亦可供作立法上之參考。

國家圖書館出版品預行編目資料

公司法爭議問題研析—董事篇／黃清溪等
著. — 初版. — 臺北市：五南, 2015.09
　　面；　公分.
ISBN 978-957-11-8247-6（平裝）

1.公司法　2.問題集

587.2022　　　　　　　　104015118

1UD1

公司法爭議問題研析 ——董事篇

主　　編 — 黃清溪

作　　者 — 黃清溪　黃國川　游聖佳　簡祥紋　蔣志宗
　　　　　　黃偉銘　黃雅鈴　莊如茵　張鴻曉　鄭瑞崙
　　　　　　黃鋒榮　羅玲郁　李美金　邵勇維　楊有德
　　　　　　顏汝羽　謝孟良

發 行 人 — 楊榮川

總 經 理 — 楊士清

副總編輯 — 劉靜芬

責任編輯 — 張婉婷

封面設計 — P.Design視覺企劃

出 版 者 — 五南圖書出版股份有限公司

地　　址：106台北市大安區和平東路二段339號4樓

電　　話：(02)2705-5066　傳　　真：(02)2706-6100

網　　址：http://www.wunan.com.tw

電子郵件：wunan@wunan.com.tw

劃撥帳號：01068953

戶　　名：五南圖書出版股份有限公司

法律顧問　林勝安律師事務所　林勝安律師

出版日期　2015年9月初版一刷
　　　　　2018年7月初版三刷

定　　價　新臺幣500元